资产评估
典型案例分析

（第一辑）

TYPICAL CASE ANALYSIS OF ASSET APPRAISAL
—— SERIES I ——

姚维保　金　焱　◎等著

中国财经出版传媒集团
经济科学出版社
Economic Science Press

前言

资产评估作为一门综合性、应用性很强的学科,对于从业人员解决实际问题的能力要求很高。资产评估人才的培养,需要以"产学"协同、校企协同的方式进行。以现实评估项目为基础,进行分析、归纳、总结、拓展的教学案例编写是校企协同育人的重要内容。本书是广东省资产评估协会、广东财经大学和广东信德资产评估公司三方校政企合作、协同育人的重要成果,其主要目的在于:一是为在校管理类专业学习者提供完整的实践教学内容,增强学习者理论联系实际的能力;二是为评估机构员工业务能力提升提供可资借鉴的参照。本书适合资产评估专业本科和研究生作为资产评估案例教材使用,也可以用于资产评估相关机构的员工业务培训。

资产评估的一般目的是发现资产的价值,我国资产评估服务最开始是顺应国有资产管理发展起来,承担着为国有资产保值增值提供服务的任务。现在资产评估行业的服务范畴进一步扩大,除了具有国有企业改革、上市公司并购重组、资产投资以及融资评估等价值发现功能外,还在企业管理咨询、财政支出绩效评价等方面发挥着重要作用。而且,资产评估的"资产"指具有长期获利能力的经济资源,经济资源涉及种类多、范围广。从房地产、机器设备到无形资产,从土地使用权、矿业权到水域权,从林木到海产品等,都有可能纳入评估的范畴,随着科学技术的提高和新资产化资源价值的实现,评估的内容和范畴将会不断扩大。因此,本书选择的案例都是经过课题组多次讨论筛选出来的。

相较于其他资产评估案例论著,本书的内容具有以下三个特色。

一是案例的选择具有典型性。本书是教学案例的第一辑,因此选择的案例是评估实践中常见的项目,如房地产评估案例、商标权评估案例、企业整体价值评估案例、股东全部权益价值评估案例、海域价值评估、财政支出绩效评价等。

二是案例框架的编排体现清晰的教学思路。遵循教学前期准备—教学案例叙述—教学案例分析—案例思考及延伸的基本思路,对于本书前期知识储备、教学学时、教学知识点、案例难点及注意事项等都有一一说明。同时,对于教学内容中一些与教学无关的内容做了删减,以更好地体现案例学习中要关注和掌握的核心内容。

三是对每一个案例做了提炼,重点突出。教学案例内容的安排都尽可能从项目实务出发,除了提炼评估报告的核心内容外,更多是对案例分析思路、评估方法、价值类型、要掌握的知识点做进一步的深入分析,有利于使用者厘清评估思路,切实提高理论水平和评估实践能力。

本书案例全部来源于评估机构实务,整本书的写作得到广东省资产评估协会指导,本书体例框架由广东财经大学财政税务学院副院长姚维保和广东信德评估咨询集团总裁金焱设计,广东财经大学资产评估专业教学团队负责撰写各章内容,全书由姚维保、谭小平、侯栩基统稿并审修,参加本书写作的人员有:郑慧娟副教授、谭小平博士、许晶博士、王永乐副教授、胡皓副教授、李梅香副教授、颜咏华博士。在本书即将付梓之际,对给予关心与支持的中国资产评估协会、广东省资产评估协会、广东商标协会、广东信德评估咨询集团、广东财经大学财政税务学院的领导和同仁们致以真诚的谢意,同时也非常感谢参与本书写作的专家和老师们,还有为本书出版辛勤付出的编辑们。希望本书的出版能够为资产评估专业教学、评估机构业务培训提供切实的帮助,促进学习者实践能力和业务水平的提高。

由于著者水平所限,本书疏漏之处还请广大师生和各位评估同仁批评指正,为我们进一步的案例编写提供思路。

著者
2020 年 12 月

CONTENTS 目录

案例一　JX 公司拟转让商标权市场价值评估　/　1
　　一、教学准备／1
　　二、案例内容／3
　　三、案例分析／20
　　四、延伸思考／28

案例二　W 公司应收债权资产价值评估　/　29
　　一、教学准备／29
　　二、案例内容／31
　　三、案例分析／38
　　四、延伸思考／60

案例三　GMJ 公司拆迁补偿项目价值评估　/　62
　　一、教学准备／62
　　二、案例内容／63
　　三、案例分析／73
　　四、延伸思考／77

案例四　TH 公司商誉资产可收回价值评估　/　82
　　一、教学准备／82
　　二、案例内容／87

三、案例分析 / 112
　　四、延伸思考 / 117

案例五　FZ 公司股东全部权益价值评估　/　125
　　一、教学准备 / 125
　　二、案例内容 / 128
　　三、案例分析 / 158
　　四、延伸思考 / 162

案例六　JZ 网络公司股东全部权益价值评估　/　163
　　一、教学准备 / 163
　　二、案例内容 / 166
　　三、案例分析 / 184
　　四、延伸思考 / 190

案例七　HYSH 港口及配套资产价值评估　/　191
　　一、教学准备 / 191
　　二、案例内容 / 195
　　三、案例分析 / 210
　　四、延伸思考 / 214

案例八　A 省专项基金贴息资金绩效评价　/　216
　　一、教学准备 / 216
　　二、案例内容 / 220
　　三、案例分析 / 231
　　四、延伸思考 / 234

案例一

JX公司拟转让商标权市场价值评估

案例摘要：A 评估公司接受 JX 有限公司的委托，依据有关法律、法规、资产评估准则和资产评估原则，按照必要的评估程序，对 JX 有限公司拟转让商标权，评估了其在 2018 年 12 月 31 日的市场价值。评估公司采用超额收益法，分别确定模型中的超额收益、折现率和收益期限，其中无形资产超额收益的确定采用了剩余法、层次分析法。净利润减去各大类资产贡献后为无形资产收益，再乘以商标权的贡献率得到企业使用商标权产生的超额收益，此超额收益折现到评估基准日的数值即为该商标权的评估价值。最后得到七项商标权在评估基准日的市场价值为 816.58 万元。

一、教学准备

（一）案例教学目的与用途

本案例主要适用于资产评估专业、财会类专业大学本科资产评估、无形资产评估等课程的教学；也可用于研究生相关课程的学习，以及资产评估机构对员工进行评估业务培训。本案例有利于学习者了解无形资产评估报告的框架结构与基本内容，熟悉无形资产评估程序，理解无形资产评估中现场核查的重要性，掌握商标权核查的主要手段和方法。能熟练运用所学资产评估理论知识，处理商标权评估中的关键问题。正确理解商标权产生的超额收益概念，掌握商标权价值评估中关于超额收益的剥离、折现率估算、收益期限确定等关键性评估要点。

（二）案例教学拟解决的问题

本案例教学拟解决，在商标权持有人把商标投入自有企业经营的情况下，如何估算商标价值的问题。要解决的具体问题包括无形资产评估的收益法模型运用问题；商标权评估中的方法选择问题；商标权收益法评估中关于超额收益、折现率和收益期限的确定；无形资产对企业收益的贡献估算；商标对无形资产的收益估算问题等。通过本案例的教学，希望能够帮助学习者正确理解并熟练掌握无形资产超额收益模型的运用，能熟练掌握收益法中超额收益、收益期限和折现率等参数估算，会运用层次分析法确定无形资产贡献率。

（三）案例涉及的主要知识点

本案例教学主要涉及在商标持有人把商标投入自有企业经营的情况下，如何估算商标价值的问题。包括企业销售收入及各项费用的预测、企业净利润的估算、无形资产超额收益的估算、无形资产如商标权对企业收益的贡献估算、收益期限、折现率估算等知识要点。

（四）课堂教学安排

课时安排：9学时。

教学形式：课堂讲授、小组讨论。

辅助材料：《无形资产评估》《资产评估实务二》《企业价值评估》。

前置知识：资产评估基础理论与方法、财务会计相关基础知识。

二、案例内容

（一）评估基本事项

1. 委托方、产权持有者及其他资产评估报告使用人

本报告的委托方、产权持有者均为 JX 有限公司，评估报告使用者仅限于委托方。委托方 JX 有限公司创立于 2005 年，位于 ST 市，是一家研发、制造、销售各类木地板、木门、定制家居、装饰板材等木制品的现代化企业，是国内综合型的现代整体家居一体化服务供应商。产品经营范围包括以下几个方面。一是产品加工方面，如装饰贴面板、胶合板、木门、衣柜、橱柜、木制品、木地板、木皮等；二是销售自产产品；三是承接建筑装饰安装工程；四是货物进出口、技术进出口（法律、行政法规禁止经营的项目不得经营；法律、行政法规限制经营的项目须取得许可后方可经营）等。

2. 评估对象和范围

本项目的评估对象为"JX"等 7 项注册商标专用权。评估范围为 JX 有限公司注册拥有的"Hiphone"等 7 项商标权，包括 7 个商标注册证所核定使用商品或服务的商标权。本次评估范围包括用于以上商标注册证所核定使用商品或服务的商标权。商标权具体情况如表 1-1 所示。

表 1-1　　　　　　　　　商标权评估清单

序号	商标注册号	国际分类	注册有效期限
1	第 N1 号	19	2010 年 08 月 21 日至 2020 年 08 月 20 日
2	第 N2 号	37	2011 年 03 月 21 日至 2021 年 03 月 20 日
3	第 N3 号	19	2013 年 06 月 28 日至 2023 年 06 月 27 日
4	第 N4 号	19	2013 年 01 月 28 日至 2023 年 01 月 27 日
5	第 N5 号	19	2015 年 03 月 28 日至 2025 年 03 月 27 日
6	第 N6 号	19	2018 年 01 月 28 日至 2028 年 01 月 27 日
7	第 N7 号	19	2018 年 01 月 28 日至 2028 年 01 月 27 日

JX有限公司注册拥有的"Hiphone"等7项商标权,自注册以来,独家使用在JX有限公司生产的全部产品上,未许可他人使用。

3. 评估目的

JX有限公司拟转让商标专用权,本项目评估的目的是为JX有限公司实施该经济行为提供资产在评估基准日的市场价值的参考意见。

4. 评估基准日

本项目的评估基准日为2018年12月31日。

本评估基准日为会计月末报表日,有利于资产清查和准确列示评估范围中资产及负债的账面金额,同时与评估目的的计划实现日期较为接近,也与实际评估日期接近,评估人员能更好地把握评估对象的基准日状况,有利于保证评估结果有效地服务于评估目的。

本报告一切取价标准均为评估基准日有效的价值标准。若评估基准日变动,将会对评估结果产生影响。

5. 评估依据

评估依据包括法律法规依据、准则依据(所有准则更新到2018年底)、行为依据、权属依据和取价依据。

6. 评估假设

本评估结果系在以下评估假设条件下得出。

(1)交易假设。

假定所有待评估资产已经处在交易过程中,评估师根据待评估资产的交易条件等模拟市场进行估价。

(2)公开市场假设。

公开市场假设是对资产拟进入的市场的条件以及资产在这样的市场条件下接受何种影响的一种假定。公开市场是指充分发达与完善的市场条件,是指一个有自愿的买方和卖方的竞争性市场,在这个市场上,买方和卖方的地位平等,都有获取足够市场信息的机会和时间,买卖双方的交易都是在自愿的、理智的、非强制性或不受限制的条件下进行。

(3)持续使用假设。

持续使用假设是对资产拟进入市场的条件以及资产在这样的市场条件下的资

产状态的一种假定。首先，被评估资产正处于使用状态；其次，假定处于使用状态的资产还将继续使用下去。在持续使用的假设条件下，没有考虑资产用途转换或者最佳利用条件，其评估结果的使用范围受到限制。

本次评估是以"Hiphone"等7项商标续展注册能够获得国家商标局批准为假设前提的。在以上假设条件发生变化时，本评估结果一般会失效。

7. 价值类型

根据本项目特定评估目的，本次评估所选用的价值类型为市场价值。市场价值是指自愿买方和自愿卖方在各自理性行事且未受任何强迫的情况下，评估对象在评估基准日进行正常公平交易的价值估计数额。

8. 评估方法

（1）资产评估的基本方法。

资产评估的基本方法包括市场法、收益法和成本法。评估方法的选择要根据评估对象、价值类型、资料收集情况等相关条件，分析三种基本方法的适用性，恰当选择一种或多种资产评估基本方法。

（2）评估方法的选择。

由于难以收集与被评估无形资产类似的交易案例，且专利、商标资产本身具有唯一性和排他性，难以进行比较分析，无法采用市场法对其进行评估；由于无形资产开发成本难以归纳确定，且无形资产开发成本与其价值无直接对应关系，无法采用成本法进行评估；无形资产的价值主要是体现在其所能产生的收益上，且其未来产生的收益及其风险可以合理估算，故本次评估采用收益法。

（二）收益法评估模型

无形资产评估中的收益法，是指通过将无形资产预期收益资本化或折现以确定评估对象价值的评估思路。

收益法评估模型如下：

$$P = \sum_{t=1}^{n} \left[F_t / (1+i)^t \right]$$

式中：P 表示商标权评估值；F_t 表示未来 t 收益期委估商标权利润分成额；n 表示剩余经济寿命；t 表示未来第 t 年；i 表示折现率。

收益法评估可分为以下四个步骤：

第一步，确定无形资产的经济寿命期，预测在经济寿命期内无形资产产品的净利润；

第二步，分析确定无形资产对利润的分成率；

第三步，分析确定无形资产的折现率，确定折现率应考虑形成该利润的风险因素和资金时间价值等因素；

第四步，将利润折成现值，并将经济寿命期内利润现值相加，确定无形资产的评估价值。

（三）评估思路

本次评估采取的是收益法，使用的是无形资产评估的超额收益模型。应用该模型时，首先分析预测待估资产所在公司的主营业务收入、费用及折旧等，计算得出未来5年预测期及永续期的净利润；其次根据贡献原则，分析估算出无形资产对于家居公司的利润贡献额及商标对无形资产的利润贡献率，从而计算得出商标的超额收益。评估人员接着分析确定商标权资产的收益期限、折现率，最后以商标权在评估基准日的收益现值作为商标权的评估价值。

（四）评估程序与资产核查

1. 资产评估程序

依据上述资产评估准则和评估方法的相关规定，评估人员履行了适当的评估程序，评估操作时间为2019年3月10日至2019年4月30日，具体实施过程如下：

（1）接受委托方委托，现场确定评估对象和评估范围、明确评估目的、评估基准日等基本事项，签订资产评估业务约定书；

（2）编制评估计划书，设计评估技术路径，确定评估技术方案；

（3）开展市场调查和询价工作；

（4）进行评定估算工作；

（5）编制资产评估报告书，经三级审核确定，与委托方交换评估意见后，向委托方提交正式资产评估报告书。

2. 资产核查

本次资产核查的主要内容包括以下三个方面。

（1）对于委托人提供的2016年、2017年、2018年财务报告和相关资料，评估人员对其进行了核查验证。

（2）对于委托人提供的商标权证书复印件，经核查，未发现评估对象存在任何可能对评估结论产生影响的产权瑕疵，未发现有商标权质押、融资租赁等。

（3）本次评估是假设JX有限公司为高新技术企业，能享受15%的所得税优惠利率。评估人员核查了相关材料，并假设企业在评估年度内均能通过高新技术企业证书复审，享有15%的优惠税率。

（五）被评估企业与评估对象分析

1. 被评估企业分析

公司创立于2005年，是集投资、融资、资本运营、资产经营、资金运作、房地产开发等功能为一体的综合型控股集团公司，研发、制造、销售各类木地板、木门、定制家居、装饰板材等木制品，是国内综合型的现代整体家居一体化服务供应商。

公司总部坐落于ST，占地面积约10万平方米，全套引进欧美等国际最先进的生产加工设备。公司在南亚拥有10万公顷的优质木场及原木制材加工厂，在南美及中国云南、黑龙江建立了选材基地，同时在广西容县、宾阳等地种植了超过22万亩速生林，实现了林产一体化运作，构建了JX有限公司完整的产业链。

公司在北京、上海、成都、西安、武汉、广州、深圳、海南都设有常驻办事处，全力负责拓展、运营及服务于所属区域的房地产商和经销商；公司在辽宁沈阳、江苏常州、湖北武汉三地建立了现代化的木制品生产基地，全面提高了公司的服务能力和服务效率。

JX有限公司是一家集木地板、木门、定制家居为一体的整体家居品牌企业，JX公司以中国"和文化"为核心，坚持将中国传统文化元素与现代家居观念甚至欧美风尚巧妙结合，形成了独特的新中式品牌文化风格，满足人们对尊贵、自然、和谐的精神追求。JX公司产品在房地产精装房木地板工程业务方面业绩显著，先后与恒大地产、富力地产、保利地产、合生创展、中海地产、合景泰富、中信、新世界、碧桂园、万达、珠江地产、时代地产、越秀地产等 50 多家知名房地产商达成长期战略合作关系，JX 公司地板、木门等产品相继在 1 000 多个房地产工程项目中被广泛使用，为全国的上千万户家庭创造了精致的宜居生活环境。

JX 公司致力于构建全国性营销网络、建立健全产品流通渠道，打造国际化高端家居品牌，并专注服务于国内房地产企业，JX 公司的综合实力、销售业绩和销售利润都在同行业内名列前茅。

多年来 JX 公司的品牌先后获得多项国内外权威部门授予的认证和荣誉称号：中国环境标志认证（十环认证）产品、ISO9001 质量管理体系认证、全国市场、国家建筑工程重点推荐产品，以及 GMC 群体品牌中国优质制造商等。

JX 公司坚持保护生态资源与营造品质生活有机结合，寻求人与自然和谐发展，实现木业资源与家居消费的和谐发展，以"健康文化、绿色文化"为企业核心文化，竭诚为顾客提供高品质、多样化的家居产品和服务，引领绿色、环保、和谐、幸福的家居生活方式。

2. 评估对象描述

（1）商标注册情况。

评估范围为 JX 有限公司注册拥有的"Hiphone"等 7 项商标权，包括 7 个商标注册证所核定使用商品或服务的商标权。本次评估范围包括用于以上商标注册证所核定使用商品或服务的商标权。

（2）商标使用情况。

JX 有限公司注册拥有的"Hiphone"等 7 项商标，自注册以来独家使用在 JX 有限公司生产的全部产品上，未许可他人使用。

对于把商标权应用于企业经营并获得超额收益的经营模式，在评估时主要根据 JX 有限公司的财务和经营数据对收益进行分割，根据商标权贡献率确定商标权收益，以收益法确定商标权价值。

（六）评定估算过程

1. 行业发展分析

（1）行业发展历程。

我国木地板行业是一个新兴的产业，起源于 20 世纪 80 年代初。随着我国经济的蓬勃发展和居民生活水平的日益提高，木地板以其脚感舒适、高贵典雅等突出优点，成为人们地面装饰的首选材料，其市场需求呈直线上升趋势。我国木地板发展很快，从1999年的年产7 000多万平方米，发展到2016年的8.38亿平方米，市场前景越来越好。① 我国木地板行业虽起步较晚，但发展速度很快，在短短30多年的时间，已形成了多种类、多规格、环保的新格局。

(2) 行业发展现状。

目前，我国木质地板已经形成了多品类、多结构、多规格，从生产、销售到铺设的比较完整的产业链。在木质地板中，无论是实木地板、强化地板还是实木复合地板等质量较好，产品一向很受市场青睐，近十多年来我国的木质地板得到飞速发展，据国家林业局截至2016年底的不完全统计，我国的五种木（竹）质地板的生产能力已突破8亿平方米，达到了83 798万平方米，其中，实木地板14 808万平方米，实木复合地板24 968万平方米，浸渍纸层压木质地板（强化地板）31 622万平方米，竹地板（含竹木复合地板）11 586万平方米，其他木地板（软木地板、集成材地板等）814万平方米。我国木质地板生产的实木地板、强化地板还是实木复合地板主要集中在长江三角洲、珠江三角洲和东北地区。

(3) 行业未来发展优势。

第一，需求量增加。随着中国乡镇经济和人均消费能力的增长，加上政策性住房、二手房改造、楼盘开发，地板的总体需求量仍然在不断增加。一、二线城市房地产紧缩政策不断出台，未来三、四线城市将成为家居板材业增长的另一个市场。随着"二孩"政策放开，儿童房的装修也是家居板材行业的一个潜在增长点。

第二，地热地板和锁扣技术不断发展。地板行业的出路在于产品创新。国内一、二线地板品牌带头加速了产品的技术创新。与以往地板行业出现的除醛地板、抗菌地板等炒作产品不同，地热地板和锁扣设计专注的是地板产品装饰、使用、节省材料等基本功能，更符合消费者的实际需求。

---

① 陈水合：《供给侧改革和创新驱动引领我国木地板业发展》，载于《国际木业》2018年第2期。

第三，跨界整木家装成为趋势。如今，地板生产商已经不再仅采用以地板为主的单一生产线。几乎有一半的地板企业开始转型向整木家居发力，木门、衣柜、橱柜、书柜等整木产品都包揽其中。以木地板的品牌形象作为背书，为消费者提供更多元的产品和"一站式"家装服务。地板企业要综合考虑自身的实际情况，从品牌定位、自身实力、消费市场接纳程度等多个方面衡量。

第四，互联网电子商务成为行业发展新模式。就地板市场而言，不能过度依赖线下的建材商场。木材价格本身在增长，线下门店租金、导购人员的成本让产品盈利空间越来越小。线上销售的发展模式将为地板企业提供新的渠道，网购模式代表了消费群体的升级，企业要去迎合这种升级。线上网购群体庞大，在各种网购节中将品牌的宣传最大化是互联网营销中至关重要的一步。消费者会逐渐接受地板网购模式，所以地板企业在电子商务上会很快实现盈利。

（4）行业未来发展趋势。

我国木地板企业要发展，应充分利用我国"一带一路"建设的契机，解决原料的进口和产品的出口，同时在供给侧结构改革中，淘汰劣质产品，生产优质环保产品供应市场，要充分利用国家的创新驱动政策不断创新，引领企业发展，墨守成规必将被市场淘汰。我国木地板企业在复杂的市场竞争中，首先要树立企业的诚信意识和环保意识，紧紧围绕市场进行产品创新、技术创新、市场创新、资源创新和机制创新，提高产品质量和环保标准，加大技改投入，进行装备升级换代，努力降低生产成本、加快新产品开发，根据市场需求适时推出新产品、提供定制规格产品，才能把企业本身的产品做优，由"中国制造"走向"中国创造"。创新驱动是企业家应对市场变化、把握和引领市场的内在动力。在目前我国的实木复合地板和强化地板出口非常困难的形势下，要想突出重围，立于不败之地，只有走创新驱动之路，才能开拓新的天地。当市场发展到一定水平时，统领行业的必然是自动化程度高、规模化定制、标准化生产的大型企业。少数全国性的强势品牌将成为市场的领导者，跨行业发展的相关品牌会成为市场新的挑战者，一批区域性的优势品牌依然会是市场的追随者，而更多的新锐品牌将作为市场的新生代不断涌现。

2. 利润预测

（1）营业收入分析预测。

2016年JX有限公司产品销售收入比2015年上升27.77%，2017年比2016年下降2.51%，2018年比2017年下降5.18%，2016~2018年虽呈下降趋势，但2018年下降速度明显放缓，2018年呈现复苏增长，2019~2023年销售收入预测以过去3年为基础，参照企业近年发展规划、当前市场经济形势结合市场调查预测。预测2019~2023年每年有9%~13%的增长，2023年以后销售收入在2023年基础上增长10%后稳定并假设持续不变。

根据上述预测及市场调查，营业收入预测如表1-2所示。

表1-2　　　　　　　营业收入预测　　　　　　　单位：万元

项目	2019年	2020年	2021年	2022年	2023年	2023年以后
主营业务收入	23 283.49	25 611.84	28 685.26	32 414.34	36 628.21	40 291.03

（2）营业成本分析预测。

对JX有限公司过去3年的成本资料进行统计分析，销售成本约占销售收入比例为：2016年80.9%、2017年77%、2018年78%，因此假定2019年以后的销售成本占销售收入比率基本稳定在77%。

根据上述的预测及计算结果，营业成本预测结果如表1-3所示。

表1-3　　　　　　　营业成本预测　　　　　　　单位：万元

项目	2019年	2020年	2021年	2022年	2023年	2023年以后
主营业务成本	17 928.29	19 721.12	22 087.65	24 959.04	28 203.72	31 024.09

（3）税金及附加分析预测。

参考历史数据，假定税金及附加占营业收入的0.5%，预测如表1-4所示。

表1-4　　　　　　税金及附加分析预测　　　　　　单位：万元

项目	2019年	2020年	2021年	2022年	2023年	2023年以后
税金及附加	116.42	128.06	143.43	162.07	183.14	201.46

(4) 营业费用、管理费用、财务费用分析预测。

对 JX 有限公司 2016~2018 年的成本资料进行统计分析,如表 1-5 所示。

表 1-5　　　　　　　　企业 2016~2018 年费用分析

项目	2016 年度	2017 年度	2018 年度
管理费用（万元）	798.00	1 307.00	1 318.00
管理费用/主营业务收入（%）	3.5	5.8	6.2
财务费用（万元）	1 753.00	2 246.00	1 681.00
财务费用/主营业务收入（%）	7.6	10	7.9
销售费用（万元）	624.00	296.00	707.00
销售费用/主营业务收入（%）	2.7	1.3	3.3

由上述数据可知,近年的管理费用、财务费用、销售费用占主营业务收入的比例比较一致,同时向企业的相关人员了解,经分析,未来增长期的管理费用、财务费用、销售费用具体情况如表 1-6 所示。

表 1-6　　　　　　　　费用预测　　　　　　　　单位:万元

项目	2019 年	2020 年	2021 年	2022 年	2023 年	2023 年以后
营业费用	1 186.74	1 218.54	1 195.14	1 752.56	2 056.09	2 315.51
管理费用	1 533.63	1 503.16	1 474.29	1 752.56	2 741.45	3 087.34
财务费用	698.50	768.36	860.56	972.43	1 098.85	1 208.73

(5) 所得税率。

JX 有限公司是按国家规定注册、登记的企业,是企业所得税纳税人,并取得高新技术企业证书,有效期三年。假设 JX 有限公司在往后年度通过复审仍可取得高新技术企业证书,适用企业所得税优惠税率 15%。

(6) 净利润。

通过上述测算,预测结果如表 1-7 所示。

表1-7　　　　　　　　　　净利润预测　　　　　　　　　单位：万元

项目	未来预测					
	1	2	3	4	5	永续期
	2019年	2020年	2021年	2022年	2023年	2023年以后
一、主营业务收入	23 283.49	25 611.84	28 685.26	32 414.34	36 628.21	40 291.03
减：主营业务成本	17 928.29	19 721.12	22 087.65	24 959.04	28 203.72	31 024.09
主营业务税金及附加	116.42	128.06	143.43	162.07	183.14	201.46
二、主营业务利润	5 238.79	5 762.66	6 454.18	7 293.23	8 241.35	9 065.48
减：营业费用	1 186.74	1 218.54	1 195.14	1 752.56	2 056.09	2 315.51
管理费用	1 533.63	1 503.16	1 474.29	1 752.56	2 741.45	3 087.34
财务费用	698.50	768.36	860.56	972.43	1 098.85	1 208.73
三、营业利润	1 819.92	2 272.61	2 924.20	2 815.68	2 344.97	2 453.90
四、利润总额	1 819.92	2 272.61	2 924.20	2 815.68	2 344.97	2 453.90
减：所得税	272.99	340.89	438.63	422.35	351.74	368.09
五、净利润	1 546.93	1 931.72	2 485.57	2 393.32	1 993.22	2 085.82

3. 无形资产超额收益估算

（1）无形资产超额收益分析。

判断一个企业无形资产是否具备价值的依据是它的运营效果中有无超额收益。超额收益是指企业收益超出平均收益的部分。

以JX有限公司提供的2016~2018年的财务报表以及经审计的企业经营分析表为依据，我们编制了JX有限公司2016~2018年的经营情况对照分析表（见表1-8），对JX有限公司是否存在超额收益进行分析。

表1-8　　　2016~2018年JX有限公司经营情况对照分析

项目	2016年实际	2017年实际	2018年实际
一、主营业务收入（万元）	23 109.00	22 528.00	21 361.00
减：主营业务成本	18 685.00	17 346.00	16 661.00
主营业务税金及附加	95.00	111.00	110.00

续表

项目	2016年实际	2017年实际	2018年实际
二、主营业务利润（万元）	4 329.00	5 071.00	4 590.00
减：营业费用	798.00	1 307.00	1 318.00
管理费用	1 753.00	2 246.00	1 681.00
财务费用	624.00	296.00	707.00
三、营业利润（万元）	1 154.00	1 222.00	884.00
四、利润总额（万元）	1 154.00	1 222.00	884.00
减：所得税	210.00	-18.00	168.00
五、净利润（万元）	944.00	1 240.00	716.00
六、平均资本（万元）	6 100.00	9 625.00	10 050.00
七、资本收益率（%）	15.48	12.88	7.12

考核超额收益主要从企业的资本收益率或净资产利润率和销售净利润率是否超出行业的、工业的和社会的平均水平。根据表1-8，JX有限公司2016~2018年资本收益率略有下降，原因主要是自2016年至2018年企业出现增资导致资本收益率下降，故选取这三期资本收益率的平均值11.83%。根据《2018年企业绩效评价标准值》可知，全国独立核算的森林工业的资本收益率平均值为1.1%，优秀值为8.6%。JX有限公司的资本收益率高于同行业平均水平，说明该公司存在超额收益，因此评估人员判定该公司存在无形资产。

对JX有限公司所获得的超额收益来自何种无形资产这一问题，评估人员对该公司做了大量的调查工作，从项目的研究、开发到项目的工艺和检测，从现有技术人员和技术工人的素质到公司的人才投资，从商标、技术与设计、营销技巧、客户网络到管理与质控等都做了调查。调查表明，该公司拥有的商标无形资产对超额收益有积极的贡献。

（2）无形资产利润贡献率。

在任何一个企业盈利要素中，管理、技术、人力、物力、财力以及无形资产将共同作用，对企业的收益做出贡献，商标作为特定的生产要素，参与企业收益的分配。

评估人员首先考察整体无形资产的贡献，然后根据评估对象所处的行业特点，并通过向企业管理层了解情况，分析无形资产的构成，再进一步确定商标在其中所占的份额。

（3）确定无形资产对净利润的贡献。

无形资产对净利润的贡献＝净利润－有形资产的贡献＝净利润－流动资产的贡献－长期资产的贡献。假定企业保持2018年资产结构，其中，流动资产的贡献按未来年度流动资产及评估基准日一年期央行定期存款利率（1.5%）计算确定；长期资产的贡献按未来年度除无形资产外的长期资产及评估基准日十年期国债利率（3.2265%）计算确定。

则：无形资产贡献率＝(净利润－流动资产的贡献－长期资产的贡献)/净利润≈41%

4. 商标对无形资产的贡献估算

评估人员采用层次分析法（analytic hierarchy process，AHP）对各无形资产的贡献进行划分，确定专利、商标的比重。

（1）层次分析法的原理及步骤。

采用AHP法进行组合无形资产价值的分割，关键问题是找到影响组合无形资产的各种因素及其对组合无形资产价值的贡献份额，即比重。其基本原理是：首先，确定各种因素对组合无形资产价值的贡献权重作为AHP法的总目标；其次，将影响组合无形资产价值的具体要素作为方案层的组成要素；再其次，将产生组合无形资产的直接原因作为准则层的组成元素；最后，在分清了AHP法的三个层次后，就可以在相邻层次的各要素间建立联系，完成AHP法递阶层次结构模型的构造。

运用AHP法解决问题，大体可以分为四个步骤：

第一步：建立问题的递阶层次结构模型；

第二步：构造两两比较判断矩阵；

第三步：由判断矩阵计算被比较元素相对权重（层次单排序）；

第四步：计算各层元素的组合权重（层次总排序）。

（2）应用层次分析法求商标权贡献率。

第一，建立递阶层次结构。根据无形资产构成的分析和AHP的方法原理，以及各类无形资产对收益贡献的影响路径，建立递阶层次结构，如图1－1所示。

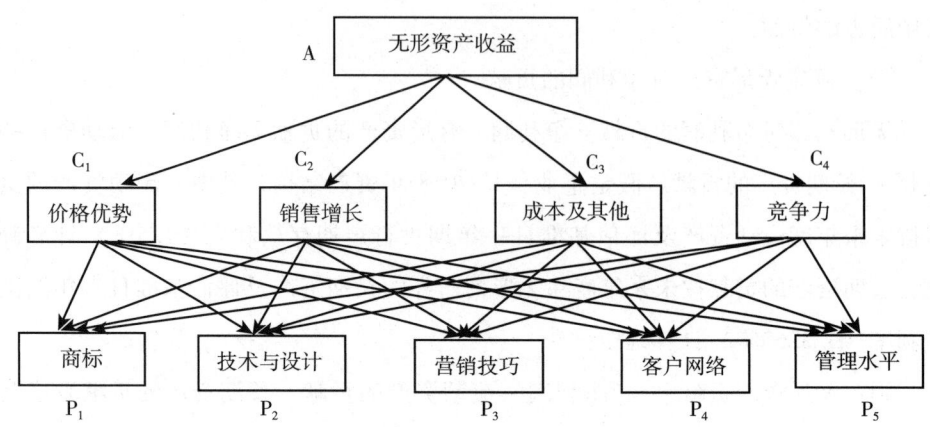

图 1-1 递阶层次结构

第二,构建准则层判断矩阵。评估人员通过分析价格优势、销售增长、成本及其他节约、竞争力对无形资产价值的贡献,并进行两两比较,得到准则层判断矩阵,如表 1-9 所示。

表 1-9　　　　　　　　准则层判断矩阵

无形资产超额收益	价格优势 C_1	销售增长 C_2	成本及其他节约 C_3	竞争力 C_4
价格优势 C_1	1.00	0.50	0.50	2.00
销售增长 C_2	—	1.00	1.00	4.00
成本及其他节约 C_3	—	—	1.00	4.00
竞争力 C_4	—	—	—	1.00

第三,构建方案层判断矩阵。评估人员通过分析商标、技术与设计、营销技巧、客户网络、管理及质量控制等因素分别对价格优势、销售增长、成本及其他节约、竞争力的影响和贡献,并进行两两比较,得到方案层判断矩阵,如表 1-10 ~ 表 1-13 所示。

表 1-10　　　　　　方案层判断矩阵——价格优势

价格优势 C_1	商标 P_1	技术与设计 P_2	营销技巧 P_3	客户网络 P_4	管理与质控 P_5
商标 P_1	1.00	3.00	2.00	3.00	3.00
技术与设计 P_2	—	1.00	0.67	1.00	1.00
营销技巧 P_3	—	—	1.00	1.50	1.50
客户网络 P_4	—	—	—	1.00	1.00
管理与质控 P_5	—	—	—	—	1.00

表 1-11　　　　方案层判断矩阵——销售增长

销售增长 C_2	商标 P_1	技术与设计 P_2	营销技巧 P_3	客户网络 P_4	管理与质控 P_5
商标 P_1	1.00	2.00	1.00	3.00	2.00
技术与设计 P_2	—	1.00	0.50	1.50	1.00
营销技巧 P_3	—	—	1.00	3.00	2.00
客户网络 P_4	—	—	—	1.00	0.67
管理与质控 P_5	—	—	—	—	1.00

表 1-12　　　　方案层判断矩阵——成本及其他节约

成本及其他节约 C_3	商标 P_1	技术与设计 P_2	营销技巧 P_3	客户网络 P_4	管理与质控 P_5
商标 P_1	1.00	0.50	3.00	0.50	0.33
技术与设计 P_2	—	1.00	6.00	1.00	0.67
营销技巧 P_3	—	—	1.00	0.17	0.11
客户网络 P_4	—	—	—	1.00	0.67
管理与质控 P_5	—	—	—	—	1.00

表 1-13　　　　方案层判断矩阵——竞争力

竞争力 C_4	商标 P_1	技术与设计 P_2	营销技巧 P_3	客户网络 P_4	管理与质控 P_5
商标 P_1	1.00	3.00	2.00	0.50	2.00
技术与设计 P_2	—	1.00	0.67	0.17	0.67
营销技巧 P_3	—	—	1.00	0.25	1.00
客户网络 P_4	—	—	—	1.00	4.00
管理与质控 P_5	—	—	—	—	1.00

第四，进行层次排序及一致性检验。经对上述判断矩阵进行归一化计算，均通过一致性检验。根据层次总排序结果如表 1-14 所示。

表 1-14　　　　层次总排序

备选方案	权重
商标	0.25
技术与设计	0.17
营销技巧	0.17
客户网络	0.19
管理与质控	0.22

经过上述计算,最终确定商标所占比重为25%。

5. 折现率的估算

本次评估采用累加法确定折现率,计算公式为:

$$\text{折现率} = \text{无风险报酬率} + \text{风险报酬率} \tag{1.1}$$

其中:风险报酬率=行业风险报酬率+委估对象特有风险报酬率。

(1) 无风险报酬率。

考虑到本项目预计收益期为无限期,对应参考的无风险报酬率选择30年期国债收益率。评估人员参考评估基准日中国债券信息网公布的固定利率国债收益率曲线,选取30年期国债收益率3.7056%作为无风险报酬率。

(2) 行业风险报酬率。

行业风险报酬率可以参考行业净资产收益率确定,上市公司的年报是判断行业净资产收益率的重要资料。参照使用被评估企业经营范围,同时根据其长期规划,分析确定该行业的风险报酬率为7%。

(3) 委估对象特有风险报酬率。

企业个别风险报酬率是通过分析委估公司在行业中的地位、公司规模、经营风险、财务风险等企业个别因素后综合确定。根据一般经验判断,该企业正常情况下的个别风险报酬率应为1%。

根据上述测算结果,代入公式(1.1),计算得出本项目适用的折现率为12%(取整)。

6. 确定商标的经济使用年限

根据《中华人民共和国商标法》规定,注册商标的有效期为十年,自核准注册之日起计算,期满可以申请展期。从理论上说注册商标可无限期续展,注册商标使用良好会转化为企业品牌发展的优势,因此该注册商标的预期超额收益期限 n 按无限年计算。

7. 确定商标的评估价值

根据上述计算确定的经济寿命期内商标对净利润的贡献、适用的折现率,将商标贡献额折成现值,将现值相加确定商标的评估价值。经测算,委估公司所有商标评估值为1 866.47万元,具体计算过程如表1-15所示。

表 1-15　　　　　　　　　　商标评估值　　　　　　　　　单位：万元

项目	2019 年	2020 年	2021 年	2022 年	2023 年	2023 年以后
净利润	1 546.93	1 931.72	2 485.57	2 393.32	1 993.22	2 085.82
无形资产贡献值	634.24	792.00	1 019.08	981.26	817.22	855.18
商标贡献值	158.56	198.00	254.77	245.32	204.31	213.80
折现值	149.83	167.05	191.91	164.99	122.69	1 070.00
合计	1 866.47					

8. 评估结论

经过实施必要的评估程序，在本报告所述之评估目的、评估假设与限制条件下，JX 有限公司委托评估的"Hiphone"等 7 项商标权在评估基准日 2018 年 12 月 31 日的市场价值为：人民币捌佰壹拾陆万伍仟捌佰元整（见表 1-16）。

表 1-16　　　　　"Hiphone"等 7 项商标价值评估汇总

序号	商标注册号	国际分类	注册有效期限	持有方	评估价值
1	第 N1 号	19	2010 年 08 月 21 日至 2020 年 08 月 20 日	JX 有限公司	816.58 万元
2	第 N2 号	37	2011 年 03 月 21 日至 2021 年 03 月 20 日		
3	第 N3 号	19	2013 年 06 月 28 日至 2023 年 06 月 27 日		
4	第 N4 号	19	2013 年 01 月 28 日至 2023 年 01 月 27 日		
5	第 N5 号	19	2015 年 03 月 28 日至 2025 年 03 月 27 日		
6	第 N6 号	19	2018 年 01 月 28 日至 2028 年 01 月 27 日		
7	第 N7 号	19	2018 年 01 月 28 日至 2028 年 01 月 27 日		

三、案例分析

（一）案例思路分析

本案例是对 JX 有限公司待转让的七项商标权价值进行评估，对于商标权的评估一般采用收益法进行。因为使用无形资产所产生的收益称为无形资产的超额收益，即通过与目标公司进行比较可以获得的超出目标公司水平的收益，超额收益的现值被视作委估无形资产的评估值。目标公司可以是行业平均水平公司或使用无形资产前的待估公司或是某个特定的标杆公司。

考核超额收益主要从企业的资本收益率或净资产利润率和销售净利润率是否超出行业的、工业的和社会的平均水平。根据计算，2016~2018 年 JX 有限公司三年资本收益率的平均值为 11.83%，根据《2018 年企业绩效评价标准值》可知，全国独立核算的森林工业的资本收益率平均值为 1.1%，优秀值为 8.6%。JX 有限公司的资本收益率高于同行业平均水平，说明该公司存在超额收益。

根据超额收益产生及分割的形式不同，评估模型可以采用分成率模型或超额收益模型。前者通过对总销售收入或利润乘以对应无形资产的分成率得到超额收益，后者通过对总销售收入扣减其他各项资产的贡献收益后得到的残余收益，做为待估无形资产的收益，本案例采用了后一种方法计算商标权的超额收益。

案例先是采用剩余法，根据企业的资产结构，用企业总收益减去运营类资产收益和固定资产收益，得到无形资产收益。公式如下：

无形资产对净利润的贡献 = 净利润 - 有形资产的贡献

= 净利润 - 流动资产的贡献 - 长期资产的贡献

使用商标所产生的超额收益只是无形资产收益的一部分，在确定无形资产收益后，进一步用层次分析法确定商标权的收益在无形资产中的收益占比。

采用层次分析法进行组合无形资产价值的分割，关键问题是找到影响组合无形资产的各种因素及其对组合无形资产价值的贡献份额，即比重。评估人员通过对该公司做了大量的调查工作，对项目的研发、项目的工艺和检测、人力资本、商标、营销技巧、客户网络、管理与质控等方面进行了比较细致的调研和分析，并认为对无形资产收益有贡献的组成部分为价格优势、销售增长、竞争力、成本及其他节约四个方面，并进一步分析得出影响无形资产收益的要素包括商标、技术与设计、营销技巧、客户网络和管理水平。因此，可以根据以上分析构建层次分析模型的目标层、准则层和方案层。分别对准则层、方案层判断矩阵进行归一化计算并检验，可以得到商标要素在无形资产收益创造中的贡献率，这个贡献率乘以无形资产收益，即得到使用商标权所产生的超额收益。

对商标在收益期限内创造的超额收益折现到评估基准日，即得到商标权的评估价值。

（二）案例的要点、难点及启发

1. 商标资产有效性分析

（1）法律有效性核查。

商标资产的法律有效性核查通常包括以下内容：所有者或使用者名称、证书号码、权利期限、取得方式、他项权利、许可使用情况、纠纷及潜在纠纷等，主要核查手段有通过查阅并验证权属证明文件、网络检索、咨询商标代理机构、查询商标公告、商标注册簿等。在核查过程中，可以根据需要从国家商标局及其下属的通达商标服务中心、地方工商局、商标代理等专业机构及人员、住所地人民法院（中级法院或被授权管辖的基层法院）等获取相应信息。

（2）经济有效性分析。

判断无形资产是否具备价值的判断依据是企业经营过程中是否产生超额收益，超额收益是指企业收益超出平均收益的部分。超额收益可以从企业的资本收益率或净资产利润率和销售净利润率是否超出行业的、工业的和社会的平均水平进行判断，根据表1-8，2016~2018年三期资本收益率的平均值为11.83%，根据《2018年企业绩效评价标准值》可知，全国独立核算的森林工业的资本收益率平均值为1.1%，优秀值为8.6%。JX有限公司的资本收益率高于同行业平均水平，说明该公司存在超额收益，因此评估人员判定该公司存在无形资产。

对企业所获得的超额收益来自何种无形资产这一问题，需要从商标、技术与设计、营销技巧、客户网络、管理与质控等方面进行全方位调查，通过进行同行业比较、使用商标前后比较，判断 JX 有限公司拥有的商标无形资产对超额收益有积极的贡献。

2. 无形资产超额收益的计算

无形资产超额收益计算的方法有以下四种。

（1）分成率法。

运用分成率法确认无形资产带来的超额收益是目前国内外采用较多的一种方法，也称为利润分成法。其基本公式为：

$$超额收益 = 受让方使用无形资产后的超额利润 \times 无形资产收益分成率$$

$$超额收益 = 受让方实现的销售收入 \times 销售收入分成率$$

$$超额收益 = 受让方实现的利润 \times 利润分成率$$

由于无形资产的种类不同，其发挥作用的形式和发挥作用的领域也不同，可能会对受让方整个企业的效益发挥作用，也可能只对受让方个别产品发挥作用。上述数学表达式中的受让方销售收入、预计可实现的利润，既可以是受让方企业的全部销售收入和利润，也可以是某一收益产品的销售收入和利润。另外，被转让无形资产能否再转让等都是有差别的，应结合每一具体无形资产考虑适宜的测算思路预测其超额收益。不论运用何种测算思路，都不可避免地要涉及受让方使用无形资产后的预期收入和收益的预测。对受让方收入和收益的预测一定要建立在合理的基础之上。包括同行业竞争因素的影响、未来市场产品或服务需求数量，以及受让方的市场份额的预期、与无形资产相关产品或服务的价格预期、使用无形资产需追加的投资及相关费用的预期等，都应建立在科学合理可靠的基础之上。

（2）直接估算法。

当无形资产作为企业中的资产要素随同企业发生产权变动时，其超额收益的测算仍然是采用收益途径及其方法评估无形资产的关键。从企业全部收益中合理地分离出由无形资产产生的收益额，也可以采用直接估算法，对使用无形资产前后的收益情况进行对比分析，确定由无形资产带来的收益额。具体分为收入增加型和费用节约型。

收入增加型是指无形资产应用于生产经营过程，能够使得产品的销售收入有较大幅度的增加，其原因是运用无形资产的产品销售价格高于同类产品的价格。在这种条件下，因为销售量增加不仅可以增加销售收入，而且还会引起成本的增加。因此，估算销售量提高形成收入增加，从而形成超额收益时，必须扣减由于销售量提高而增加的成本。

费用节约型是指无形资产的运用最终导致企业生产成本费用的下降。也就是说，这类无形资产的使用并不提高产品的售价，也不提高产品的销量，而是使产品生产过程中的成本费用降低，进而为特定主体带来超额收益。

（3）行业比较法。

行业比较法是指将采用无形资产进行生产经营所产生的综合收益与同行业平均收益水平进行比较，以确定无形资产超额收益的方法。当无形资产作用比较复杂，无法将其对超额收益的作用进行具体对比分析时，可以考虑选择行业比较法确定无形资产超额收益。行业比较法的基本思路是，企业运用无形资产进行生产经营之后，其获利能力应当比同行业平均盈利水平高。假定企业原本是以行业平均盈利水平进行经营，按行业平均利润率可以得到相应的平均收益。运用无形资产后，其盈利水平必然有所提高，企业运用无形资产实际经营收益扣除按行业平均资金利润率计算的收益之后，其差额就应当是无形资产对收益的贡献。其基本公式可以表示为：超额收益＝经营利润－资产总额×行业平均利润率。

使用行业比较法时也应明确，计算出来的超额收益是被估无形资产的超额收益，还是企业全部无形资产的超额收益；同时应注意价格水平的可比性，特别是利用企业资产账面价值时，应将其调整到评估时点或与计算年份相等的价格水平。

（4）剩余收益法。

通常从所有者/经营者的总营业收入开始。在应用这类方法时，分析员将识别所有所有者/经营者贡献资产。贡献资产是指除实际无形资产外，用于产生所有者/经营者收入的所有其他资产。接下来，分析员将公平的投资回报率应用于每一种贡献资产类别。典型的贡献资产类别包括净营运资本资产、房地产和有形个人财产资产，以及常规无形资产（如除标的无形资产以外的无形资产）。分析员将公平回报率乘以每种分摊资产类别的价值，得出分摊资产费用。总营业收入减去总分摊资产费用等于剩余（有时称为超额）收入。剩余收入是与无形资产相关的所有者/经营者收入的金额。

在任何一个企业盈利要素中，管理、技术、资本以及无形资产等共同作用，对企业的收益做出贡献，商标作为特定的生产要素，参与企业收益的分配。评估人员首先考察整体无形资产的贡献，然后根据评估对象所处的行业特点，并通过向企业管理层了解情况，分析无形资产的构成，再进一步确定商标在其中所占的份额。

本案例中采用了结合剩余收益法及分成率法的方式，在预测出企业总利润的情况下，通过剩余收益法，即总收益减去流动资产收益、有形资产收益的方式得到无形资产超额收益。在此基础上，通过层次分析法分析得出商标权的收益贡献率，以此贡献率乘以无形资产超额收益即为商标权的超额收益。具体为：

无形资产对净利润的贡献 = 净利润 − 有形资产的贡献

= 净利润 − 流动资产的贡献 − 长期资产的贡献

假定企业保持2018年资产结构，其中，流动资产的贡献按未来年度流动资产及评估基准日一年期央行定期存款利率（1.5%）计算确定；长期资产的贡献按未来年度除无形资产外的长期资产及评估基准日十年期国债利率（3.2265%）计算确定。则无形资产贡献率 =（净利润 − 流动资产的贡献 − 长期资产的贡献）/净利润 ≈ 41%。

3. 折现率的计算

确定未来的期望收益率：在采取收益法进行无形资产评估时，客观地确定未来的期望收益率，还原利率是一个关键环节。期望收益率取值的正确与否将决定评估结果的准确性。这就要求还原利率必须能够体现出：资金时间价值的影响；通货膨胀的影响；可能承担的各种风险的影响。这可以从现在一般应用的还原利率公式 $i = i_0 + i_1 + i_2$ 或 $i = (1 + i_0) \cdot (1 + i_1) \cdot (1 + i_2) − 1$，即：还原利率 = 安全利率 + 通货膨胀率 + 风险调整值中清楚地看出。其中，通货膨胀率作为一个重要参数必须认真对待，合理地选择确定。

常见的折现率计算模型口径及方法包括以下两种。

(1) 资本定价模型：

$CAPM = R_f + \beta \cdot ERP + R_s$（股权投资、现金流、税后口径）

$CAPM = (R_f + \beta \cdot ER_P + R_s)$（股权投资、现金流、税前口径）

(2) 加权资本成本：

$WACC = E/(D+E) \cdot R_e + D/(D+E) \cdot R_d(1-T)$（全投资、现金流、税后口径）

$WACC = E/(D+E) \cdot R_e/(1-T) + D/(D+E) \cdot R_d$（全投资、现金流、税前口径）

本书采用累加法确定折现率，计算公式为：

$$折现率 = 无风险报酬率 + 风险报酬率 \qquad (1.2)$$

其中：风险报酬率 = 行业风险报酬率 + 委估对象特有风险报酬率。

该项目采用累加法确定折现率，即折现率为无风险报酬率和风险报酬率之和，而风险报酬率包括行业风险报酬率和委估对象特有风险报酬率。其中，无风险利率取 30 年期国债收益率 3.7056%；根据委估企业经营范围及其长期规划，分析确定行业风险报酬率为 7%；企业个别风险报酬率是通过分析委估公司在行业中的地位、公司规模、经营风险、财务风险等企业个别因素后综合确定，这里取个别风险报酬率为 1%。测算得出本项目适用的折现率为 12%（取整）。

4. 无形资产分成率的确定方法

商标价值评估过程中，经常用到商标分成率这一参数，它被用来计算商标能够带来的超额收益，即收益总额乘以某项系数，以将商标能够产生的收益从总收益中剥离出来，该系数称为商标分成率。在评估实务中，由于缺乏切实可行的商标分成率计算方法，其数值通常由评估师进行主观判定。这导致商标分成率具有很大的不准确性，也是商标评估价值缺乏公信力，饱受诟病的问题所在。

超额收益法和比例收费法是商标价值评估中经常使用的方法，收益法原本是传统的有形资产价值评估方法，由于它符合资本就是为企业带来经济效益这一基本原理，所以用该方法对商标价值进行评估，体现了商标能为企业持续产生超额收益这一根本特征。比例收费法与收益法相似，常用在商标许可使用收费中，它们的基本思路均为：商标权价格 = 销售收入 × 商标分成率。

可以看出，商标分成率是进行商标价值评估的重要参数。然而，在目前无形资产评估理论研究中，人们更多关注专利技术的技术分成率计算，而没有设计专门的商标分成率的计算方法。所以在商标评估实践中，经常由评估师根据其经验确定一个分成率，这个过程有很大主观臆断的成分，导致其判定值很容易与实际情况发生偏差，甚至引发职业道德问题；或是将技术分成率计算方法援用过来，在援用过程中就导致许多不适应问题。

现主要有以下四种方法。

(1) 调整系数法。

该方法设计一些影响无形资产收益能力的指标，统计多位专家对指标进行判断的结果，可运算得一项调整系数。然后结合国际惯例中确定的不同行业分成率，可得某一具体无形资产价值评估的收益分成率。其公式为：

收益分成率 = 国际惯例下限 + 调整系数 × (国际惯例上限 − 国际惯例下限)

该方法的优势在于通过专家判断降低对评估师个人主观性的依赖，还结合了国际惯例，体现出与同行业的对比。但该方法实际应用于商标分成率计算时有两点缺陷。首先，对于专家打分结果经合成运算得到调整系数的算法，有待进一步完善；其次，式中依据的国际惯例是联合国技术情报交流中心（United Nations Technical Information Exchange Center，TIES）和联合国工业发展组织对发展中国家技术转让合同中收益分成率的统计，而在商标评估领域，没有这样的统计数据可以依靠。

(2) 边际分析法。

通过边际分析求得商标产生的超额利润，并进而求得商标带来的利润占总利润的比率。边际分析的基本公式为：

利润分成率 = 超额利润现值总额 / 利润总额的现值

式中，超额利润现值总额是通过比较商标使用前后的利润额或比较使用商标与未使用商标企业的利润来求出利润增加额，再综合考虑对利润产生影响的各种因素，估算得到商标的边际贡献，即超额利润。此方法不适用性表现在：首先，按照实际情况，基本不存在没有商标而在市场上出售的商品，也无法将使用不同商标的企业在此目的下直接对比得到所谓的利润增加额；其次，商标与其他资产对利润增加的影响通常互为条件，很难区分其各自的贡献程度。

(3) 约当投资分析法。

该方法的本质是通过转让方在总资产投资中的比重来测算无形资产的利润分成率。其按照出让方的商标折合约当投资与受让方所投入资产的约当投资比例确定利润分成率。公式为：

商标利润分成率 = 出让方商标约当投资额 ÷（出让方商标约当投资额 + 受让方商标约当投资额）

出让方商标约当投资额 = 出让方商标的费用 ×（1 + 出让方适用成本利润率）

受让方商标约当投资额 = 受让方投入的资产价值 ×（1 + 受让方适用成本利润率）

式中，出让费用包括重置成本和因出让商标丧失的机会成本。不难发现，该方法只适用于商标权转让或许可使用的情形。而且该方法计算出的分成率是否准确，依赖于对机会成本和重置成本的估算，因此容易出现偏差。

(4) 层次分析法。

层次分析法（AHP）是一种综合定性和定量的分析方法，可以将人的主观判断用量化形式表达和处理形成相对客观的判断标准，用来处理一些多因素、多目标、多层次的复杂问题。层次分析法在专利技术评估中主要用于解决对超额收益的分割问题，也就是分成率的确定。运用 AHP 法解决问题，大体可以分为四个步骤。

第一步，建立问题的递阶层次结构模型。在深入分析实际问题的基础上，将有关的各个因素按照不同属性自上而下地分解成若干层次，同一层的诸因素从属于上一层的因素或对上层因素有影响，同时又支配下一层的因素或受到下层因素的作用。最上层为目标层，通常只有一个因素；最下层通常为方案或对象层；中间可以有一个或几个层次，通常为准则或指标层。当准则过多时（譬如多于 9 个）应进一步分解出子准则层。

第二步，构造两两比较判断矩阵。构造成对比较矩阵。从层次结构模型的第二层开始，对于从属于（或影响）上一层每个因素的同一层诸因素，用成对比较法和 1~9 比较尺度构造成对比较矩阵，直到最下层。

第三步，由判断矩阵计算被比较元素相对权重（层次单排序）。计算权向量并做一致性检验。对于每一个成对比较矩阵计算最大特征根及对应特征向量，利用一致性指标、随机一致性指标和一致性比率做一致性检验。若检验通过，特征向量（归一化后）即为权向量；若不通过，需重新构造成对比较矩阵。

第四步，计算各层元素的组合权重（层次总排序）。计算组合权向量并做组合一致性检验。计算最下层对目标的组合权向量，并根据公式做组合一致性检验，若检验通过，则可按照组合权向量表示的结果进行决策，否则需要重新考虑模型或重新构造那些一致性比率较好的成对比较阵。

四、延伸思考

1. 商标可分为哪几种，各种商标的功能分别是什么？
2. 影响商标品牌价值的要素有哪些？
3. 商标与品牌概念有什么不同，商标价值评估与品牌价值评估在评估方法和评估结论上有哪些差异？
4. 商标强度如何进行科学的测算？

案例二

W公司应收债权资产价值评估

案例摘要：Z资产评估有限公司接受W股份有限公司的委托，根据有关法律、法规以及资产评估准则、资产评估原则，采用资产基础法，按照必要的评估程序，对W股份有限公司拟进行债权转股权的经济行为所涉及的应收GH有限公司债权资产在2018年8月31日的市场价值进行评估。委托人与产权持有人均为债务人的母公司W股份有限公司，对债务人GH有限公司有实际控股权。涉及的标的债权资产共有15项，均为内部往来款项，债务人所涉及的会计科目分别为其他应付款和应付账款，往来款项内容主要为补充流动资金及扩大产能，账面金额合计200 288 610.13元。Z资产评估有限公司经实施清查核实、实地勘察、市场调查和评定估算等评估程序后，最终确定标的债权资产的评估价值为200 288 610.13元，即评估价值与其账面金额相等，不存在溢价或折价。

一、教学准备

（一）案例教学目的与用途

本案例主要适用于资产评估专业本科生资产评估案例课程的教学。

本案例教学有利于学习者熟悉资产评估报告的框架结构与基本内容写作，熟悉资产评估中关于流动资产及负债的价值评估过程与程序，理解流动资产及负债价值评估中相关评估基本要素与业务基本事项的内容与确定方式，理解关联方债务重组交易的含义与影响，掌握具有控制权关系的关联企业流动资产及负债价值评估方法原理及其具体应用。

（二）案例教学拟解决的问题

本案例教学拟解决具有控制权关系的关联企业非实物类流动资产及负债评估涉及的相关问题。具体包括委托方、产权持有人与债务人之间的关联关系问题，评估标的物与所涉经济行为相结合的问题，具有控制权关系的关联企业交易中的应收账款（或应付账款）、其他应收款（或其他应付款）等应收（付）款项的价值评估问题等。通过本案例的教学，希望能够帮助学习者理解具有控制权关系的关联企业之间的交易所形成的债权债务关系，掌握具有控制权关系的关联方债务重组交易中涉及的相关应收（付）款项的价值评估过程与方法。

（三）案例涉及的主要知识点

本案例教学主要涉及具有控制权关系的关联企业非实物类流动资产中关于应收（付）款项，包括应收账款（或应付账款）、其他应收款（或其他应付款）的价值评估理论与方法应用。

（四）课堂教学安排

课时安排：4学时。

教学形式：课堂讲授。

辅助材料：《资产评估基础》《资产评估相关知识》《资产评估实务一》。

前置知识：资产评估基础理论与方法，财务会计相关基础知识。

二、案例内容

(一) 评估业务基本事项与相关评估基本要素

1. 委托人、产权持有人和资产评估委托合同约定的其他资产评估报告使用人的基本情况

(1) 委托人、产权持有人概况。

W 股份有限公司是一家台港澳与境内合资、上市的股份有限公司，公司主营高档水暖器材及五金件，制造和销售家用电器、家电配件、饮水设备、滤芯耗材。企业产品的销售网络遍布亚欧市场及美洲市场。公司近年来正在完善定制整装卫浴战略规划布局，持续推动产业升级。其愿景是"成为中国内装工业化最佳的部品部件及服务的供应商，共建美好家园"，在卫浴板块，公司拥有丰富的产品系列与高效率的策略供应链管理系统，为优质、准时、准量的卫浴产品制造服务提供保障。W 股份有限公司一方面夯实部品部件的制造服务能力，另一方面则把触角延伸到为定制整装卫浴提供配套服务。

(2) 债务人概况。

第一，债务人企业登记注册概况。GH 有限公司成立于 2006 年，是一家中外合资的生产和销售自产的各类高档卫浴器材及相关配件，并提供相关售后服务的企业。GH 有限公司系 W 股份有限公司为了整体的战略布局而投资设立的重要全资子公司，目前为其母公司不可或缺的产品加工基地。近年来，公司通过积极扩展渠道，充分了解内销策略合作伙伴，拥有众多内销渠道以及国外陶瓷品牌业务需求，不断开拓新的陶瓷业务；同时通过引进新生产线，产品质量及服务能力不断提高。GH 有限公司拥有着优质客户群，所服务的客户均是国际知名卫浴品牌商，公司运营体系完善，质量水平在同行业中处于先进地位，综合竞争力较为突出。

第二，债务人企业经营管理结构。评估基准日债务人企业组织结构健全，建立了较为完善的公司治理机制。公司设有董事会，下设生产部门、销售部门、技术研发部门、行政部门、财务部门等,公司的组织结构如图 2-1 所示。

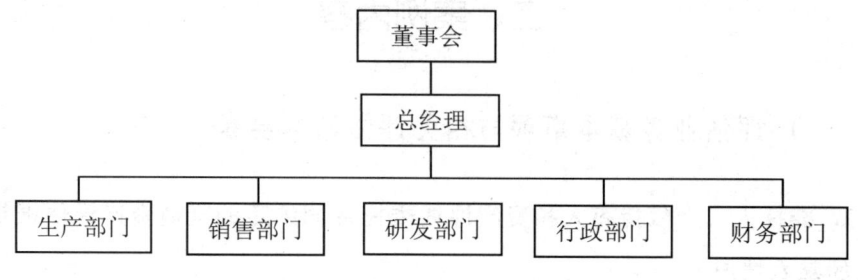

图 2-1　待评估公司组织结构

第三,委托人、产权持有人与债务人之间的关系。委托人与产权持有人为同一人,是债务人的母公司,对债务人有实际控股权。

第四,评估报告使用者及资产评估委托合同约定的其他评估报告使用者。根据资产评估委托书的约定,本资产评估报告使用者为委托人以及债务人。其他评估报告使用者为监管机构及工商变更管理部门。

除国家法律法规另有规定外,任何未经评估机构和委托方确认的机构或个人不能由于得到评估报告而成为评估报告使用者。

2. 评估目的

根据 W 股份有限公司董事会临时会议决议,W 股份有限公司拟进行债权转股权,为此委托 Z 资产评估有限公司对该经济行为所涉及的 W 股份有限公司应收 GH 有限公司的债权资产价值进行评估,为上述经济行为提供价值参考依据。

3. 评估对象和评估范围

根据本次评估目的,评估对象是 W 股份有限公司拟进行债权转股权所涉及的应收 GH 有限公司债权资产市场价值。

评估范围为 W 股份有限公司拟进行债权转股权所涉及的应收 GH 有限公司债权资产共 15 项,合计金额为 200 288 610.13 元。

上述评估基准日的应收债权金额未经会计师事务所审计,账面余额仅为委托方提供的数据;根据委托方提供的会计报表及资产评估申报表,拟进行的债权转股权金额为产权持有人及债务人协商一致认可的金额。

委托评估对象和评估范围与本次经济行为涉及的评估对象和评估范围一致。

4. 价值类型及其定义

价值类型包括市场价值和市场价值以外的价值类型，在满足各自定义及相应使用条件的前提下，市场价值和市场价值以外的价值类型的评估结论都是合理的。

根据本次评估目的，结合市场条件、评估对象自身条件等因素，确定评估价值类型为市场价值。

市场价值是指自愿买方和自愿卖方在各自理性行事且未受任何强迫的情况下，评估对象在评估基准日进行正常公平交易的价值估计数额。

本次评估业务对市场条件和评估对象的使用等并无特别限制和要求，故选择市场价值作为评估结论的价值类型。市场价值是在满足公开市场和资产有效使用的前提下，相对于整体市场而言的合理或公允价值。

5. 评估基准日

本项目评估基准日是 2018 年 8 月 31 日。

评估基准日的确定是委托人综合考虑了本次经济行为性质中相关时间要求，尽可能与评估目的实现日接近，减少和避免评估基准日后调整事项以及便于提供较完整的资料，能比较全面地反映评估对象整体情况等因素后与评估机构协商确定的。

6. 评估方法

资产评估基本方法有成本法（资产基础法）、收益法和市场法。

成本法也称资产基础法，是指在合理评估企业各项资产价值和负债价值的基础上确定评估对象价值的评估思路。

收益法是指通过将被评估企业预期收益资本化或折现以确定评估对象价值的评估思路。

市场法是指将评估对象与参考企业、在市场上已有交易案例的企业、股东权益、证券等权益性资产进行比较以确定评估对象价值的评估思路。

市场法是以现实市场上的参照物来评价评估对象的现行公平市场价值，它具有评估角度和评估途径直接、评估过程直观、评估数据直接取材于市场、评估结果说服力强的特点。由于我国目前市场化、信息化程度尚不高，市场公开资料较缺乏，在选取可比参照物（案例）方面具有较大难度，故本次评估未采纳市场法。

评估人员根据评估目的、评估对象、评估资料收集情况等相关条件，采用资产基础法对列入评估范围内的债权资产进行评估。

对于债权资产的评估，主要通过账务核对对企业申报的债权资产进行核实，同时核实企业的财务记录，并向债务人进行函证，以核对该债权资产的真实性和账面价值的构成情况。

同时，对债务人的主要资产和主要负债进行调查，对债务人目前的生产经营状况、资产使用情况、盈利能力和负债水平进行调查分析，以核实债务人的债务偿还能力。在检查无误并对债务企业和债权资产综合分析后，以评估基准日实际需要支付的债权资产金额作为评估值。

7. 评估假设

（1）一般假设。

交易假设。假定所有待评估资产已经处在交易过程中，评估师根据待评估资产的交易条件等模拟市场进行估价。

公开市场假设。公开市场假设是对资产拟进入的市场的条件以及资产在这样的市场条件下接受何种影响的一种假定。公开市场是指具备充分发达与完善的市场条件，有自愿的买方和卖方的竞争性市场，在这个市场上，买方和卖方的地位平等，都有获取足够市场信息的机会和时间，买卖双方的交易都是在自愿的、理智的、非强制性或不受限制的条件下进行。

持续使用假设。持续使用假设是对资产拟进入市场的条件以及资产在这样的市场条件下的资产状态的一种假定。首先委估资产正处于使用状态，其次假定处于使用状态的资产还将继续使用下去。在持续使用假设条件下，没有考虑资产用途转换或者最佳利用条件，其评估结果的使用范围受到限制。

（2）特殊假设。

特殊假设主要包括以下假设条件：本次评估以委评债权资产合法有效、真实无误，委托人提供的债权资产相关资料真实、合法、完整、有效为前提；国家现行的有关法律法规及政策、国家宏观经济形势无重大变化，本次交易各方所处地区的政治、经济和社会环境无重大变化,无其他人力不可抗拒因素及不可预见因素造成的重大不利影响;针对评估基准日资产的实际状况,假设企业持续经营;公司的经营者是负责的,且公司管理层有能力担当其职务;除非另有说明,假设公司完全遵守所有有关的法律法规;公司未来将采取的会计政策和编写此份报告时所采用的会计政策在重要方面基本一致;公司在现有的管理方式和管理水平的基础上,经营范围、方式与目前方向保持一致;有关利率、汇率、赋税基准及税率及其他国家政策不发生重大变化;无其他人力不可抗拒因素及不可预见因素对企业造成重大不利影响。

根据资产评估的要求,认定这些假设条件在评估基准日时成立,当未来经济环境发生较大变化时,将不承担由于假设条件改变而推导出不同评估结论的责任。

(二) 评估程序实施过程和情况

Z 资产评估有限公司评估人员于 2018 年 8 月 28 日至 2018 年 9 月 6 日对评估对象涉及的资产实施了评估。主要评估程序实施过程和情况如下。

1. 接受委托订立业务委托合同

与委托人洽谈,明确评估业务基本事项,对自身专业胜任能力、独立性和业务风险进行综合分析和评价,接受委托,签订资产评估委托合同。

2. 前期准备

组建评估项目组,确定项目负责人和项目组人员,按照本次委托评估资产的特点以及时间上的总体要求,制订资产评估工作计划。

根据委托评估资产的特点,有针对性地布置资产评估申报明细表及相关资产调查表,确定所需资料清单;派评估专业人员指导被评估单位做好资产评估申报表的填报及评估资料提供工作,以确保评估申报资料的质量。

为保证评估项目的质量和提高工作效率,对项目团队成员进行培训,了解评估工作计划的具体安排,讲解项目的经济行为背景、评估对象涉及资产的特点、评估总体技术思路和具体操作要求等。

3. 现场调查

评估人员于 2018 年 9 月 1 日至 2018 年 9 月 2 日对评估对象涉及的资产进行了必要的清查核实，对债务人的经营管理状况等进行了必要的尽职调查。

（1）资产核实。

指导产权持有人的相关人员在自行资产清查的基础上，按照评估机构提供的《资产评估申报表》及资料清单等，对纳入评估范围的资产进行细致准确的填报，同时收集准备资产的产权证明文件和相关经营财务资料等。

初步审查和完善产权持有人填报的《资产评估申报表》，与企业有关的财务记录数据进行核对，检查是否存在填项不全、错填或填列内容不明确等情况，对发现的问题进行了解，并及时反馈给产权持有人对《资产评估申报表》进行完善。

现场实地勘查。根据纳入评估范围的资产类型、数量和分布状况，评估人员在产权持有人相关人员的配合下，按照资产评估准则的相关规定，对资产的数量、基准日使用状况等进行盘点和现场勘查，并采取访谈、核对、函证等不同方法，对评估对象进行全面了解、核实。

补充、修改和完善《资产评估申报表》。评估人员根据现场实地勘查结果，并与产权持有人相关人员充分沟通，进一步完善《资产评估申报表》，以做到账、表、实相符。

关注评估对象法律权属，核实查验评估对象权益状况相关的协议、合同等有关重要法律文件原件，收集相关权属资料，了解核实是否涉及抵押、担保、诉讼事项。

（2）尽职调查。

评估人员为了全面充分了解评估对象现状，通过访谈、查阅、询问等方式进行必要的尽职调查。

尽职调查的主要内容包括：债务人的历史沿革、控股股东及持股比例、经营管理结构和产权架构；债务人的资产、财务、生产经营管理状况及盈利模式；债务人的业务结构、资产配置和使用情况；债务人非经营性资产、负债和溢余资产情况；债务人核心资产及技术研发情况；债务人的经营计划、未来发展规划和收益预测信息；债务人自身优劣势、竞争力及所面临的风险情况；债务人以往的评估及交易情况；影响债务人生产经营的宏观、区域经济因素；债务人所在行业的发展状况与前景；债务人享有的税收优惠情况；其他相关需调查的事项。

4. 资料收集

资产评估专业人员根据评估项目的具体情况收集资产评估业务需要的资料，包括委托人和产权持有人提供的涉及评估对象和评估范围的资料，从政府部门、各类专业机构以及市场等渠道获取的相关资料。并对收集的评估资料进行必要的分析、归纳和整理，形成评定估算和编制资产评估报告的依据。

资产评估专业人员对委托人及产权持有人提供的评估申报明细表及相关重要资料进行签字确认，对评估中使用的重要资料通过观察、询问、书面审查、实地调查、查询、函证、复核等方式进行核查、验证，以保证所用资料信息的合理、可信。

5. 评定估算

评估人员针对各类资产的具体情况，根据所采用的评估方法，选取相应的公式和参数进行分析、计算和判断，形成测算结果。经对形成的测算结果综合分析后形成初步评估结论，编制初步资产评估报告。

6. 内部审核及报告出具

根据资产评估准则的规定，依照本评估机构内部质量控制制度要求，项目负责人在完成评估报告初稿一级复核后，提交本评估机构质控部复核。在本评估机构内部复核完成后，在不影响评估人员对最终评估结论进行独立判断的前提下，与委托人或委托人同意的其他相关当事人就资产评估报告有关内容进行沟通，根据沟通意见进行合理修改后，由本评估机构出具并提交委托方资产评估报告。

（三）评估结论与评估报告相关说明

W股份有限公司拟进行债权转股权所涉及的应收GH有限公司债权资产于评估基准日的评估价值为200 288 610.13元，大写：贰亿零贰拾捌万捌仟陆佰壹拾元壹角叁分。具体如表2-1所示。

表 2 – 1　　　　　　　　资产评估结果汇总

科目名称	账面价值(元)	评估价值(元)	增减值(元)	增减率(%)
货币资金	—	—	—	—
交易性金融资产	—	—	—	—
应收票据	—	—	—	—
应收账款	2 608 821.57	2 608 821.57	0.00	0.00
预付账款	—	—	—	—
应收利息	—	—	—	—
应收股利	—	—	—	—
其他应收款	197 679 788.56	197 679 788.56	0.00	0.00
存货	—	—	—	—
一年内到期的非流动资产	—	—	—	—
其他流动资产	—	—	—	—
资产合计	200 288 610.13	200 288 610.13	0.00	0.00

(四) 评估报告日

评估报告日为 2018 年 9 月 6 日。

三、案例分析

(一) 委托方、产权持有人与债务人之间的关系分析

1. 债务企业历史股权结构变化分析

(1) 2007 年 5 月成立时。

债务企业 GH 有限公司 (曾用名: GA 有限公司) 由中方股东 A 有限公司与外方股东 B 有限公司 (在美国设立) 以中外合资经营方式于 2007 年 5 月 9 日成立, GH 有限公司成立时的注册资本为 2 500 万元, 其中 A 出资 1 750 万元占比 70%, B 出资 750 万元占比 30%; GH 有限公司成立时的股权结构及认缴出资额情况如表 2 – 2 所示。

表2-2　　　　　　　2007年5月股权结构及认缴出资额情况

股东名称	出资额（万元）	出资比例（%）
A有限公司（境内企业）	1 750.00	70.00
B有限公司（在美国设立）	750.00	30.00
合计	2 500.00	100.00

（2）2007年7月变更后。

经2007年7月28日GH有限公司董事会决议、G市对外贸易经济合作局签发的关于GH有限公司章程修改批复批准，GH有限公司名称由"GA有限公司"变更为"GH有限公司"。在注册资金尚未缴入之前，A有限公司将持有GH有限公司的70%注册资本认缴权的其中65%转让给W股份有限公司（曾用名：WH股份有限公司），其余的5%转让给B有限公司。

本次注册资本认缴权转让后，股东W股份有限公司及B有限公司分两期缴足出资额，两期出资情况已分别经会计师事务所审验，并出具验资报告。变更后的股权结构和出资情况如表2-3所示。

表2-3　　　　　　　2007年7月股权结构和出资情况

股东名称	出资额（万元）	出资比例（%）
W股份有限公司（即委托人）	1 625.00	65.00
B有限公司（在美国设立）	875.00	35.00
合计	2 500.00	100.00

（3）2009年8月变更后。

经2009年8月28日GH有限公司董事会决议、G市对外贸易经济合作局签发的关于GH有限公司章程修改批复批准，GH有限公司的法定地址变更。

（4）2011年9月变更后。

经2011年9月26日GH有限公司董事会决议、G市科技工贸和信息化局签发的关于GH有限公司章程修改批复批准，B有限公司将其所持有的GH有限公司35%的股权作价216.98万元转让给C有限公司（以下简称"C"），变更后股权结构和出资情况如表2-4所示。

表 2-4　　　　　　2011 年 9 月股权结构和出资情况

股东名称	出资额（万元）	出资比例（%）
W 股份有限公司（即委托人）	1 625.00	65.00
C 有限公司（W 的全资子公司）	875.00	35.00
合计	2 500.00	100.00

（5）2018 年 8 月变更后。

经 2018 年 8 月 5 日 GH 有限公司董事会决议批准及修改后的章程规定，GH 有限公司的注册资本由 2 500 万元变更为 4 000 万元，新增注册资本 1 500 万元由股东 W 股份有限公司以货币方式认缴。本次 GH 有限公司增资完成后，W 股份有限公司认缴出资额为 3 125 万元，占注册资本的 78.13%；C 有限公司认缴出资额为 875 万元，占注册资本的 21.87%。

截至 2018 年 8 月 31 日，GH 有限公司的股权结构及出资情况如表 2-5 所示。

表 2-5　　　　　　2018 年 8 月股权结构和出资情况

股东名称	出资额（万元）	出资比例（%）
W 股份有限公司（即委托人）	3 125.00	78.13
C 有限公司（W 的全资子公司）	875.00	21.87
合计	4 000.00	100.00

注：C 有限公司为 W 股份有限公司全资子公司。

根据上述历史股权结构分析结果可见，委托人与产权持有人为同一人，是债务人的母公司，对债务人有实际控股权。

2. 要点与难点解析

根据《企业会计准则第 12 号——债务重组》中的定义，债务重组是指在不改变交易对手方的情况下，经债权人和债务人协定或法院裁定，就清偿债务的时间、金额或方式等重新达成协议的交易，一般包括债务人以资产清偿债务、债务人将债务转为权益工具、修改其他条款等方式。债权人或债务人中的一方直接或间接对另一方持股且以股东身份进行债务重组的，或者债权人与债务人在债务重组前后均受同一方或相同的多方最终控制，且该债务重组的交易实质是债权人或债务人进行了权益性分配或接受了权益性投入的，适用权益性交易的有关会计处理规定。

根据《企业会计准则第36号——关联方披露》中的定义，一方控制、共同控制另一方或对另一方施加重大影响，以及两方或两方以上同受一方控制、共同控制或重大影响的，构成关联方。控制，是指有权决定一个企业的财务和经营政策，并能据以从该企业的经营活动中获取利益。共同控制，是指按照合同约定对某项经济活动所共有的控制，仅在与该项经济活动相关的重要财务和经营决策需要分享控制权的投资方一致同意时存在。重大影响，是指对一个企业的财务和经营政策有参与决策的权力，但并不能够控制或者与其他方一起共同控制这些政策的制定。

下列各方构成企业的关联方。(1) 该企业的母公司。(2) 该企业的子公司。(3) 与该企业受同一母公司控制的其他企业。(4) 对该企业实施共同控制的投资方。(5) 对该企业施加重大影响的投资方。(6) 该企业的合营企业。(7) 该企业的联营企业。(8) 该企业的主要投资者个人及与其关系密切的家庭成员。主要投资者个人，是指能够控制、共同控制一个企业或者对一个企业施加重大影响的个人投资者。(9) 该企业或其母公司的关键管理人员及与其关系密切的家庭成员。关键管理人员，是指有权力并负责计划、指挥和控制企业活动的人员。与主要投资者个人或关键管理人员关系密切的家庭成员，是指在处理与企业的交易时可能影响该个人或受该个人影响的家庭成员。(10) 该企业主要投资者个人、关键管理人员或与其关系密切的家庭成员控制、共同控制或施加重大影响的其他企业。

关联方交易，是指关联方之间转移资源、劳务或义务的行为，而不论是否收取价款。企业只有在提供确凿证据的情况下，才能披露关联方交易是公平交易。关联方交易的类型通常包括下列各项：购买或销售商品；购买或销售商品以外的其他资产；提供或接受劳务；担保；提供资金（贷款或股权投资）；租赁；代理；研究与开发项目的转移；许可协议；代表企业或由企业代表另一方进行债务结算；关键管理人员薪酬。

由此可见，本次评估涉及的债权转股权经济行为具有明显的关联方债务重组交易性质，债权人企业与债务人企业之间存在控制与被控制的关联关系，评估人员应当关注关联交易的影响。

3. 指导与启发

在资产评估实务中，对于涉及关联方债务重组交易的经济行为，评估人员应当关注针对该经济行为涉及资产与负债所出具的相关审计报告意见，特别关注相关事项是否符合独立交易原则以及可能存在的母公司提供财务资助性质资金的处理风险问题，如资金占用费等所涉增值税以及企业所得税相关扣除的税务处理合规性及其对评估结论的影响等方面。评估人员应当做好尽职调查与资产清查核实工作，合理判断债务人企业的经营状况，严谨评价债务人企业的偿债能力，关注债务人企业可能存在的债务风险与担保风险，谨慎处理相关债权债务的估值问题。当在评估过程中未能取得相关确凿证据的情况下，应当考虑重新估计业务承接风险与评估报告使用风险，判断出具评估报告的可行性。如果存在可能影响评估结论的重要事项，应当要求委托人或被评估企业就该事项出具承诺等内部证明材料和律师函等第三方证明材料作为评估依据，并在评估报告中充分披露相关事项可能对评估结论造成的影响，尽可能合理规避可能存在的相关法律风险。

此外，在涉及关联方债权转股权交易的评估项目中，评估人员还应当注意以下问题。

第一，评估人员应关注母子公司最新的工商登记情况和近期的董事会决议等材料，了解被评估单位产权结构、股权结构及股东权益，核对注册资本、出资额、母公司对该被评估企业的持股比例和表决权比例。

第二，评估人员应关注公司章程或投资协议，了解股东在利益分配、股权转让等方面的权利和义务是否存在特殊的约定，如分红限制、清算约定和存在限售期等，考虑其对评估的影响。

第三，评估人员应关注评估范围内的重要资产和负债。通过实施询问、函证、核对、监盘、勘查、检查等必要的程序，了解其经济、技术和法律权属状况及其对评估的影响。

（二）债务企业经营发展情况与偿债能力分析

1. 债务企业所在行业分析

目前，GH 有限公司主营业务范围涉及 GH 有限公司自产产品、配件的生产、销售和售后服务等方面。

卫浴产品包括洁具、浴室家具、浴屏、浴缸、龙头、花洒、瓷砖配件等。据《中国整体卫浴行业发展和市场调研分析报告2017—2018》数据显示，我国整体卫浴陶瓷产品渗透率和市场规模将继续上升，预计未来五年，整体卫浴陶瓷产品市场空间将达到240亿元以上，产品重视度与消费者关注度都将继续提升。

因此，我国卫浴产品市场具有以下三个特点。

第一，我国卫浴产品市场空间大，行业发展迅速。

第二，行业相关政策向好，卫浴陶瓷产品出口规模与内部需求持续增长，推动行业发展。卫浴陶瓷产品产业作为传统产业，受房地产及家装行业蓬勃发展的影响，卫浴产品的需求持续旺盛。这给卫浴产品相关企业带来良好的发展机遇，特别是在行业中属于知名品牌的企业尤其如此。GH有限公司经过数年的生产经营发展，建立和完善了持续有效的品质保证体系，是众多知名品牌的核心供应商。

第三，我国陶瓷卫浴产品市场规模增长较快，具有发展潜力，发展前景比较乐观。

2. 债务企业竞争地位与竞争能力分析

（1）行业竞争格局以及债务企业在行业中的竞争地位分析。

第一，市场集中度整体仍处于较低水平。随着行业的快速发展，我国已成为卫浴产品的制造大国。但行业内中小型企业占比较大，初期投资少，规模普遍较小，资本实力有限，而且行业准入门槛不高，因此整个行业市场集中度处于较低水平。

第二，卫浴产品同质化严重、缺乏创新。我国卫浴产品行业内大部分企业为中小型企业，实力较为薄弱。同时由于缺少明确的市场定位和战略方向，也不愿意投入资源进行产品的设计研发，甚至没有建立自己的设计团队，而是在原材料、工艺、技术、设计和包装，甚至在终端陈列、导购、推广等方面模仿他人。这导致了行业同质化情况严重，产品附加值和品牌价值不高，影响了企业的可持续发展。

第三，行业竞争加剧、品牌企业优势显现。较低的市场集中度会引起较高的市场竞争程度,这在低端市场上表现尤为明显。从国内实际经营情况来看,行业准入门槛低,行业内存在众多中小企业,它们在低端市场上面临着大量相同业态对手的激烈竞争,利润水平自然也较低。同时,由于进入中高端产品市场存在的资金投入大、品牌影响力形成周期长等众多壁垒,它们也无法在短期内进入中高端产品市场。

目前,具有品牌、渠道和规模优势的卫浴产品企业主要竞争于中高端市场,这些企业能够更为准确地进行市场定位,更好地满足消费者多样化和个性化的需求,因此成长迅速,市场发展空间巨大。随着生活水平的提高,人们对卫浴产品品质的要求也逐渐提高。未来,品牌、质量、营销和服务等非价格竞争因素在中高档产品竞争中的重要性将逐渐显现,且部分优势企业也在拓展中低端市场的产品线,双重打压的竞争态势将迫使部分没有竞争优势的企业退出行业。"强强联合、强弱整合"将会成为未来行业重组的必然之路。

GH有限公司目前拥有约33 000平方米生产面积,员工近500人,陶瓷年产量可达40万件,浴缸年产量可达6.8万件,淋浴房年产量可达10万余套。GH有限公司拥有优质客户群,所服务的客户均是国际知名品牌商,公司运营体系完善,质量水平在同行业中处于先进地位,综合竞争力较为突出。

(2) 竞争对手情况。

K公司(包括成立历史、企业基本情况、品牌知名度、在我国的投资发展情况、相关产品生产能力等方面,详情略)

M公司(包括成立历史、企业基本情况、品牌知名度、在我国的投资发展情况、相关产品生产能力等方面,详情略)

(3) 债务企业竞争优势与劣势分析。

债务企业竞争优势。第一,产品优势。GH有限公司拥有智能化的产品生产线。拥有完整的产品线,能够制造智能马桶、按摩浴缸等高端产品。第二,客户优势。GH有限公司拥有丰富的客户资源及上市公司严格的运营管控体系,让企业保持较强的竞争优势。

债务企业竞争劣势。生产基地设于环保标准较高的地区,需要企业投入较多的环保改善资金。随着人工成本的逐年上涨,需要企业精益生产、降本节能。

（4）债务企业未来发展展望。

GH 有限公司于 2007 年 5 月以中外合资方式设立，注册资本 2 500 万元。GH 有限公司为 W 集团的重要全资子公司，主要生产和销售自产的各类高档陶瓷洁具类产品，GH 有限公司是 W 集团为了整体的战略布局而投资设立的。近年来，GH 有限公司通过积极扩展销售渠道，同时通过引进高压注浆生产线，提高产品质量，改善服务能力；再加上行政部门的环保监管力度加强，众多小型陶瓷企业陆续关闭或转型，陶瓷行业集中度提高，有利于 GH 有限公司争取更多的业务机会，从而提高企业获利能力。目前 GH 有限公司实收资本较少，市场竞争力有待提高，W 股份有限公司已着手对 GH 有限公司进行资本投入的规划，增加 GH 有限公司在陶瓷行业的形象地位，提高市场竞争力。

W 股份有限公司已于 2018 年 7 月 25 日召开董事会、监事会，经会议决议批准，同意对控股子公司 GH 有限公司进行增资，资金用途为卫浴高科技生产线项目。GH 有限公司已完成了本次增资的工商变更登记手续，并收到变更后的合法证照，目前 GH 有限公司的注册资本为 4 000 万元。

未来 W 股份有限公司将持续调整 GH 有限公司的经营策略，制订经营改善计划，进一步改善经营状况。包括投资建设高科技生产线，推动精益生产，提高生产效率，降低生产成本。升级改造产品生产线，提高生产工艺水平，提升自动化程度，提高产能和产品合格率，全面升级结构工艺，将产品单位生产成本降低三成以上。对于新产品的开发，做到规范到位，建立基本技术体系，满足开发进度质量要求，搭建技术平台，申请专利进行技术保护。W 股份有限公司的发展战略目标是"成为国内内装产品最佳供应商"，而 GH 有限公司生产的产品，是 W 股份有限公司发展内装工业化不可或缺的相关产品，GH 有限公司未来的经营发展情况，将对 W 股份有限公司达成战略目标产生深远影响。因此 W 股份有限公司将在拓展新的业务渠道基础上，继续加大对 GH 有限公司的研发投入，支持其持续发展。

3. 债务企业财务及经营状况分析

（1）债务企业近三年财务及经营状况。

GH 有限公司 2015 年度、2016 年度、2017 年度由会计师事务所（特殊普通合伙）进行审计，均出具了标准无保留意见的审计报告；2018 年度 1 月份至 8 月份报表数据未进行审计。

GH 有限公司 2015~2017 年及评估基准日的财务状况如表 2-6 至表 2-8 所示。

表 2-6　　　　GH 公司资产负债状况（合并口径）　　　　单位：元

项目	2015 年 12 月 31 日	2016 年 12 月 31 日	2017 年 12 月 31 日	评估基准日
流动资产	55 118 460.49	51 899 422.67	47 581 119.72	55 141 015.57
非流动资产	30 218 530.82	24 354 344.29	28 290 416.76	34 553 699.83
长期股权投资	5 500 000.00	5 500 000.00	5 500 000.00	5 500 000.00
可供出售金融资产	—	10 000.00	3 791 510.00	3 791 510.00
固定资产	15 213 659.18	7 621 050.91	10 954 562.05	12 946 785.70
在建工程	266 000.00	3 137 111.20	761 822.58	4 673 960.82
无形资产	4 031 887.78	3 932 185.68	3 839 307.47	3 777 388.67
长期待摊费用	5 206 983.86	4 153 996.50	3 443 214.66	2 950 054.64
其他非流动资产	—	—	—	914 000.00
资产总计	85 336 991.31	76 253 766.96	75 871 536.48	89 694 715.40
流动负债	178 801 870.85	188 332 838.56	199 313 625.97	211 686 553.50
非流动负债	0.00	0.00	0.00	0.00
负债总计	178 801 870.85	188 332 838.56	199 313 625.97	211 686 553.50
净资产	-93 464 879.54	-112 079 071.60	-123 442 089.49	-121 991 838.10

表 2-7　　　　GH 公司经营成果情况（合并口径）　　　　单位：元

项目	2015 年	2016 年	2017 年	2018 年 1~8 月
营业收入	35 033 094.95	48 819 226.83	60 983 702.76	33 783 733.62
营业成本	53 814 797.49	67 472 631.96	72 344 552.72	42 059 428.45
营业利润	-18 781 702.54	-18 653 405.13	-11 330 677.83	-13 315 592.44
利润总额	-18 820 476.40	-18 614 192.06	-11 363 017.89	-13 549 748.61
净利润	-18 820 476.40	-18 614 192.06	-11 363 017.89	-13 549 748.61

表 2-8　　　　　　GH 公司偿债能力指标（合并口径）　　　　　单位：%

偿债指标	2015 年	2016 年	2017 年	2018 年 8 月
资产负债率	209.52	246.98	264.42	236.01
流动比率	30.83	27.56	23.88	26.05
速动比率	17.21	17.65	15.55	17.21

（2）剔除关联交易后债务企业的经营情况分析。

W 股份有限公司及其全资子公司 C 有限公司是 GH 有限公司的股东，W 直接、间接拥有 GH 有限公司 100% 股权。W 作为母公司，在日常经营活动中，通过对旗下各子公司业务和产业的整合，发挥聚成和配置功能，促进各子公司间内部关联交易，以形成协同效应和内部效应。GH 有限公司作为其母公司 W 股份有限公司发展规划中重要的产品加工基地，W 股份有限公司通过人事、财务、计划等事项来调动 GH 有限公司的人力和资金，实现对 GH 有限公司的横向管理、横向协同和全局调度，实现有效管控和利益最大化。

通过对 GH 有限公司在评估基准日及历史年度的财务数据分析可知，GH 有限公司与其母公司 W 股份有限公司，以及其他关联兄弟公司的业务往来内容主要为往来代垫款、流动资金补充、扩产项目投入以及资产转让款项，性质为持续性关联交易和显性关联交易，具有控制与被控制的特殊属性，以及具有降低交易成本、调节业绩和合理避税等特殊目的。因此 GH 有限公司的独立性和资产完整性具有重大缺陷，GH 有限公司账面资产及经营数据未能客观反映企业的偿债指标。因此在财务分析中，应剔除非经营性关联交易影响，把相关往来款项剥离，才能真实反映 GH 有限公司真实的偿债比率。

母公司 W 股份有限公司对各子公司的持股情况，具体如表 2-9 所示。

表 2-9　　　　　　W 公司偿债能力指标（合并口径）　　　　　单位：%

GH 有限公司关联交易所涉及各子公司名称	母公司 W 的持股比例		
	直接持股	间接持股	直接+间接持股
GE 有限公司（兄弟公司）	100.00	—	100.00
GH 有限公司（兄弟公司，债务人企业）	78.13	21.87	100.00

续表

GH 有限公司关联交易所涉及各子公司名称	母公司 W 的持股比例		
	直接持股	间接持股	直接+间接持股
GF 有限公司（兄弟公司）	75.00	25.00	100.00
I 有限公司（内销渠道商）	82.10	3.41	85.51
J 有限公司（内销渠道商）	100.00	—	100.00
K 有限公司（内销渠道商）	100.00	—	100.00

2015~2017 年 GH 有限公司与母公司 W 股份有限公司及各关联企业的往来情况，具体如表 2-10 至表 2-12 所示。

表 2-10　　　　　应付账款关联明细　　　　　单位：元

单位名称	2015 年 12 月 31 日	2016 年 12 月 31 日	2017 年 12 月 31 日	2018 年 8 月 31 日
Z 分公司[a]	58 992.76	827 712.81	2 844 674.27	—
GF 有限公司（兄弟公司）	361 758.33	351 584.39		
WH 股份有限公司[b]	599 392.08	252 668.36	500 175.53	2 608 821.57
GE 有限公司（兄弟公司）	—	—	219 534.00	
I 有限公司（内销渠道商）	—	—	—	1 705 707.57
合计	1 020 143.17	1 431 965.56	3 564 383.80	4 314 529.14

注：a. 母公司 WH 下属的分公司，简称 Z；b. 已更名为 W 股份有限公司。

表 2-11　　　　　其他应付款关联明细　　　　　单位：元

单位名称	2015 年 12 月 31 日	2016 年 12 月 31 日	2017 年 12 月 31 日	2018 年 8 月 31 日
WH 股份有限公司[a]	143 308 435.18	152 289 586.62	154 565 602.71	197 679 788.56
Z 分公司[b]	24 649 278.59	20 384 348.69	20 719 108.27	—
GF 有限公司（兄弟公司）	1 500 000.00	546 566.37	6 064 873.79	—
I 有限公司（内销渠道商）	—	—	41 969.12	—
合计	169 457 713.77	173 220 501.68	18 1391 553.89	197 679 788.56

注：a. 已更名为 W 股份有限公司；b. 母公司 WH 下属的分公司，简称 Z。

表 2-12　　　　　　　　　应收账款关联明细　　　　　　　　单位：元

单位名称	2015 年 12 月 31 日	2016 年 12 月 31 日	2017 年 12 月 31 日	2018 年 8 月 31 日
I 有限公司（内销渠道商）	—	—	2 815 137.28	377 267.11
I 有限公司（内销渠道商）	—	—	974 354.16	866 747.32
J 有限公司（内销渠道商）	—	2 148.11	304 148.00	123 154.47
K 有限公司（内销渠道商）	—	—	—	2 064.44
I 有限公司（内销渠道商）	—	14 996.77	38 706.66	3 336.26
合计	—	17 144.88	4 132 346.10	1 372 569.60

注：WH 股份有限公司现已更名为 W 股份有限公司。

4. 删除关联交易后债务企业偿债能力分析

剔除母公司关联交易后，债务企业偿债能力指标如表 2-13 所示。

表 2-13　　　　　　GH 公司债务企业偿债能力指标

偿债指标	2015 年	2016 年	2017 年	2018 年 8 月
资产负债率（%）	40.89	46.94	58.70	12.71
流动比率	1.58	1.45	1.08	4.84
速动比率	0.88	0.93	0.70	3.20

剔除所有关联交易后，债务企业偿债能力指标，如表 2-14 所示。

表 2-14　　GH 公司债务企业偿债能力指标（剔除所有关联交易）

偿债指标	2015 年	2016 年	2017 年	2018 年 8 月
资产负债率（%）	9.75	17.94	19.05	10.81
流动比率	6.62	3.79	3.31	5.69
速动比率	3.70	2.43	2.16	3.76

参考国务院国有资产监督管理委员会考核分配局编制的《企业绩效评价标准值 2017》，建材工业的行业平均资产负债率为 60%，速动比率为 55.1%。GH 有限公司在评估基准日调整后的（即删除关联交易后）资产负债率为 10.81%，速

动比率为376%，企业偿债能力指标较优，资产负债水平较好。

从历史数据及发展趋势来看，GH有限公司调整后的资产负债水平仍有下调空间。调整后的速动比率与流动比率指标较好，偿债能力指标处于行业中上水平，尤其是2018年短期偿债指标大幅变好。自2015年以来，调整后的流动比率均大于1.0，短期偿债指标在不考虑季节性趋势变动影响因素的情况下，2018年呈现跃升态势，预期未来短期偿债能力会提高。

综上所述，经剔除类似资本金性质的母公司往来款后，GH有限公司的偿债能力较强，未来预期偿债能力指标还有提高改善的空间。同时，经调查，GH有限公司没有对外长期债务，没有对外担保物权，其债务不存在风险。

5. 指导与启发

合并口径下债务企业近几年及评估基准日的净资产均为负值，说明企业存在资不抵债的情况。那么，评估人员在设定评估假设或评估价值类型时，是否应当对应付款项采用清算假设或清算价值呢？

需要注意，此评估项目所涉及的经济行为是母公司对下属控股公司进行债权转股权的股权投资行为，其评估通常是建立在被投资企业持续经营的基础上。如果采用清算假设或清算价值，一般意味着母公司不看好被投资下属控股企业的未来经营前景，也不会选择再对其进行股权投资，而是会选择通过召开股东会的方式将控股公司清盘处理了。因此，这里不适用清算假设或清算价值，其与评估目的并不一致。被投资企业在评估基准日净资产为负值，通常是因为资本结构不合理，如股东投入资本金过低而靠借款开展经营活动等。因此，在涉及具有控制权的关联方债权转股权的评估项目中，被投资企业持续经营是一项重要的评估假设。

此外，评估人员还应当关注关联交易的影响，例如在合并财务报表中，母子公司间产品或服务的内部关联销售产生利润可能导致虚增净资产，而低于市场价格的内部关联销售可能导致虚减净资产。

在评估关联方债权债务价值时，应当遵循实质重于形式原则，考虑在剔除关联交易影响之后，再对调整后的债务企业经营情况和偿债能力相关指标进行水平分析与趋势分析，体现债务企业指标分析的现实性与客观性。最后，以调整后的指标分析结论为基础,结合相关债权资产的清查核实情况,综合分析债务企业经营能力与偿债能力,为进一步分析、论证、判断标的债权回收风险损失情况提供必要的支撑。

(三)债权资产形成与债权价值评估测算分析

1. 债权资产形成分析

GH 有限公司成立于 2007 年 5 月,目前为其母公司 W 股份有限公司不可或缺的产品加工基地。自成立以来,为形成协同效应和内部效应,母公司 W 股份有限公司在 GH 有限公司日常经营活动中,通过对各子公司业务和产业的整合,发挥聚成和配置功能,促进母子公司及各子公司间内部关联交易。W 股份有限公司通过人事、财务、计划等事项来调动 GH 有限公司的人力和资金,实现对 GH 有限公司的横向管理、横向协同和全局调度,实现有效管控作用和利益最大化。

自 2010 年至评估基准日,GH 有限公司陆续以补充流动资金和扩大产能等事由,从其母公司 W 股份有限公司共筹集资金 200 288 610.13 元,所涉及的内部往来共 15 项,所涉及的会计科目分别为其他应付款及应付账款,往来款项内容主要为补充流动资金及扩大产能。具体拨款明细如表 2-15 所示。

表 2-15 W 股份有限公司拨款明细

时间	科目内容	金额(元)	款项性质(用途)	债权人
2010~2015 年	其他应付款	135 370 518.48	补充流动资金及往来代垫款	W 股份有限公司
2016 年	其他应付款	3 500 000.00	BF 扩产项目投入	W 股份有限公司
2016 年	其他应付款	3 000 000.00	补充流动资金	W 股份有限公司
2017 年	其他应付款	5 500 000.00	补充流动资金	W 股份有限公司
2017 年	其他应付款	7 180 000.00	扩能项目	W 股份有限公司
2017 年	应付账款	466 724.55	为员工而支付的代垫款	W 股份有限公司
2017 年	其他应付款	15 084.23	为员工而支付的代垫款	W 股份有限公司
2018 年	其他应付款	4 650 000.00	VC 扩能项目	W 股份有限公司
2018 年	应付账款	1 020 276.17	为员工而支付的代垫款	W 股份有限公司

续表

时间	科目内容	金额（元）	款项性质（用途）	债权人
2018 年	应付账款	261 558.12	往来货款	W 股份有限公司
2018 年	其他应付款	2 326.98	资产转让	W 股份有限公司
2018 年	其他应付款	5 800 000.00	补充流动资金	W 股份有限公司
2018 年	应付账款	860 262.73	补充流动资金	W 股份有限公司
2018 年 8 月	其他应付款	7 525 414.41	受让 GF 有限公司（兄弟公司）债权转让	W 股份有限公司
2018 年 8 月	其他应付款	25 136 444.46	受让 Z 分公司债权转让	W 股份有限公司
—	合计	200 288 610.13	—	—

2. 债权资产的清查核实与评估测算

列入本次评估范围的债权资产共 15 项，账面价值 200 288 610.13 元，其中应收账款 4 项，其他应收款 11 项。本次评估主要通过账务核对，对企业申报的债权资产进行核实，同时核对企业的财务记录，并向债务人进行函证，以核对该债权资产的真实性和账面价值的构成情况。

（1）应收账款的清查核实与评估测算。

应收账款共 4 项，账面余额 2 608 821.57 元，计提坏账准备 0.00 元，账面净值 2 608 821.57 元，主要为代垫款、补充流动资金和往来货款。应收账款明细如表 2-16 所示。

表 2-16　　　　　　　应收账款明细

欠款单位名称	业务内容	发生日期	账龄	账面净值（元）
GH 有限公司	为员工而支付的代垫款	2017 年	1~2 年	466 724.55
GH 有限公司	为员工而支付的代垫款	2018 年	1 年内	1 020 276.17
GH 有限公司	往来货款	2018 年	1 年内	261 558.12
GH 有限公司	补充流动资金	2018 年	1 年内	860 262.73

对表 2-16 中的应收账款，评估人员查阅了有关交易事项的业务合同、会计凭证和相关财务账簿，向企业财务部门查询了较长账龄款项形成的原因及历史清

欠情况，同时进行了函证；并且通过抽查会计凭证，核实了各款项的结算对象、业务内容、发生时间及账面金额；根据清查的情况，与企业同一时点的财务审计报表进行核对，如有差异则查明原因，使应收账款申报明细表上反映的有关信息准确完整、账表相符。在以上清查核实的基础上，对应收账款的价值采用个别认定法和账龄分析法对风险损失进行评估，以核实后的账面值扣减估计的风险损失额作为评估值。具体包括三个方面。

第一，对于关联企业的往来款项等有充分理由相信能全部收回的，评估风险损失为0，以核实后的账面值作为评估值。

第二，对无充分证据确认坏账金额的应收款项，参照企业的坏账准备计提原则和方法，采用账龄分析估计风险损失额，以核实后的账面余额与估计的风险损失的差额作为评估值。风险损失计提比例如表2-17所示。

表2-17　　　　　　　　　风险损失计提比例　　　　　　　　单位：%

账龄	应收账款计提比例
1年以内（含1年）	5.00
1~2年	10.00
2~3年	30.00
3~4年	50.00
4~5年	80.00
5年以上	100.00

第三，对应收账款欠款时间较长，多次催收无果，且欠款公司又与产权持有人无业务往来，预计全部无法收回，风险损失为100%，评估值确定为0。

根据以上评估原则，确定应收账款的风险损失额为0.00元，可确定应收账款评估值为2 608 821.57元。

（2）其他应收款的清查核实与评估测算。

其他应收款共11项，账面余额197 679 788.56元，计提坏账准备0.00元，账面净值197 679 788.56元，主要为代垫款、补充流动资金往来款等，其他应收款明细如表2-18所示。

表 2-18　　　　　其他应收款明细

欠款单位名称	业务内容	发生日期	账龄	账面净值（元）
GH 有限公司	往来代垫款	2010~2015 年	3 年以上	135 370 518.48
GH 有限公司	BF 扩产项目投入	2016 年	2~3 年	3 500 000.00
GH 有限公司	补充流动资金	2016 年	2~3 年	3 000 000.00
GH 有限公司	补充流动资金	2017 年	1~2 年	5 500 000.00
GH 有限公司	扩产项目投入	2017 年	1~2 年	7 180 000.00
GH 有限公司	为员工而支付的代垫款	2017 年	1~2 年	15 084.23
GH 有限公司	VC 扩能项目	2018 年	1 年以内	4 650 000.00
GH 有限公司	资产转让	2018 年	1 年以内	2 326.98
GH 有限公司	补充流动资金	2018 年	1 年以内	5 800 000.00
GH 有限公司	受让 GF（兄弟公司）债权转让	2018 年	1 年以内	7 525 414.41
GH 有限公司	受让 Z 分公司债权转让	2018 年	1 年以内	25 136 444.46

对表 2-18 中的其他应收款项，同样采取账龄分析法与个别认定法对风险损失进行评估，以核实后的账面值扣减估计的风险损失额作为评估值。经调查发现，委估公司其他应收款风险较低，确定其他应收款的风险损失额为 0.0 元，可确定其他应收款评估值为 197 679 788.56 元。

3. 要点与难点解析

应收款项属于债权类资产，是指债权已经成立，债务人负有偿债责任的各种款项的总称，包括应收账款和其他应收款。

（1）应收款项的清查核实方法。

第一，函证。函证是注册会计师获取审计证据的重要审计程序，多用于执行审计和验资业务，如对应收账款或其他应收款余额，通过直接来自第三方的对有关信息和现存状况的声明，获取和评价审计证据的过程。通过函证获取的证据可靠性较高，因此，函证是受到高度重视并被经常使用的一种重要程序，也是评估专业人员对资产进行清查核实，获取评估依据的重要评估程序。

评估实践中,对于上市公司并购及重大资产重组有明确要求,并且应开展财务审计工作的评估项目,可以充分考虑与注册会计师函证程序的衔接。考虑到评估工作效率,评估专业人员可以与注册会计师共同确定函证范围和比例,共同实施函证工作。在确定函证范围和比例时,应充分考虑满足评估工作的需要以及相关评估准则的要求。

评估实践中,需要注意记录无误的"函证"不能得出"无回收风险"的结论。从评估专业工作程序上看,对部分债权以被评估企业名义发出的函证,充其量也就是核实账面记录的正确性而已,评估专业人员核实账面记录的正确性仅仅是评估作价的基础,评估最重要的工作是对核对无误的账面债权可回收价值的判断。欠款方承认债务的存在、认可债务账面记录,并不说明债权方能够全额收回欠款。有偿还的动机和足够的偿还能力才是全额收回欠款的真正依据。

第二,抽查会计凭证。凭证抽查是注册会计师审计工作中一项非常普遍却又十分重要的程序,也是评估工作中一项十分重要的评估程序。会计科目或资产类型不同,凭证抽查所关注的内容也不一样。对于取得应收款权利,一般应当查看发票的购货方是否与记账凭证上的明细单位一致;对于收回应收款,一般应当查看进账单的付款方与记账凭证的明细单位是否一致。这些都是十分重要的核实内容,将影响评估工作的质量。

第三,访谈。访谈是一种重要的评估工作方法。就评估工作需要了解的信息,与被评估企业相关资产管理人员进行集中或一对一的访问、交谈,可以极大地帮助评估专业人员取得系统的信息,特别是账项核算的内容。一方面,可以大幅度缩减评估工作时间,提高评估工作效率;另一方面,可以发现相关记录未记录的问题,掌握评估信息,防范评估执业风险。例如,就应收账款评估明细表中的有关记录,向企业有关人员进行访问,迅速了解账项核算的内容,并配合抽查凭证,有效完成清查核实工作。

(2)应收款项的评估特点与评估本质。

应收款项的经济特点是债权以明确的货币金额量化,无论是否约定偿债期,到期偿还的债务额都是事前形成、约定的。例如企业生产经营过程中由于赊销等原因形成的尚未支付的货款,因债务方已经收到货物,自然形成需要偿还的债务。这决定了应收款项评估具有如下特点。

第一,因债权金额是事前形成、约定的,评估不是对债权金额的重新认定。应收款项账面余额反映的是已经发生的经济业务和已经成立的债权价值,资产评估并不是对应收款项金额或账面记录的重新估计或确定。

第二,应收款项评估的是"风险损失"。因债务人的信用和还款能力,债权回收可能存在一定的风险,回收金额可能小于债权金额。因此,应收款项评估是对债务人的信用和还款能力的分析,是对应收款项的"风险损失"的评估。

第三,应收款项评估的是"未来现金资产"。应收款项既非现金,也非实际可用于企业经营的资产,而是在未来回收后才能作为实际资产,即"未来现金资产"。即使在未来某一时点应收款项全额回收,从资金的时间价值角度看,未来回收的价值小于应收款项账面记录。

应收款项不是现金,是一种变现性很强的资产,它的账面金额是固定的,如果不存在回收风险,则其价值是足额的。但其变现时机和过程往往会花很长时间,一笔巨额的应收款需10年甚至20年才能偿还完毕。尽管不存在回收的风险,但对于反映评估基准日资产价值的专业判断来说,就不得不考虑资金的时间价值。在多数情况下,大都是金额不大、时间不长的应收款,评估中往往忽略未计。

由此可见,应收款项评估的本质是对款项回收的"风险损失"和"未来回收价值现值"的判断,应收款项评估应该是"风险损失的预计"和"未来回收价值现值"的确定,而不是对应收账款账面记录的重新估计。

因此,应收款项评估价值估算的基本公式为:

应收款项评估价值 = 应收款项账面余额 − 已确定的坏账损失

− 预计可能发生的坏账损失

也就是根据对应收款项可回收性的判断预计风险损失,然后用款项的账面余额减去预计的风险损失,得出应收款项的评估价值。

(3) 应收款项的评估程序与方法。

第一,确定应收款项账面余额。确定应收款项账面余额,一般采取账证账表核对、函证、抽查凭证等方法,查明每项款项发生的时间、发生的经济事项和原因、债务人的基本情况(信用和偿还能力),作为评估预计风险损失的依据。

在评估实践中，需要注意以下两点：一是对集团内部独立核算单位之间的往来，必须进行双向核对，避免重计、漏计；二是同时进行财务审计工作的项目，应与注册会计师审定调整后的账面余额核对一致，避免重评、漏评。

第二，确认已发生的坏账损失。坏账是指企业无法收回或收回的可能性极小的应收款项。发生坏账而产生的损失称为坏账损失。已经发生的坏账损失，是指评估时有确切证据证明全部或部分金额确实无法收回。通常情况下，企业应收账款符合下列条件之一的，确认为坏账：

① 因债务人死亡或者依法被宣告失踪、死亡，其财产或者遗产清偿后仍然无法收回；

② 因债务人依法宣告破产、关闭、解散、被撤销，或者被依法注销、吊销营业执照后，其财产清偿后仍然无法收回；

③ 债务人较长时期内（如超过 3 年）未履行偿债义务，并有其他足够的证据表明无法收回或收回的可能性极小；

④ 与债务人达成债务重组协议或法院批准破产重整计划后，无法追偿的；

⑤ 因自然灾害、战争等不可抗力导致无法收回的。

评估操作中，判断作为已发生的坏账损失，应取得下列工作底稿：法院的破产公告和破产清算的清偿文件；法院的败诉判决书、裁决书，或者胜诉但被法院裁定终（中）止执行的法律文书；工商部门的注销、吊销公示信息；政府部门有关撤销、责令关闭的行政决定文件；公安等有关部门的死亡、失踪证明；逾期三年以上及已无力清偿债务的确凿证明；与债务人的债务重组协议及其相关证明；其他相关证明。

已发生的坏账损失，直接从应收款项中扣减。

第三，确定可能发生的坏账损失。在评估实践中，对于有充分理由和证据表明无回收风险的、有确切证据表明无法回收的和符合有关管理制度应予以核销的应收账款，是相对容易的。而对很可能收不回部分款项的，需要一定的分析判断方法。对很可能收不回部分款项的坏账损失的预计，实际上是对未来的判断，坏账损失并未在评估基准日现实发生，因而确切地说属于预测的范畴。

一般来说，确定可能发生的坏账损失，首先根据企业与债务人的业务往来和债务人的信用情况将应收款项分类,然后按分类情况估计坏账损失发生的可能性及其数额。

应收款项一般分为四类:第一类,业务往来较多,债务人结算信用好;第二类,业务往来少,债务人结算信用一般;第三类,偶然发生业务往来,债务人信用状况未能调查清楚;第四类,有业务往来,但债务人信用状况较差,有长期拖欠贷款的记录。

对预计坏账损失的估计方法主要有坏账比例法和账龄分析法两种。

第一种:坏账比例法。此法是按坏账占全部应收款项的比例来判断不可收回的应收款项,从而确定坏账损失的数额。可以根据被评估单位以前若干年(一般为3~5年)的实际坏账损失额占其应收款项发生额的百分比确定坏账比例,然后用核实后的应收账款数额乘以坏账比例,得出坏账损失数额。其计算的基本公式为:

$$坏账损失额 = 核实后的应收账款数额 \times 坏账比例$$

$$坏账比例 = 评估前若干年发生的坏账数额 / 评估前若干年应收账款余额 \times 100\%$$

当然,如果一个企业的应收款项多年未清理,账面找不到处理坏账的依据,难以估算出坏账比例,这种方法就会受到限制。

另外,确定坏账比例时,还应分析因特殊原因造成的坏账损失。在计算坏账比例时,应将因特殊原因造成的坏账从中扣除。

第二种:账龄分析法。账龄是指债务人所欠账款的时间。账龄越长,发生坏账损失的可能性就越大。账龄分析法,是根据应收账款的时间长短来估计坏账损失的一种方法。采用账龄分析法时,将不同账龄的应收账款进行分组,并根据前期坏账实际发生的有关资料,确定各账龄组的估计坏账损失百分比,再将各账龄组的应收账款金额乘以对应的估计坏账损失百分比,计算出各组的估计坏账损失额之和,即为当期的坏账损失预计金额。

真实的账龄是"账龄分析法"的前提条件。账龄的划分一般有以下三种方法。

一是最后账龄法。如果每个客户应收款项截至某一年内有经济业务发生,则将该客户应收款项的全部余额视为某一年度来确定账龄。这一方法虽比较简便,但不太符合实际情况。

二是先进先出法。是假设收回的账款为先收回先发生的应收款项，以此来确定账龄。

三是实际账龄法。按每笔经济业务（或每个合同）实际发生的应收款项和收回款项来确定账龄。

评估实践中经常遇到被评估单位申报应收款项资产清单时，有的反映的是最后一笔借方额记录时间，有的反映的是最后一笔贷方额记录时间。一次性业务形成的单笔款项对评估影响不大。多次业务的多笔借方和贷方款项，如常年多次发生赊销、还款业务，账龄的划分对评估十分重要。

此外，还应考虑应收账款评估时"坏账准备"科目的处理。一般来说，应收账款评估以后，账面上的"坏账准备"科目按零值计算，评估结果中没有此项目。对应收账款评估时，是按照实际可收回的可能性进行的。因此，应收账款评估值就不必再考虑坏账准备数额了。

4. 指导与启发

对于债权人与债务人之间存在控制权关联关系的情况来说，"风险损失"跟债务人本身信用状况的关联度并不高，其评估的重点可主要放在三个方面：一是债权债务人双方的关联状况与地位分析；二是债权人母公司集团综合实力及其对债务人企业经营策略影响分析；三是债务人调整后的经营与偿债还款能力分析。

另外，对于短期内具有明确债权转股权交易行为预期的情况来说，评估基准日通常非常接近预期经济行为发生时点，且回收变现实现时间与债权人母公司的综合实力及其对子公司的经营策略有关，因而一般可以不考虑"未来回收价值现值"这一因素。

对于债权人与债务人之间具有控制与被控制的关联关系情况，评估人员应当关注清查核实方法的有效性与可靠性，收集大额款项发生的合同、协议等重要资料，判断债权债务产生的合法、合理性，审核金额的真实性。在评估应收款项价值时，评估人员应当综合分析债权债务人双方的经营历史与现状，结合有关合同、协议的规定，厘清债权人与债务人之间的关联关系，重点考察分析债务人企业剔除关联交易影响后的经营能力与偿债能力，合理评价应收款项的回收可能性，确定风险损失情况，综合评估相关债权债务价值。

四、延伸思考

在本案例中，评估人员只选择了一种评估方法（即资产基础法）对相关债权债务价值进行评估，这是否符合评估方法选择方面的相关要求呢？

根据 2016 年 7 月 2 日通过的《中华人民共和国资产评估法》第二十六条规定：评估专业人员应当恰当选择评估方法，除依据评估执业准则只能选择一种评估方法的外，应当选择两种以上评估方法，经综合分析，形成评估结论，编制评估报告。这表明，在评估实践中，允许只选择一种评估方法进行评估，适用情形如下。

第一，基于相关法律、行政法规、规章的要求或者限制而采用一种方法。

第二，由于评估对象仅满足一种评估方法的适用条件而采用一种评估方法。例如，交易不活跃、无法单独产生收益的非标准工业建筑或专用设备等，一般选择成本法。

第三，因操作条件限制而采用一种评估方法。因评估方法的适用性或操作限制导致无法采用两种以上评估方法进行评估的，资产评估专业人员可以采用一种方法进行评估，但需要在评估报告中说明理由。操作条件限制应当是资产评估行业通常的执业方式普遍无法排除的，而不应以个别资产评估机构或者个别资产评估专业人员的操作能力及条件作为判断标准。

第四，依据资产评估执业准则，经分析现有评估方法的适用性只能选择一种评估方法的，应当在资产评估报告中说明理由。

资产评估专业人员应该在资产评估报告中对资产评估方法的选择及其理由进行披露。因适用性受限而选择一种评估方法的，应当在资产评估报告中披露其他基本评估方法不适用的原因；因操作条件受限而选择一种评估方法的，应当对所受的操作条件限制进行分析、说明和披露。

对于具有控制权的关联方债务重组交易债权价值评估项目来说，在被投资企业持续经营前提下，价值评估的本质是在核实评估基准日各项债权债务实际金额的基础上,对款项回收可能存在的"风险损失"做出判断,进而确定应收款项的评估价值,因此适用于资产基础法(成本法)。而其他资产评估常用的现行市价法、收益现值法等评估方法则一般不适用。评估人员应当在资产评估报告中披露其他基本评估方法不适用的原因。

案例三

GMJ公司拆迁补偿项目价值评估

案例摘要：XD资产评估与房地产土地估价有限公司接受FS市NH区SS镇拆迁办公室LC工作站的委托，对该工作站拟拆迁补偿涉及GMJ拥有的位于FS市NH区SS镇ZD村的建筑物、构筑物、水电设施、可搬迁设备、不可搬迁设备、存货、其他生产生活办公资产、花木，以2015年6月5日为基准日进行了评估。评估结果为委托方确定被拆迁资产货币补偿金额提供参考依据。评估所采用的价值类型为补偿价值，评估方法为成本法，但不同类型的资产所采用的成本法具体思路各有不同：建筑物、构筑物按重置价值补偿；水电设施、不可搬迁设备按扣除残余价值的市场价值进行补偿；可搬迁设备、存货、其他生产生活办公资产、花木按市场搬迁费用补偿。评估结果有效期为2015年6月5日至2016年6月4日。本案例中，评估对象既涉及建筑物，也涉及机器设备，还涉及存货、花木等资产，对学习者来说，用一个案例可以熟悉多种资产的成本法应用。

一、教学准备

（一）案例教学目的与用途

该案例适用于资产评估学、房地产评估类、机器设备评估类等课程的教学，适用对象为资产评估专业学习者以及其他资产评估爱好者自学使用。教学目的为学习者掌握评估的一般程序，掌握资产评估的成本法，特别是针对机器设备和房地产及其构筑物的评估。

（二）案例教学拟解决的问题

本案例中，主要使用补偿价值形式进行评估，所选用的评估方法为成本法。学习者需要去思考：为什么要选择补偿价值形式？为什么要用成本法来评估？可以选择的补偿价值形式还有哪些？如果用其他方法来评估又该如何操作？这些问题，都需要学习者独立思考，独立完成，可以在课后延伸学习操作。

（三）案例涉及的主要知识点

主要知识点包括：（1）资产评估报告书的一般格式规范；（2）资产评估报告书摘要的写作要求；（3）评估目的与价值类型的内在关联；（4）不同评估对象以什么价值作为补偿的选择方法；（5）评估基准日选取注意事项；（6）评估方法的选择；（7）评估一般过程；（8）评估假设预设；（9）评估计算过程；（10）评估数据来源说明；（11）法律事项说明。

（四）课堂教学安排

课时安排：6课时。包括熟悉材料、理论梳理、评估操作、必要讨论等。

教学形式：理论推理、小组讨论、白板演示、评估竞赛等。

辅助材料：机器设备评估类教材。

前置知识：资产评估学和机器设备评估，需要掌握评估的三大基本法，熟悉机器设备的一般结构。

二、案例内容

（一）评估基本事项

1. 委托方情况

委托方名称：FS 市 NH 区 SS 镇拆迁办公室。

产权持有者名称：GMJ。

委托方以外的其他评估报告使用者：除国家法律、法规规定的其他评估报告使用者外，本项目评估报告不提供给其他组织或个人。

2. 评估对象和范围

评估对象：拆迁补偿涉及 GMJ 拥有的位于 FS 市 NH 区 SS 镇 ZD 村的建筑物、构筑物、水电设施、可搬迁设备、不可搬迁设备、存货、其他生产生活办公资产、花木的补偿价值。

评估范围：拆迁补偿涉及 GMJ 拥有的位于 FS 市 NH 区 SS 镇 ZD 村的建筑物 20 项、构筑物 35 项、水电设施 1 项、可搬迁设备 80 项、不可搬迁设备 11 项、存货 4 项、其他生产生活办公资产 1 项、花木 18 项。

3. 评估目的

为委托方确定被拆迁资产货币补偿金额提供参考依据。

4. 评估基准日

本项目的评估基准日为 2015 年 6 月 5 日。

本评估基准日与评估人员现场勘查日相同，与实际评估日期接近，同时与评估目的的计划实现日期也较为接近，评估人员能更好地把握评估对象的基准日状况，有利于保证评估结果有效地服务于评估目的。

本报告一切取价标准均为评估基准日有效的价值标准。若评估基准日变动，将会对评估结果产生影响。

5. 评估依据

（1）法律法规依据。

略。

（2）准则依据。

略。

（3）行为依据。

与委托方签订的《GD 省资产评估业务约定书》。

（4）权属依据。

委托方提供的《GMJ 评估项目确认表》。

（5）取价依据。

《FS市工程造价信息》（2015年第一季度）；《GD省建筑与装饰工程综合定额》（2010）；《GD省安装工程综合定额》（2010）；《资产评估常用数据与参数手册》《机电产品报价手册》（2013年）；《GD省园林花木综合定额》（2010）；公司评估人员现场勘察、核查、验证以及市场调查收集到的有关资料、信息及评估人员专业知识和经验。

6. 评估假设

本评估结果系在以下评估假设条件下得出的。

（1）交易假设。

假定所有待评估资产已经处在交易过程中，评估师根据待评估资产的交易条件等模拟市场进行估价。

（2）公开市场假设。

公开市场假设是对资产拟进入的市场的条件以及资产在这样的市场条件下接受何种影响的一种假定。公开市场是指充分发达与完善的市场条件，是指一个有自愿的买方和卖方的竞争性市场，在这个市场上，买方和卖方的地位平等，都有获取足够市场信息的机会和时间，买卖双方的交易都是在自愿的、理智的、非强制性或在不受限制的条件下进行。

在以上假设条件发生变化时，本评估结果一般会失效，提请本评估报告使用者注意。

7. 价值类型

根据本项目特定评估目的，本次评估所选用的价值类型为补偿价值。

补偿价值，指评估对象根据有关城市规划、建设和房地产管理等相关法律、法规及拆迁方与被拆迁方的约定中关于拆迁补偿的具体规定和要求所具有的价值估计数额。

在本项目中，补偿价值具体是指根据《GD省资产评估业务约定书》委托方确定的补偿方案，建筑物、构筑物按照重置价值进行补偿，水电设施、不可搬迁设备按扣除残余价值的市场价值进行补偿，可搬迁设备、存货、其他生产生活办公资产、花木按市场搬迁费用补偿，基于此补偿方案的估计数额。

8. 评估方法

（1）资产评估的基本方法。

资产评估基本方法包括市场法、收益法和成本法。市场法是指利用市场上同样或类似资产的近期交易价格，经过直接比较或类比分析以估测资产价值的评估方法；成本法是指首先估测被评估资产的重置成本，然后估测被评估资产业已存在的各种贬值因素，并将其从重置成本中扣除而得到被评估资产价值的评估方法；收益法是指通过估测被评估资产未来预期收益的现值来判断资产价值的评估方法。

（2）评估方法的选择。

评估方法的选择要根据评估对象、价值类型、资料收集情况等相关条件，分析三种基本方法的适用性，恰当选择一种或多种资产评估基本方法。

本项目根据评估目的、价值类型和评估对象的具体情况采用成本法。

9. 评估程序

依据上述资产评估准则和评估方法的相关规定，评估人员履行了适当的评估程序，评估操作时间从2015年6月5日至2015年7月5日，具体实施过程为：接受委托方委托，现场确定评估对象和评估范围、明确评估目的、评估基准日等基本事项，签订资产评估业务约定书；编制评估计划书，设计评估技术路径，确定评估技术方案；开展市场调查和询价工作；进行评定估算工作；编制资产评估报告书，经三级审核确定，与委托方交换评估意见后，向委托方提交正式资产评估报告书。

（二）评估思路

在本项目中，补偿价值具体是指根据《GD省资产评估业务约定书》委托方确定的补偿方案估计的数额，即建筑物、构筑物按照重置价值进行补偿，水电设施、不可搬迁设备按扣除残余价值的市场价值进行补偿，可搬迁设备、存货、其他生产生活办公资产、花木按市场搬迁费用补偿。

建筑物、构筑物按照重置价值是按照重置单价乘以面积来计算；水电设施、不可搬迁设备先计算重置价值，再乘以成新率，最后扣减残余价值；可搬迁资产直接以搬迁费用计。最后，将所有资产的评估价值加总，得到总的评估价值。

（三）资产核查情况说明

第一，本次评估是在委托方提供的《GMJ评估项目确认表》数据的基础上进行评估，委托方对提供数据的真实性、完整性、准确性负责，本公司不对该数据作任何形式的保证。

第二，本次评估是对拆迁补偿可能发生的费用及损失作出预测性的估计，而非必然发生的费用或损失。评估价值仅为拆迁各方协商提供价值参考依据，具体补偿金额应由拆迁各方协商确定。

（四）评估测算过程及结论

1. 建筑物评估示例

（1）项目名称。20栋厂房和办公楼。

（2）建筑概况：建筑面积为2748.23平方米，厂房和办公楼，钢混结构四层，外墙贴方砖，铝窗。厂房部分：首二层600×600或500×500毫米地砖，1.5米高瓷砖墙裙，内墙及天花扇灰，首层层高4.8米，二层层高3.8米；三层为钢结构棚，2008年建，油漆地面，工字钢支撑，三面1米高外贴方砖内抹灰的24砖墙+上部夹芯板围护，工字钢槽钢架夹芯板顶，层高5.9米。办公楼部分：首层800×800毫米地砖，石膏板吊顶，大厅墙砖到顶，层高4.8米；木扶手铁艺楼梯台阶铺花岗岩；二层800×800毫米地砖，内墙扇灰，石膏板吊顶，层高3.8米，三层800×800毫米地砖，内墙扇灰，夹板吊顶，层高3.1米；四层为梯间和天面，内设华凯货梯一部，维护保养较好。

（3）计算公式：评估价值=重置价值=重置单价×面积，其中：重置单价=建安工程费+前期工程费+管理费用+投资利息+利润。

（4）重置价值计算。

① 建安工程费。根据评估对象建筑物的结构、室外装饰、水电设施等状况，按目前国内的建筑技术及经济指标和《FS市工程造价信息》（2015年第一季度），

确定评估对象建安工程费为 1 247 元/平方米。

② 前期工程费。为建安工程费的 5%。

前期工程费 = 建安工程费 ×5% = 1 247 ×5% ≈62（元/平方米）

③ 管理费用。为建筑开发成本的 2%。

管理费用 = 建筑开发成本 ×2% =（1 247 +62）×2% ≈26（元/平方米）

④ 投资利息。假设建设期为 267 天，利息按一年期贷款利率取 5.1% 计算，且资金在建设期内均匀投入。

$$投资利息 = (建安工程费 + 前期工程费 + 管理费用) \times [(1+5.1\%)^{267/(365\times2)} - 1]$$
$$= (1\,247 + 62 + 26) \times [(1+5.1\%)^{267/(365\times2)} - 1]$$
$$\approx 25（元/平方米）$$

⑤ 利润。是在正常条件下开发所能获得的平均利润，工业用房的成本利润率取 10%。

利润 =（建安工程费 + 前期工程费）× 成本利润率
　　 =（1 247 +62）×10% ≈131（元/平方米）

重置单价 = 1 247 +62 +26 +25 +131 = 1 491（元/平方米）

重置总价 = 重置单价 × 建筑面积
　　　　 = 1 491 × 2 748.23
　　　　 ≈4 097 611（元）（计算结果取整）

根据《资产评估业务约定书》，建筑物部分按重置价值进行补偿，运用上述方法计算得出其补偿价值为 8 762 818 元。

2. 构筑物评估示例

（1）项目名称：水泥道路。

（2）项目概况：水泥道路面积 1 827.17 平方米，厚 15 厘米，维护保养一般。

（3）计算公式：评估价值 = 重置价值 = 重置单价 × 面积，其中，重置单价 = 建安工程费 + 前期工程费 + 其他费用。

（4）重置价值计算。

① 建安工程费。根据评估对象构筑物的结构、建筑材料、施工方式等状况，按目前国内的建筑技术及经济指标和《FS 市工程造价信息》（2015 年第一季度），

确定评估对象建安工程费为 100 元/平方米。

② 前期工程费，为建安工程费的 1%。

前期工程费 = 建安工程费 × 1% = 100 × 1% = 1（元/平方米）

③ 其他费用，为建筑物开发成本的 2%。

其他费用 = 建筑物开发成本 × 2% =（100 + 1）× 2% ≈ 2（元/平方米）

重置单价 = 建安工程费 + 前期工程费 + 其他费用 = 100 + 1 + 2 = 103（元/平方米）

重置总价 = 重置单价 × 面积 = 103 × 1 827.17 ≈ 188 199（元）（计算结果取整）

根据《资产评估业务约定书》，构筑物部分按重置价值进行补偿，运用上述方法计算得出其补偿价值为 670 802 元。

3. 水电设施评估示例

(1) 项目名称：动力线。

(2) 规格型号：120 平方毫米。

(3) 数量：612.2 米。

(4) 使用状况：使用正常。

(5) 计算公式：评估价值 = 重置价值 × 成新率 − 残余价值，其中，残余价值 = 重置价值 × 残值率。

(6) 重置价值计算。

① 重置单价的确定。根据《FS 市工程造价信息》（2015 年第一季度），电线（120 平方毫米铜线）的材料购置价为 74.12 元/米；根据《GD 省安装工程综合定额》（2010）、《最新资产评估常用数据与参数手册》及国内同类工程安装技术水平，合理估算损耗为材料费的 5%，安装费为材料费的 20%。

重置单价 = 74.12 + 74.12 × 5% + 74.12 × 20% = 92.65（元/米）

② 重置价值的确定。重置价值 = 重置单价 × 数量 = 92.65 × 612.2 = 56 720（元）

③ 成新率的确定。根据评估基准日现场查勘该动力线状况，结合《资产评估常用数据与参数手册》，确定该动力线成新率为 70%。

④ 残余价值计算。根据动力线材质组成及重量，结合金属价格市场行情，该设备残值率取 15%。

残余价值＝重置价值×残值率＝56 720×15%＝8 508（元）

⑤ 评估价值计算。

评估价值＝重置价值×成新率－残余价值＝56 720×70%－8 508＝31 196（元）（计算结果取整）

通过运用以上计算方法，测算出纳入本次评估范围内的水电设施拆迁费用评估值合计为31 196元。

4. 可搬迁设备评估示例

（1）项目名称：数控冲床。

（2）规格型号及数量：AMADA30T358，日本生产；1台。

（3）使用状况：正常使用。

（4）计算公式：评估价值＝拆卸费＋运杂费＋安装调试费＋损毁零部件损耗。

（5）计算过程。

① 拆卸费的确定。通过市场调查及向生产厂家咨询后确认，同等规格数控冲床的市场购置价格为1 500 000元/套，拆卸费用约为设备安装调试费的1/2，安装调试费用约为设备购置价的3%，即45 000元/套，则拆卸费用为22 500元/套。

② 运杂费的确定。根据数控冲床的体积和重量，且确定运输距离为30公里内的前提下，合理估算该设备运杂费约为设备购置价的1.5%，即22 500元/套。

③ 安装调试费的确定。通过市场调查及咨询生产厂家，根据数控冲床的安装技术要求，安装调试费用约为设备购置价的3%，即45 000元/套。

④ 损毁零部件损耗的确定。通过市场调查及咨询生产厂家，对该设备实施拆卸及运输后，再重新组装所产生的损耗约为设备购置价的1.5%，即22 500元/套。

⑤ 数控冲床的搬迁费用＝（22 500＋22 500＋45 000＋22 500）×1＝112 500（元）

通过运用以上计算方法，测算出纳入本次评估范围内的各类可搬迁设备的搬迁费用评估值合计为547 853元。

5. 不可搬迁设备评估示例

（1）项目名称：变配电工程。

（2）主要设备规格型号如下：2006年安装160KVA，2013年增容为315KVA，含电缆沟槽、变压器、高低压电柜等，不含建筑物。

（3）数量：1套。

（4）使用状况：正常使用。

（5）计算公式：评估价值＝重置价值×成新率－残余价值。

（6）重置价值确定。通过市场调查及甬大电梯部件有限公司提供的电气安装工程承包合同，确认该变配电工程的市场重置价格为400 000元/套。

（7）成新率的确定。根据评估基准日现场查勘该变配电工程，结合《资产评估常用数据与参数手册》，确定该变配电设备成新率为75%。

（8）残余价值计算。根据该变配电工程设备组成及重量，该设备残值率取15%。

残余价值＝重置价值×残值率＝400 000×15%＝60 000（元）

（9）评估价值计算。

评估价值＝重置价值×成新率－残余价值＝400 000×75%－60 000＝240 000（元）（计算结果取整）

通过运用以上计算方法，测算出纳入本次评估范围内的各类不可搬迁设备的拆迁费用评估值合计为403 440元。

6. 存货评估示例

（1）项目名称：车间半成品、装箱成品等。

（2）搬运对象：车间半成品、装箱成品等。

（3）数量：25车。

（4）计算公式：评估价值＝每车装卸运输费用×数量。

（5）计算过程。

① 装卸、运输费的确定。根据委托方和产权持有方协商确定，本次评估设定运输距离为30公里内。通过车间半成品、装箱成品的形状和重量及对NH区大型搬运公司的询价，确定载重30吨的运输货车在30公里运距的条件下，每车装卸

运输费用为 1 300 元。

② 搬迁费总价 = 每车装卸运输费 × 数量 = 1 300 × 25 = 32 500（元）

通过运用以上计算方法，测算出纳入本次评估范围内的存货的搬迁费用评估值为 46 400 元。

7. 其他生产生活办公资产评估示例

（1）项目名称：厨房、宿舍、办公楼物品。

（2）搬运对象：厨房、宿舍、办公楼物品。

（3）数量：16 车。

（4）计算公式：评估价值 = 每车装卸运输费用 × 数量。

（5）计算过程。

① 装卸、运输费的确定：根据委托方和产权持有方协商确定，本次评估设定运输距离为 30 公里内。通过该类办公资产的形状和重量及对南海区大型搬运公司的询价，确定载重 5 吨的运输货车在 30 公里运距的条件下，每车装卸运输费用为 800 元。

② 搬迁费总价 = 每车装卸运输费 × 数量 = 800 × 16 = 12 800（元）

通过运用以上计算方法，测算出纳入本次评估范围内的其他生产生活办公资产的搬迁费用评估值为 12 800 元。

8. 花木评估示例

（1）品种：龙眼树。

（2）数量：1 株。

（3）规格：胸径 24 厘米，高 7 米。

（4）计算公式：评估价值 = 移植费用 + 移植损耗。其中：移植费用 = 起挖费 + 运输费 + 种植费 + 成活保养费；移植损耗 = 市场价值 × 移植损耗率。

（5）计算过程。

① 移植费用的确定。根据市场调查和《GD 省园林花木综合定额》（2010 年），合理估算同等规格花木的起挖费为 150 元/株，运输费为 120 元/株，种植费为 150 元/株，成活保养费为 90 元/株，移植费用单价 = 150 + 120 + 150 + 90 = 510（元/株）。

② 移植损耗的确定。花木移植过程中会产生一定的损耗。根据市场调查并咨询相关花木专家，合理估算该品种植物移植损耗率约为10%。经市场调查，龙眼树（胸径24厘米）市场价值为3000元/株，移植损失补偿单价 = 3 000 × 10% = 300（元/株）。

③ 移植补偿单价的确定。移植补偿单价 = 单株移植费用 + 单株移植损耗 = 510 + 300 = 810（元/株）。

④ 龙眼树的移植补偿总价 = 810 × 1 = 810（元）。

通过运用以上计算方法，测算出纳入本次评估范围内的花木搬迁费用评估值合计为 10 671 元。

三、案例分析

（一）案例思路分析

本案例的评估目的是为了给拆迁补偿提供价值参考，因此所选择的价值类型为补偿价值，主要采用成本法。

本案例所涉及的评估对象包括建筑物、构筑物、水电设施、不可搬迁设备、可搬迁设备、存货、其他生产生活办公资产、花木等。由于评估对象种类繁多，特点不一，所以针对不同的评估对象应选取合适的价值作为补偿价值。

（1）建筑物、构筑物按重置价值补偿，其中，重置价值可以用重置单价乘以面积来确定，且重置单价的确定可以依据该市建筑安装工程定额以及该市工程造价信息、《GD省园林花木综合定额》确定。

（2）材料水电设施、不可搬迁设备按扣除残余价值的市场价值进行补偿，先计算重置价值，再估算成新率，最后扣减残余价值。

（3）可搬迁设备、存货、其他生产生活办公资产、花木按市场搬迁费用补偿，其中，设备、存货、办公资产可按照单车搬迁费用乘以数量，花木搬迁要考虑移植费用和移植损耗，移植费用要考虑起挖费、运输费、种植费和成活保养费。

（二）案例的要点、难点及启发

1. 案例要点分析

（1）要明确资产评估的委托方、产权的持有者，以及评估报告的使用者主体分别是谁，要明确该评估事项中的法律关系和法律责任界限。本案例中，评估对象涉及的资产清单及相关材料的真实性、合法性、完整性，以及恰当使用评估报告是委托方和相关当事方的责任。

（2）评估工作人员已对评估对象进行了实地勘察，但现场勘察仅限于其外观和使用状况，对被遮盖、未暴露及难以触及的部分均依据委托方提供的资料进行评估，必须明确评估人员的责任范围。

（3）委托方的评估目的直接决定了评估的价值类型，也会影响评估方法的选择，因此，评估第一步应明确委托方的评估目的。本案例中的评估目的非常明确，即为被拆迁资产货币补偿金额提供参考依据，因此，本次评估所选用的价值类型为补偿价值。

（4）评估基准日的选择，必须考虑实地勘察日、评估报告交付日等因素，为保证评估的客观性和准确性，以这些日期尽可能相近为原则。

（5）评估依据必须明确。在评估报告中涉及的政策确定、依据原则、数据来源、规范方法等必须注明详细依据，做到有据可查。

（6）三大评估基本方法必须熟练。每种方法的逻辑思路、优缺点、适用范围、前提条件、数据要求等关键知识能够熟练应用，才能根据本案例的评估目的、价值类型、现有资料条件等因素确定最佳评估方法。

（7）资产评估过程实施需要规范，资产评估报告书同样需要规范。应做到过程规范、执行规范、结果规范。

（8）评估假设不能忽视。一般而言，评估假设是本评估结果成立的前提条件，假设一旦改变，评估结果将失效。

（9）现场勘察的情况必须详细记录。在本案例中，建筑物的面积、外墙内墙、门窗、地面、结构、层高、维修保养情况等主要参数要作为估价参考；构筑物的主要范围、主要尺寸、维护保养情况；水电设施的规格型号需要详细记录；

不可搬迁设备的类型、使用年限、使用程度、维护保养情况等是评估依据；可搬迁设备主要记录数量、体积、重量等信息。

（10）具体资产的估算过程思路和数据来源一定要清楚。在本案例中，建筑物按重置成本计算，计算重置单价需要有建安工程费、前期工程费、管理费用、投资利息、利润等数据，其中，建安工程费是根据《FS市工程造价信息》（2015年第一季度）来确定的，前期工程费、管理费用、投资利息、利润等都是按照一定的比例根据建安工程费来计算的。本案例中，可搬迁设备的评估价值根据拆卸费、运杂费、安装调试费、损毁零件费等来确定，其中一些费用是根据市场调查得来。而不可搬迁设备评估值要根据重置价值、成新率和残余价值来确定。可见，不同种类的资产其计算思路均不相同，所需数据也不同。

2. 案例难点分析

（1）三大评估基本方法的熟练选择与应用。每种方法的逻辑思路、优缺点、适用范围、前提条件、数据要求等关键知识能够熟练应用，才能根据本案例的评估目的、价值类型、现有资料条件等因素确定最佳评估方法。

本案例中就是根据委托方的评估目的、价值类型和评估对象的具体情况，最终确定采用成本法来评估。但是，评估对象繁多，具体到不同对象时，所采用的具体的成本法又不一样，建筑物、构筑物按照重置价值进行补偿，水电设施、不可搬迁设备按扣除残余价值的市场价值进行补偿，可搬迁设备、存货、其他生产生活办公资产、花木按市场搬迁费用补偿。

可见，评估方法的选择是一大难点，既要学会从大的方面出发，从三大方法中选择其一或多个，又要熟练应用每种方法中的不同思路，确保所选方法最恰当。

（2）评估实施过程要履行到位。虽然教科书上的评估步骤都比较简单，但是在实际工作中要把这些步骤履行到位，涉及繁杂的工作，需要与多方沟通、多地调研，需要拟订行动计划，反复斟酌，确保每个关键信息收集齐全、应用恰当，每个评估对象不遗漏、不马虎，每个过程落实到位。

本案例中，评估实施过程用时1个月，步骤紧凑，估算仔细。

第一，接受委托方委托，现场确定评估对象和评估范围，明确评估目的、评估基准日等基本事项，签订资产评估业务约定书。这些都是评估工作真正开始前的准备工作。

第二，编制评估计划书，设计评估技术路线，确定评估技术方案。这一步非常关键，要依据前期掌握的资料，确定最佳路线和方案，一般需要由资深评估师来敲定。计划书包括内容非常多，有按时间进度来安排工作的进程、有按各部门人员的分工安排、有按资产种类来细分等不同评估思路。

第三，开展市场调查和询价工作。需要派有经验的评估人员，按照结构化或半结构化的问卷或提纲走访市场，由此获得大量的一手资料，用于后续评估工作中。例如，在本案例中，可搬迁的资产和办公用品，可咨询市场上的物流等类似机构，按现行实价来确定搬迁运费；花木移栽等过程也可以通过调查当前花木行业的实时数据获得估价。

第四，应用前面步骤所得到的信息和资料进行评定估算。这项工作需要细致耐心，既要熟悉估算的方法，也要注意估算过程的完整性和正确性。在本案例中，由于涉及的评估对象繁多，需要分类列表格计算。

第五，编制资产评估报告书，经过三级审核确定，与委托方交换评估意见后，才向委托方提交正式资产评估报告书。这一步需要注意资产评估报告书的格式规范，根据情况分别编制结果报告书和技术报告书，根据反馈意见进行修改，最后正式定稿。

（3）评估中的数据来源确定难。评估中的数据，一部分来源于评估人员现场勘察记录，一部分来源于评估对象所在地的一些政策文件规定，一部分来源于评估准则，一部分来源于行业经验性数据，还有一部分来源于市场调查。评估测算过程中，不同类型的资产所适用的具体评估思路不同，所需要用到的数据也均不相同，评估人员查找所需数据需要花费一定时间，也非常考验评估人员的业务水平和毅力水平。

3. 案例的启发

（1）资产评估是一个复杂的过程，涉及的人员比较多、资产种类较多、评估方法较多、实施过程步骤多、收集的信息多、评估过程计算多、评估报告字数多、修改优化次数多，这就决定了专业的资产评估人员必须是高素质的综合性人才。

（2）资产评估过程中需要涉及评估对象的各种参数，要求评估人员熟悉各类资产的主要参数。本案例中，涉及建筑物、构筑物、水电设备、不可搬迁机器设备、可搬迁设备、存货、花木等，每种资产的参数都不相同，相应地，现场勘察人员就必须非常熟练地掌握这些知识，才能更好地服务于评估工作。

（3）评估思路必须清晰，逻辑完整。评估报告一般文字较多，而且分结果报告和技术报告，结果报告中没有计算的详细过程，但技术报告中需要将思路、公式、计算过程、数据来源都罗列得非常清楚，整个计算逻辑明了，使报告使用者一目了然，对报告使用者的参考价值就越大。

（4）评估工作必须高效快速完成，以免影响报告的准确性和使用时限。实地勘察日期与评估基准日尽量接近，最终报告提交日与评估基准日也尽量接近。这就要求签订评估业务约定书以后需要评估团队协作，尽快开展业务。

四、延伸思考

（一）关于价值类型的思考

价值类型是指依据资产评估结果的价值属性，对资产评估价值划分的类别。而价值属性，则是指资产评估价值本身所固有的性质和内涵。

资产评估主要的价值类型有两种。第一，市场价值。市场价值是买方和卖方在各自理性行事且未受到任何强迫的情况下，评估对象在评估基准日进行正常公平交易的价值估计数额。第二，市场价值以外的价值。市场价值以外的价值是泛指所有不符合市场价值定义条件的其他价值形式的统称，具体包括投资价值、在用价值、清算价值、残余价值等。而有些价值形式，例如抵押价值、课税价值、保险价值等价值形式，既可以归为市场价值，也可以认为是市场价值以外的价值。

在评估过程中，选择哪一种价值形式，是由以下三个因素决定的：（1）资产评估的目的；（2）资产对象自身状况；（3）资产评估的市场条件。

在本案例中，所使用的价值类型是补偿价值，本质上是一种市场价值以外的价值，这主要是由评估目的决定的。

价值类型在资产评估业务中具有重要的作用，表现在三个方面。

（1）价值类型是影响和决定资产评估价值的重要因素。资产评估价值不是资产本身的特定价值和内在价值，而是某项资产在特定条件下的价值表现，其价值含义不同，结果也不一样。例如，一台机器设备，用于投资行为的评估和用于销售变现行为的评估，其价值含义不同，评估值也不一样。用于销售变现行为，该资产的使用价值取决于市场的交换条件和需求者对其使用价值的判断，而用于投资行为的评估，则只是考虑该机器设备在新投资企业中是否有用及有用程度。显然，这时需求者及其市场条件就会产生差异。

（2）价值类型制约资产评估方法的选择。价值类型实际上是评估价值的一个具体标准，为了获得某种标准的评估价值，需要通过评估方法获得。国际上通行的评估方法主要有三种：市场法、成本法和收益法。事实上，评估方法本身只是估算评估价值的一种思路，价值类型确定后直接制约着方法应用中各种指标、参数的判断和选择。

（3）明确评估价值类型，可以更清楚地表达评估结果，避免报告使用者误用评估结果。任何评估结果都是有条件的，不同的评估目的、市场条件决定其价值含义是不同的，评估价值也不相同。评估师在评估报告中明确提出评估价值类型，可以使委托方更清楚地使用评估价值，这样也可以规避评估师的责任。

延伸思考：如果评估目的为市场交易，那么应该选择什么价值类型？又应该选择什么评估方法？请学习者以小组为单位进行讨论，给出评估业务计划书。

（二）关于评估准备阶段的市场调研和分析

一般而言，在对房地产进行评估之前，需要比较详尽的市场调查，掌握的信息越充分，房地产价值评估就越准确。

房地产市场调研与分析通常包括以下几方面。（1）国家宏观经济形势分析和宏观经济政策分析，以明确未来预期。（2）区域性经济形势与购房相关政策分析，如区域性经济发展势头、区域性产业发展规划、限购政策、贷款政策等金融政策，这些与购房者息息相关。(3) 与评估对象可比的实例应详细调查。与被评估房地产在区位、档次、规模、户型、价格、配套等方面有可比性的实例应详细调查，以便在评估中对比调整参数。(4) 所在地区的居民消费习惯、住房习惯、与住房相关的风俗等信息，需要调查获取。(5) 所在地区的房地产交易规模、交易价格、交易频次等信息，需要调研分析。

在具体撰写分析报告的时候，可以分为四大部分。

1. 宏观环境分析

经济环境。首先，要阐明城市的地位，即城市所处经济圈的基本情况，城市在所处经济圈中的地位。其次，分析城市的经济发展状况，即城市 GDP 和人均 GDP 及其变化情况、产业结构及其演进、城市主导产业及重大产业投资发展状况、固定资产投资和房地产投资情况以及房地产开发投资占固定资产投资的比重、城市化进程等。最后，分析城市的社会发展状况，即分析城市人口及其近年的变动情况、城市外来人口状况与人口导入政策、城市在岗职工平均工资水平及其变化趋势、城市居民人均可支配收入及其变动趋势、城市居民储蓄存款余额及其变化趋势、社会消费品零售额。

城市规划。分析城市发展的目标，城市总体布局规划；城市区域功能划分，各区域规划发展目标；城市交通建设状况；城市更新和旧村改造。

政策环境。政策环境是指房地产开发所面临的政策和制度环境，主要分析与房地产有关的财政政策、货币政策、产业政策和土地政策等。

2. 房地产市场发展现状和趋势分析

城市土地供应。分析城市历年土地成交情况、区域土地价格变动，土地出让政策变化和土地供应特征等。

城市住宅开发状况。分析历年住宅施工面积、新开工面积、竣工面积等。

住宅供给和需求状况。分析历年住宅批准预售面积、政策性住房建设状况、历年住宅销售面积和销售金额、空置面积、市场消化系数、平均价格、房价收入比等。

存量住宅交易状况。分析历年存量房成交面积、成交价格、存量房租售价格比等。

3. 客户分析

产品的需求特征。分析市场上主流的和消费者偏好的住宅类型、建筑风格、户型结构、建筑面积、功能空间的配置和面积分配；小区环境设计；小区配套设施。

产品购买决策过程。分析消费者购房的动因，获取信息的途径，影响消费者决策的因素等。

客户生活形态特征。分析不同生活形态下不同族群的生活观、消费观和传播观，如消费者年龄、家庭生命周期、个人和家庭收入、工作及休闲观念、购物与消费方式等。

4. 竞争分析

竞争对手分析。主要针对竞争对手的专业化程度、知名度、资金实力、开发经营方式、楼盘质量、成本状况及成本优势、价格策略、与当地政府部门的关系、历年来的项目开发情况以及项目销售情况等方面进行分析研究。

竞争项目分析。主要分析建成或正在建设中的竞争性项目，包括项目区位、占地面积、建筑面积、规划与建筑特征、配套设施、绿化率、面积户型、装修标准、建造年代、销售状况、付款方式、广告策略等。

总之，评估之前的房地产市场调查与分析，是一项复杂的系统工程，为后面的准确评估奠定基础。

延伸思考： 本案例中，在评估之前，评估人员只进行了现场勘察和一些必要的市场调查，没有对该建筑物、构筑物进行非常详尽的市场调查分析。请以小组为单位，思考讨论这是为什么？

如果本案例中的评估对象最终评估目的是为了出售，那么，请以小组为单位，尝试拟订市场调查计划，并实地锻炼。

（三）其他说明

本案例总共安排6个课时。第1~2课时进行案例资料熟悉、理论的查证等；第3~5课时用于小组内讨论，理顺整个评估逻辑，重点围绕难点部分和课后延伸讨论部分；第 6 课时以小组为单位进行总结发言。

每个小组人数不宜超过 6 人。小组讨论的内容可以参考以下内容。

（1）本案例在评估前应做好哪些准备工作？

（2）评估报告书包括哪些内容？形式如何规范？

（3）为什么要进行注册资产评估师声明？

（4）如何确定本案例中的价值类型？如何根据价值类型选择评估方法？如果本案例中的价值类型变成市场价值，又该如何确定评估思路？

（5）评估实施过程包括哪些？结合本案例，重点再现建筑物、构筑物、可搬迁设备、不可搬迁设备、花木等资产的评估过程。

（6）若本案例中的建筑物改为市场法评估，如何进行市场调查分析？

案例四

TH公司商誉资产可收回价值评估

案例摘要：商誉作为单项资产，无法单独对其可收回金额进行估计，只能以商誉所在资产组或资产组组合为基础，确定该资产组或资产组组合的可收回金额来间接实现对商誉的减值测试。本案例源于 TH 公司在 2016 年度一共以 3 370 万元的价格获得了 LF 公司 64.81% 的股权，并获得公司控制权，至此形成初始商誉。TH 公司在 2018 年编制财务报表时，按照相关会计规定，需对该商誉进行减值测试。经过评估人员与企业相关审计人员充分沟通后，确定本案例的评估基准日、评估对象、评估范围、评估方法等系列评估事项，形成本案例评估的主要内容。本案例具有一定代表性，能反映以财务报告为目的的商誉减值测试评估的实际问题，也适合作为教学分析案例。

一、教学准备

（一）案例教学目的与用途

通过本案例教学，使学习者对以财务报告为目的商誉减值测试评估有一个比较全面的认识，了解商誉减值测试评估的相关知识和关注要点，在以财务报表为目的商誉减值测试中，评估目的、评估对象及评估范围、价值类型等事项与一般资产评估事项存在差异,也是评估基本操作流程中需要关注的要点;同时对评估方法选择和运用有较深入的认识,掌握商誉减值测试的评估思路,能对预测数据合理性和各类评估参数进行分析和判断。

本案例主要适用于资产评估案例分析课程,也适用于企业价值评估、无形资产评估、以财务报告为目的的评估课程。可为资产评估专业学位硕士研究生、普通本科生、高年级专科生以及社会培训的相关评估人员提供学习和借鉴。

(二)案例教学拟解决的问题

(1)商誉是如何形成的,商誉减值迹象的判断,何时需要进行商誉减值测试?

(2)商誉所在资产组或资产组组合的确定问题。确定资产组或资产组组合的关键因素是什么?

(3)以财务报告为目的的商誉减值测试评估与一般企业的商誉评估有何差异?合并财务报表中的商誉减值与母公司财务报表中的长期股权投资减值准备有关系吗?

(4)商誉减值测试评估基本操作流程是什么?评估目的、评估对象及评估范围、价值类型与一般企业价值评估有何差别?

(三)案例涉及的主要知识点

1. 商誉的形成与减值测试

《企业会计准则第 20 号——企业合并》中规定,在非同一控制下的企业合并中,购买方对合并成本大于合并中取得的被购买方可辨认净资产公允价值份额的差额,应当确认为商誉。商誉产生于非同一控制下的企业合并过程中,当购买方支付的合并成本大于其取得的被购买方可辨认净资产公允价值的差额部分,应确认为商誉,体现在购买方的合并资产负债表中。

《企业会计准则第 8 号——资产减值》中规定,公司应当在资产负债表日判断是否存在可能发生资产减值的迹象。对企业合并所形成的商誉,公司应当至少在每年年度终了进行减值测试。就商誉而言,由于其不进行摊销,为了确保其账面价值不会超过其可收回金额,会计准则明确要求不仅要在"存在减值迹象必须进行资产减值测试"外,额外增加了"每年必须进行商誉减值测试"的要求,即"无论是否存在减值迹象,每年都应当进行减值测试"。

因此,根据会计准则的要求,企业应至少在每年末进行一次商誉减值测试,在实务中,企业在中期财务报告的资产负债表日,比如季报和半年报时,还应当判断已经分摊商誉的资产组或资产组组合是否存在减值迹象,只要存在减值迹象,就应估计相关资产组或者资产组组合的可收回金额,对相关资产组或者资产组组合和商誉进行减值测试,而不能等到年底再进行减值测试。

2. 确定资产组或资产组组合的主要依据

委托人在认定资产组或资产组组合时,应充分考虑管理层对生产经营活动的管理或监控方式和对资产的持续使用或处置的决策方式,认定的资产组或资产组组合应能够独立产生现金流量。需要说明的是,一个会计核算主体并不简单等同于一个资产组。

根据《企业会计准则第8号——资产减值》第十八条的规定,"资产组的认定,应当以资产组产生的主要现金流入是否独立于其他资产或者资产组的现金流入为依据。同时,在认定资产组时,应当考虑企业管理层管理生产经营活动的方式(如是按照生产线、业务种类还是按照地区或者区域等)和对资产的持续使用或者处置的决策方式等"。

根据《企业会计准则讲解(2010)》第九章"资产减值"中关于资产组认定应当考虑的因素的说明:"1. 应当以资产组产生的主要现金流入是否独立于其他资产或者资产组的现金流入为依据。因此,资产组能否独立产生现金流入是认定资产组的最关键因素。2. 应当考虑企业管理层对生产经营活动的管理或者监控方式(如是按照生产线、业务种类还是按照地区或者区域等)和对资产的持续使用或者处置的决策方式等。"

因此,公司在认定资产组或资产组组合时,最关键的因素是考虑资产组能否独立产生现金流入,同时考虑管理层的监控和决策方式。

在实务中,虽然商誉的产生是由于收购了标的公司股权,但是一旦收购完成,企业在购买日就应当按照合理的方法,将商誉分摊至从企业合并的协同效应中受益的相关资产组或资产组组合,后续商誉分摊的基础是相关资产组或资产组组合，而不再是原标的公司的股权。

商誉分摊时不能简单将收购标的公司默认为唯一资产组。一个会计核算主体可能包含多个资产组，也可能是一个单独的资产组，或者可能是与其他资产组一起作为一个资产组组合等多种情形，认定的关键主要在于资产组或资产组组合能否产生独立现金流入，而非其会计核算主体的设定形式。

3. 价值类型

根据《资产评估价值类型指导意见》第十条：某些特定评估业务评估结论的价值类型可能会受到法律、行政法规或者合同的约束，这些评估业务的评估结论应当按照法律、行政法规或者合同的规定选择评估结论的价值类型；法律、行政法规或者合同没有规定的，可以根据实际情况选择市场价值或者市场价值以外的价值类型，并予以定义。特定评估业务包括以抵（质）押为目的的评估业务、以税收为目的的评估业务、以保险为目的的评估业务、以财务报告为目的的评估业务等。

根据《以财务报告为目的的评估指南》第十八条：执行以财务报告为目的的评估业务，应当根据会计准则或者相关会计核算与披露的具体要求、评估对象等相关条件明确价值类型。会计准则规定的计量属性可以理解为相对应的评估价值类型。

以财务报告为目的的商誉减值测试评估，价值类型的选取可以采用《以财务报告为目的的评估指南》中的"可回收价值"。可回收价值等于资产预计未来现金流量的现值或者公允价值减去处置费用的净额孰高者。

也可以采用《企业会计准则第8号——资产减值》中的"可收回金额"。可收回金额等于资产的公允价值减去处置费用后的净额与资产预计未来现金流量的现值两者之间较高者。

二者表述略有差异，但价值内涵是一致的，评估报告选取其中一种即可。

4. 评估方法的选择和运用

在评估商誉所在的资产组或资产组组合的可收回金额时，是通过比较资产组或资产组组合的公允价值减去处置费用后的净额与其预计未来现金流量的现值两者之间较高者来确定。在已确信其预计未来现金流量的现值或者公允价值减去处置费用的净额中任何一项数值已经超过所对应的账面价值,并通过减值测试的前提下,可以不必计算另一项数值。当第一项数值低于账面价值时,还需要测算另一项数值,选取其中较高的数值与账面价值进行对比,判断商誉是否发生减值。

(1) 采用公允价值减去处置费后的净额估计可收回金额。资产的公允价值减去处置费用后的净额,通常反映的是资产如果被出售或者处置时可以收回的净现金收入。资产的公允价值是指市场参与者在计量日发生的有序交易中,出售一项资产所能收到或者转移一项负债所需支付的价格。采用公允价值减去处置费用后的净额估计可收回金额时,应恰当选用交易案例或估值技术确定商誉所在资产组或资产组组合的公允价值,合理分析并确定相关处置费用,从而确定可收回金额。通常按照如下方式确定。

第一,根据交易中资产组的销售协议价格减去可直接归属于该资产组处置费用后的金额确定。

第二,不存在销售协议但存在资产组交易活跃市场的,应当按照该资产组的市场价格减去处置费用后的金额确定,资产组的市场价格通常应当根据资产组的买方出价确定。

第三,在不存在资产组销售协议和资产组活跃市场的情况下,应当以可获取的最佳信息为基础,估计资产的公允价值减去处置费用后的净额,该净额可以参考同行业类似资产的最近交易价格或者结果进行估计。

处置费用是指可以直接归属于资产处置的增量成本,包括与资产处置有关的法律费用、相关税费、搬运费以及为使资产达到可销售状态所发生的直接费用等,但是财务费用和所得税费用等不包括在内。

(2) 采用预计未来现金流量的现值估计可收回金额。资产预计未来现金流量的现值,应当按照资产在持续使用过程中和最终处置时所产生的预计未来现金流量,选择恰当的折现率对其进行折现后的金额加以确定。采用预计未来现金流量的现值估计可收回金额时,评估师应正确运用现金流量折现模型,充分考虑减值迹象等不利事项对未来现金流量、折现率、预测期等关键参数的影响,合理确定可收回金额。

5. 未来现金流的基本模型

未来现金流量 = 利润总额 + 折旧及摊销 − 资本性支出

如果考虑期初营运资金，则：

未来现金流量 = 利润总额 + 折旧及摊销 − 资本性支出 − 营运资金的变动额

如果资产组或资产组组合中包含付息债务，还应加上利息支出金额。由于采用的是税前口径的现金流，此处的利息支出无须考虑所得税的影响。

6. 折现率的预测

折现率是企业在购置或者投资资产时所要求的必要报酬率，应当首先以该资产的市场利率为依据。如果该资产的利率无法从市场获得的，可以使用替代利率估计，可以根据企业加权平均资金成本、增量借款利率或者其他相关市场借款利率做适当调整后确定。调整时，应当考虑与资产预计现金流量有关的特定风险以及其他有关政治风险、货币风险和价格风险等。

（四）课堂教学安排

课时安排：6 课时。第 1~2 课时案例介绍讲解，第 3~5 课时小组讨论，第 6 课时发言总结。

教学形式：研讨会。本案例以 30 人班级为宜，分为 6 个小组，每组 5 人。

辅助材料：Wind 金融数据库或者巨灵金融服务平台有关信息。

前置课程或知识储备：《以财务报告为目的的评估指南》《会计监管风险提示第 8 号——商誉减值》《上市公司商誉减值测试操作指引》。

二、案例内容

（一）评估基本事项

1. 委托方情况

本次资产评估项目的委托人为 TH 公司，产权持有单位为 LF 公司，产权持有单位为委托人控股子公司。主要经营范围：长白、大白纯种猪及长大、大长杂交种母猪饲养（在许可证许可范围及有效期限内经营）；肉猪饲养；畜牧技术咨询服务；农业技术研究开发；生态农业开发；有机肥料生产销售；种植、销售蔬菜、药材；水产养殖销售；粮食收购与销售。

2. 评估目的

TH 公司拟进行以财务报告为目的的商誉减值测试，需对 LF 公司与商誉相关的资产组在评估基准日的可收回价值进行评估，为上述行为提供价值参考。

3. 评估对象和范围

根据本次评估目的，评估对象是 LF 公司与商誉相关的资产组合在评估基准日的可收回价值，包括 LF 公司与商誉相关的资产组可回收价值，及其控股 95% 的子公司 SGLF 公司与商誉相关的资产组可回收价值，两个资产组可以独立产生现金流，子公司与母公司经营相互独立，构成独立资产组。评估对象与本次委托合同约定的评估对象一致。

评估范围是 LF 公司与商誉相关的资产组合，包括 LF 公司与商誉相关的资产组，及其控股 95% 的子公司 SGLF 公司与商誉相关的资产组。

4. 评估基准日

评估基准日是 2018 年 12 月 31 日。

评估基准日由委托人根据资产负债表日确定。

5. 评估假设

本次对与商誉相关的资产组可收回价值的评估建立在如下假设基础上。

（1）有序交易假设。

有序交易，是指在计量日前一段时期内相关资产或负债具有惯常市场活动的交易。企业以公允价值计量相关资产或负债，应当假定市场参与者在计量日出售资产或者转移负债的交易，是在当前市场条件下的有序交易。

（2）公开市场假设。

是指资产可以在充分竞争的市场上自由买卖，其价格高低取决于一定市场的供求状况下独立的买卖双方对价值的判断，是对资产拟进入市场的条件以及资产在较为完善的市场条件下接受何种影响的一种假定。

(3) 持续经营假设。

假设委估资产组按基准日的现状、使用方式、管理水平持续经营，不会出现不可预见的因素导致其无法持续经营；

假设国家现行的有关法律法规、国家宏观经济形势无重大变化，利率、汇率、赋税基准及税率、政策性征收费用等外部经济环境不会发生不可预见的重大变化；

假设企业目前的经营模式未来可继续保持，预计资产未来现金流量的预测以资产的当前状况为基础，不包括与将来可能会发生的、尚未做出承诺的重组事项或者与改良有关的预计未来现金流量；

假设委托人、产权持有单位提供的与本次评估相关所有资料真实、完整、准确、有效；

假设评估基准日后资产组的现金流入、流出为年中；

假设评估基准日后持有单位的管理层是负责的、稳定的，且有能力担当其职务；

根据《中华人民共和国增值税暂行条例》第十五条及《中华人民共和国企业所得税法》第二十七条规定，目前企业享受增值税及企业所得税免征优惠，假设企业在未来能继续享有以上税收优惠。

当上述假设条件发生较大变化时，本评估结果一般会失效，签名资产评估师及本评估机构将不承担由于假设条件改变而推导出不同评估结论的责任。

6. 价值类型

《以财务报告为目的的评估指南》第十八条规定：执行以财务报告为目的的评估业务，应当根据会计准则或者相关会计核算与披露的具体要求、评估对象等相关条件明确价值类型。会计准则规定的计量属性可以理解为相对应的评估价值类型。

依据《企业会计准则第 8 号——资产减值》第四条规定：企业应当在资产负债表日判断资产是否存在可能发生减值的迹象。因企业合并所形成的商誉和使用寿命不确定的无形资产，无论是否存在减值迹象，每年都应当进行减值测试。第六条规定：资产存在减值迹象的，应当估计其可收回金额。

本次评估目的是为委托人拟进行以财务报告为目的的商誉减值测试提供价值参考，故本次评估选择的价值类型为可收回价值。

可收回价值等于资产的公允价值减去处置费用后的净额与资产预计未来现金流量的现值两者之间较高者。即：

可收回金额 = Max(公允价值 – 处置费用, 资产预计未来现金流量的现值)

公允价值，是指市场参与者在计量日发生的有序交易中，出售一项资产所能收到或者转移一项负债所需支付的价格。

处置费用，是指与资产处置有关的法律费用、相关税费、搬运费，以及为使资产达到可销售状态所发生的直接费用。

预计未来现金流量的现值，是指资产按其现时使用方式在持续使用过程中和最终处置时所产生的预计未来现金流量，以恰当的折现率对其进行折现后的金额确定。

7. 评估方法

根据《以财务报告为目的的评估指南》规定，执行以财务报告为目的的评估业务，应当根据评估对象、价值类型、资料收集情况和数据来源等相关条件，参照会计准则关于评估对象和计量方法的有关规定，选择评估方法。

本次评估目的是为委托人拟进行以财务报告为目的的商誉减值测试提供价值参考，根据《企业会计准则第8号——资产减值》的规定："因企业合并所形成的商誉和使用寿命不确定的无形资产，无论是否存在减值迹象，每年都应当进行减值测试。资产存在减值迹象的，应当估计其可收回金额。"

可收回金额应当根据资产的公允价值减去处置费用后的净额与资产预计未来现金流量的现值两者之间较高者确定。

(1) 净额。

净额 = 公允价值 – 处置费用

根据企业会计准则对可收回金额的规定，公允价值减去处置费用后的净额确定途径有：根据公平交易中销售协议价格减去可直接归属于该资产处置费用的金额确定；不存在销售协议但存在资产活跃市场的，按照该资产的市场价格减去处置费用后的金额确定，资产的市场价格通常应当根据资产的买方出价确定；在不存在销售协议和资产活跃市场的情况下，应当以可获取的最佳信息为基础；估计资产的公允价值减去处置费用后的净额，该净额可以参考同行类似资产的最近交易价格或者结果进行估计。

处置费用包括与资产处置有关的法律费用、相关税费、搬运费以及为使资产达到可销售状态所发生的直接费用等。

（2）资产预计未来现金流量的现值。

根据《企业会计准则第 8 号——资产减值》中的规定，当按照上述途径仍无法可靠估计资产组的公允价值减去处置费用后的净额时，应当以该资产组预计未来现金流量的现值作为其可收回价值。

预计未来现金流量的现值应当按照资产按其现时使用方式在持续使用过程中和最终处置时所产生的预计未来现金流量，选择恰当的折现率对其进行折现后的金额确定。

评估人员通过调查了解，本次评估由于该项目在评估基准日不存在销售协议和资产活跃市场，相同或类似资产组交易案例或比较对象数据的获取来源有限，资产组独立的公允价值和处置费用无法可靠地估计，难以采用资产的公允价值减去处置费用后的净额的模式计算可收回价值，而本项目评估对象的未来现金流量可预测，相关收益预测资料可收集。因此，本次评估采用资产预计未来现金流量的现值模式计算资产组的可收回价值。

本次选择的评估方法与前期采用的评估方法一致，价值的计量具有一致性。

8. 评估程序

BJ 资产评估有限公司评估人员于 2019 年 3 月 27 日至 2019 年 4 月 18 日对评估对象涉及的资产和负债实施了评估。主要评估程序的实施过程和情况如下。

（1）接受委托，订立业务委托合同。

与委托人洽谈，明确评估业务基本事项，对自身专业胜任能力、独立性和业务风险进行综合分析和评价，接受委托，签订资产评估委托合同。

（2）前期准备。

首先，组建评估项目组，确定项目负责人和项目组人员，按照本次委托评估资产的特点以及时间上的总体要求，制订资产评估工作计划。其次，根据委托评估目的及资产的特点，有针对性地布置资产评估申报明细表及相关资产调查表，确定所需资料清单；与委托人、产权持有单位管理层沟通，确定商誉减值测试的计量单元。最后，做好相关资产评估申报表的填报及评估资料提供工作，以确保评估申报资料的质量。

（3）现场调查。

评估人员于2019年3月27日至2019年4月3日对评估对象涉及的资产和负债进行了现场调查。

首先，评估人员向产权持有单位获取评估基准日商誉相关资产组的资产申报明细及历史年度财务报表，询问相关资产情况，进一步确定评估范围。然后，和企业管理层进行访谈，充分了解资产组的确定依据，了解商誉形成的情况及资产组涉及资产的类型、目前使用方式、法律、物理、技术、经济等具体特征等，核实商誉相关的资产组范围是否有变化，是否与商誉初始确认时的资产组一致。再通过访谈、实地调查了解商誉所在资产组所处的宏观经济环境、行业发展趋势、市场容量和竞争状况、地域因素等外部环境信息，以及公司产能、生产现状、在手合同及订单、商业计划等内部经营信息，并与委托人提供的财务预算或预测数据是否一致进行对照分析。同时，对资产组合涉及的部分实物资产的数量、质量及使用状况进行盘点和现场观察，对重要、大额债权资产进行函证。由于在现场勘察期间，中国受"非洲猪瘟"影响，养猪场按要求实行封闭措施，评估人员未能进入养猪场对部分资产进行现场勘察。截至报告出具日，评估人员未能进入现场实施现场勘察。对此，评估人员采取相应的替代程序，调取审计人员在2018年12月底的实地盘点记录，并向审计人员及企业了解资产的真实性及实际状况。对于本次评估程序受限及替代程序，结合本次评估目的，我们认为，评估程序受限不构成对评估报告结论的实质性影响。最后，关注了资产组范围内资产的权属，并对委托人提供的权属证明资料原件进行了核实。了解资产组内资产是否涉及抵押、担保、诉讼事项等。

(4) 收集资料。

评估人员根据评估项目的具体情况收集资产评估业务需要的资料,包括委托人和产权持有单位提供的涉及评估对象、评估范围、企业产能、生产现状、在手合同及订单、历史财务资料、预测数据资料、发展计划等内部经营信息等资料,从政府部门、各类专业机构以及市场等渠道获取的宏观、行业、价格等外部信息资料。并对收集的评估资料进行了必要分析、筛选,形成评定估算和编制资产评估报告的依据。

评估人员对委托人及产权持有单位提供的评估申报明细表及相关重要资料进行签字确认,通过观察、询问、书面审查、实地调查、查询、函证、复核等方式对评估中使用的资料进行了核查、验证,以保证所用资料信息的合理、可信。

(5) 评定估算。

评估人员针对资产组选取相应的模型和参数进行分析、计算和判断,形成测算结果。经对形成的测算结果综合分析后形成初步评估结论,编制初步资产评估报告。

(6) 内部审核及报告出具。

根据资产评估准则的规定和公司内部质量控制制度,项目负责人在完成评估报告初稿一级复核后提交公司质控部复核。公司内部复核完成后,在不影响对评估结论进行独立判断的前提下,与委托人或委托人同意的其他相关当事人就资产评估报告有关内容进行沟通,对沟通情况进行独立分析,根据委托人提出的合理意见对评估报告进行恰当调整。

完成上述资产评估程序后,由公司出具并提交委托人正式资产评估报告。

(二) 评估思路

本案例是采用收益法评估所涉及的 LF 公司与商誉相关的资产组在评估基准日的可收回价值。本次评估采用现金流折现法 (discounted cash flow, DCF) 中的企业自由现金流模型。计算公式为:

$$P = \sum_{i=1}^{n} \frac{R_i}{(1+r)^i} + \frac{A}{r(1+r)^n}$$

其中：P 表示评估基准日的资产组可收回价值；R_i 表示企业未来第 i 年预期税前自由现金流量；A 表示永续期预期税前自由现金流量；r 表示税前折现率；n 表示预测期。

1. 预计现金流量采用税前现金流口径

资产预计未来现金流量 = 息税前利润 + 折旧及摊销 – 资本性支出 – 营运资本追加额

其中：

息税前利润 = 营业收入 – 营业成本 – 营业税金及附加 – 销售费用 – 管理费用

2. 收益期和预测期的确定

评估人员经调查分析，并与企业管理层沟通，根据产权持有单位经营状况，资产组资产类型特点，不存在影响产权持有单位及本次评估对象持续经营的因素和资产组资产使用年限限定的情况，故收益期按永续考虑。

根据产权持有单位目前的经营状况、业务特点、市场供需情况，并综合分析考虑资产组所包含的主要资产的剩余可使用年限等因素，预计其在 2024 年进入稳定期，故预测期确定为 2019 年 1 月至 2023 年 12 月，共 5 年。

3. 折现率的确定

按照收益额与折现率口径一致的原则，本次评估收益额口径为企业税前自由现金流，则折现率 R 采用（所得）税前加权平均资本成本确定，计算公式为：

$$税前折现率 R = 税后折现率 r / (1 - 所得税率)$$

对税后折现率 r 采用 WACC 模型公式：

$$r = k_e \times [E/(D+E)] + k_d \times (1-t) \times [D/(D+E)]$$

其中：k_e 表示权益资本成本；$E/(D+E)$ 表示根据市场价值估计的被估企业的目标权益资本比率；k_d 表示债务资本成本；$D/(D+E)$ 表示根据市场价值估计的被估企业的目标债务资本比率；t 表示所得税率。

计算权益资本成本时，我们采用资本资产定价模型（CAPM）。CAPM 模型公式为：

$$k_e = r_{f1} + \beta_e \times RPm + r_c$$

其中：r_{f1} 表示无风险报酬率；RPm 表示市场风险溢价；r_c 表示企业特定风险调整

系数；β_e 表示评估对象权益资本的预期市场风险系数。

$$\beta_e = \beta_u \times [1 + (1-t) \times (D/E)]$$

其中：β_u 表示可比公司的预期无杠杠市场风险系数。

$$\beta_u = \beta_t / [1 + (1-t) \times (D_i/E_i)]$$

其中：β_t 表示可比公司的预期市场平均风险系数；D_i、E_i 表示可比公司的付息债务与权益资本。

（三）资产核查情况说明

在进入现场清查前，成立了以现场项目负责人为主的清查核实小组，制定了现场清查核实实施计划，项目组分为资产和财务清查小组，分别就资产组的资产、负债情况进行清查核实。项目组清查工作时间为2019年3月27日至2019年4月3日。

清查核实工作主要包括以下过程。

1. 指导企业相关人员填表

指导企业相关的财务与资产管理人员在资产清查的基础上，按照评估机构提供的资产评估明细表、评估调查表及其填写要求，进行登记填报，同时收集被评估资产的产权归属证明文件和项目有关经济技术指标等情况的文件资料。

2. 初步审查被评估单位提供的资产评估明细表

评估人员通过翻阅有关资料，了解涉及评估范围内具体对象的详细状况。然后仔细审核各类资产评估明细表，初步检查有无填项不全、错填、资产项目不明确，并根据经验及掌握的有关资料，检查资产评估明细表有无漏项等。

3. 现场实地勘察

依据资产评估明细表、评估调查表，对申报资产进行现场勘察。

4. 补充、修改和完善资产评估明细表

根据现场的实地勘察结果，进一步完善资产评估明细表，以做到"表""实"相符。

5. 核实产权证明文件

评估人员对评估范围内的产权进行了调查，以确认产权是否清晰。

（四）收益支出预测

1. 收益年限的确定

（1）预测期的确定。

根据公司目前的经营状况、业务特点、市场供需情况，预计其在2023年进入稳定期，故预测期确定为2019~2023年，共5年。

（2）收益期的确定。

企业营业执照核准的营业期限为永久，根据企业的发展规划及行业特点，企业业务稳定，经营正常，故收益期按永续确定。本次确定明确的预测期限为5年，即预测到2023年12月，2023年之后永续。

2. 未来收益的确定

LF公司营业收入主要为猪苗、种猪、肉猪、淘汰种猪及猪精的销售收入。其中，猪苗为经过按照种猪标准初步饲养、标重15公斤的小猪；种猪为标重50公斤，体格合适继续培育作为生育的公猪母猪；肉猪为在饲养过程中发现不适合做种猪而转做肉猪的品种；淘汰种猪经过生产、但生产指标已经不符合经济性，转而做肉猪销售的种猪，其肉质比肉猪差，单价也比肉猪低；猪精是公猪的精子，经采集做人工授精用。由于根据资产组历史财务数据分析，其阶段性波动非常明显，2016年为销售高峰，2018年受非洲猪瘟疫情影响，整个养猪行业受到的影响较大，销售滑坡较大。根据企业管理层预计及评估人员分析，非洲猪瘟疫情已经影响到猪肉的市场销售，影响到养猪户的积极性，也影响到目前生猪的存栏量，在市场形势回暖后，猪肉价格回暖，养猪户的积极性提升，预计种猪需求将有较大起色，特别是优质种猪的需求量将有较大提升，被评估单位目前重视养猪疫病的防控，重视种猪养殖技术的研究，为在以后市场回暖做准备。预计在2019年非洲猪瘟疫情的影响将慢慢减退，2020年将会稳定，2021年将有一波销售小高峰，随后将保持稳定。评估人员同企业管理层沟通，在对小高峰保守预计的情况下，正常年份销售按照企业历史平均产量并结合企业发展规划预计，根据对价格的波段性及合理性，以及预测，因企业管理层决定，对猪精的生产将在2020年停止，故猪精在2020年开始不再有销售收入。销售单价是结合养猪行业 3~5 年的周期性波动、企业历史销售单价情况，以及 2018 年"非洲猪瘟"控制后的恢复期、爆发期综合考虑预测的。经测算未来年度销售收入计算过程如表 4-1 所示。

表 4-1　　　　　　　　　　营业收入预测

产品类别	参数	预测第一年（2019年）	预测第二年（2020年）	预测第三年（2021年）	预测第四年（2022年）	预测第五年（2023年）
猪苗	企业年销量（头）	5 000.00	6 150.00	6 500.00	6 200.00	6 300.00
	销售单价（元）	765.00	787.00	800.00	770.00	760.00
	销售收入（元）	3 825 000.00	4 840 050.00	5 200 000.00	4 774 000.00	4 788 000.00
种猪	企业年销量（头）	3 500.00	5 000.00	6 500.00	5 700.00	5 800.00
	销售单价（元）	2 260.00	2 310.00	2 350.00	2 330.00	2 320.00
	销售收入（元）	7 910 000.00	11 550 000.00	15 275 000.00	13 281 000.00	13 456 000.00
肉猪	企业年销量（头）	6 500.00	7 000.00	5 600.00	6 200.00	6 500.00
	销售单价（元）	1 400.00	1 450.00	1 550.00	1 450.00	1 400.00
	销售收入（元）	9 100 000.00	10 150 000.00	8 680 000.00	8 990 000.00	9 100 000.00
淘汰种猪	企业年销量（头）	500.00	520.00	550.00	500.00	550.00
	销售单价（元）	1 550.00	1 750.00	2 050.00	1 900.00	1 800.00
	销售收入（元）	775 000.00	910 000.00	1 127 500.00	950 000.00	990 000.00
猪精	企业年销量（瓶）	58 000.00	—	—	—	—
	销售单价（元）	14.00	—	—	—	—
	销售收入（元）	812 000.00	—	—	—	—
主营业务收入合计（元）		22 422 000.00	27 450 050.00	30 282 500.00	27 995 000.00	28 334 000.00

3. 主营业务成本预测

主营业务成本为人工费、材料费、制造费用，其中材料成本包括饲料、疫苗、兽药，主营业务成本主要参考历史平均水平，与结合未来成本价格趋势的变动，并考虑毛利率水平综合预测的。经测算未来年度营业成本如表 4-2 所示。

表 4-2　　　　　　　　　　　　主营业务成本预测

产品名称	内容	预测第一年（2019年）	预测第二年（2020年）	预测第三年（2021年）	预测第四年（2022年）	预测第五年（2023年）
猪苗	材料费（元）	2 397 317.78	2 967 314.28	2 919 708.45	2 737 620.98	2 753 425.06
	材料费/收入	0.63	0.61	0.56	0.57	0.58
	人工费（元）	619 257.23	620 948.57	635 457.72	630 418.12	610 486.94
	人工费/收入	0.16	0.13	0.12	0.13	0.13
	制造费用（元）	579 298.50	571 451.43	605 154.52	589 839.33	572 126.56
	制造费用/收入	0.15	0.12	0.12	0.12	0.12
	成本合计（元）	3 595 873.50	4 159 714.27	4 160 320.69	3 957 878.43	3 936 038.56
	销售数量（头）	5 000.00	6 150.00	6 500.00	6 200.00	6 300.00
	单位成本（元）	719.17	676.38	640.05	638.37	624.77
种猪	材料费（元）	2 130 050.13	2 874 194.04	3 462 158.65	3 349 315.25	3 624 848.13
	材料费/收入	0.27	0.25	0.23	0.25	0.27
	人工费（元）	766 783.11	934 392.20	1 014 136.24	955 194.99	932 111.79
	人工费/收入	0.10	0.08	0.07	0.07	0.07
	制造费用（元）	718 628.50	882 481.52	957 795.34	902 128.60	785 883.36
	制造费用/收入	0.09	0.08	0.06	0.07	0.06
	成本合计（元）	3 615 461.74	4 691 067.75	5 434 090.23	5 206 638.84	5 342 843.27
	销售数量（头）	3 500.00	5 000.00	6 500.00	5 700.00	5 800.00
	单位成本（元）	1 032.99	938.21	836.01	913.45	921.18
肉猪	材料费（元）	6 916 971.99	6 977 820.60	4 681 733.00	5 472 566.44	5 433 415.04
	材料费/收入	0.76	0.69	0.54	0.61	0.60
	人工费（元）	1 751 177.03	1 838 735.88	1 063 214.63	1 473 490.39	1 461 049.24
	人工费/收入	0.19	0.18	0.12	0.16	0.16
	制造费用（元）	1 645 045.09	1 657 297.34	1 048 777.38	1 384 187.94	1 366 440.19
	制造费用/收入	0.18	0.16	0.12	0.15	0.15
	成本合计（元）	10 313 194.11	10 473 853.82	6 793 725.00	8 330 244.76	8 260 904.47
	销售数量（头）	6 500.00	7 000.00	5 600.00	6 200.00	6 500.00
	单位成本（元）	1 586.65	1 496.26	1 213.17	1 343.59	1 270.91

续表

产品名称	内容	预测第一年（2019年）	预测第二年（2020年）	预测第三年（2021年）	预测第四年（2022年）	预测第五年（2023年）
淘汰种猪	材料费（元）	774 126.28	788 989.51	766 385.02	675 419.97	817 477.36
	材料费/收入	1.00	0.87	0.68	0.71	0.83
	人工费（元）	155 900.43	158 893.72	154 341.43	148 105.41	164 630.86
	人工费/收入	0.20	0.17	0.14	0.16	0.17
	制造费用（元）	145 148.68	147 935.53	143 697.19	137 891.25	153 277.00
	制造费用/收入	0.19	0.16	0.13	0.15	0.15
	成本合计（元）	1 075 175.39	1 095 818.76	1 064 423.64	961 416.63	1 135 385.22
	销售数量（头）	500.00	520.00	550.00	500.00	550.00
	单位成本（元）	2 150.35	2 107.34	1 935.32	1 922.83	2 064.34
猪精	材料费（元）	411 738.46	—	—	—	—
	材料费/收入	0.51	—	—	—	—
	人工费（元）	137 246.15	—	—	—	—
	人工费/收入	0.17	—	—	—	—
	制造费用（元）	137 246.15	—	—	—	—
	制造费用/收入	0.17	—	—	—	—
	成本合计（元）	686 230.77	—	—	—	—
	销售数量（头）	58 000.00	—	—	—	—
	单位成本（元）	11.83	—	—	—	—
总成本合计（元）		19 285 935.51	20 420 454.60	17 452 559.56	18 456 178.66	18 675 171.52
主营业务收入（元）		22 422 000.00	27 450 050.00	30 282 500.00	27 995 000.00	28 334 000.00
总成本占主营业务收入比例（%）		86.01	74.39	57.63	65.93	65.91

4. 营业税金及附加预测

LF公司为农业生产企业，根据《中华人民共和国增值税暂行条例》第十五条及《中华人民共和国企业所得税法》第二十七条规定，符合税收免征优惠条件，目前企业需要缴纳的税种有印花税、房产税、城镇土地使用税。印花税按照购销合同金额的0.03%计征，房产税按照房产原值的1.2%计征，城镇土地使用税按照占有土地所在地标准1元/平方米缴纳。经测算公司未来年度税金如表4-3所示。

表 4-3　　　　　　　　　　　　营业税金预测

税种（税率）	预测第一年 （2019 年）	预测第二年 （2020 年）	预测第三年 （2021 年）	预测第四年 （2022 年）	预测第五年 （2023 年）
印花税（0.03%）	10 515.66	12 317.51	12 633.75	12 068.98	12 288.95
房产税（1.20%）	6 341.69	6 341.69	6 341.69	6 341.69	6 341.69
城镇土地使用税 （1 元/平方米）	12 000	12 000	12 000	12 000	12 000
主营业务税金及附加	28 857.35	30 659.20	30 975.44	30 410.67	30 630.64

5. 营业费用预测

LF 公司资产组营业费用主要有工资福利费、办公费、业务费、差旅费、通讯费、车辆使用费、折旧费等。营业费用的预测主要根据历史情况及预计的运营情况，经测算公司未来年度营业费用如表 4-4 所示。

表 4-4　　　　　　　　　　　　营业费用预测

项目	预测第一年 （2019 年）	预测第二年 （2020 年）	预测第三年 （2021 年）	预测第四年 （2022 年）	预测第五年 （2023 年）
工资福利费（元）	59 531.01	57 263.16	59 630.22	60 721.63	62 507.56
办公费（元）	20 469.04	20 673.73	22 515.95	20 878.42	21 492.50
业务费（元）	420 968.39	470 475.77	475 968.49	490 734.35	427 016.81
差旅费（元）	48 603.42	49 089.46	53 463.76	49 575.49	51 033.59
通信费（元）	3 108.43	3 119.52	3 219.28	3 130.60	3 163.86
车辆使用费（元）	96 655.49	97 622.05	106 321.04	98 588.60	101 488.27
折旧费（元）	30 959.00	30 359.00	9 221.47	562.68	10 873.35
营业（销售） 费用合计（元）	680 294.80	728 602.69	730 340.21	724 191.78	677 575.93
主营业务收入（元）	24 164 000.00	27 450 050.00	29 107 500.00	27 995 000.00	28 334 000.00
其他业务收入（元）	—	—	—	—	—
业务总收入（元）	24 164 000.00	27 450 050.00	29 107 500.00	27 995 000.00	28 334 000.00
营业（销售）费用/ 业务总收入（%）	3.03	2.65	2.41	2.59	2.39

6. 管理费用预测

LF 公司资产组管理费用主要有折旧费、管理人员人力资源费用、办公费、水电费、邮电费、差旅费、审计费用、税审费用、培训咨询费、业务招待费、车辆使用费、场地租金、福利费、残疾人就业保障金、技术服务费、其他、养猪协会费、资料费、专利费、研发费用等。营业费用的预测主要根据费用实际发生情况、历史情况及预计的运营情况与预测，经测算公司未来年度营业费用如表 4-5 所示。

表 4-5 管理费用预测

项目	预测第一年（2019 年）	预测第二年（2020 年）	预测第三年（2021 年）	预测第四年（2022 年）	预测第五年（2023 年）
一、固定部分					
折旧(元)	170 064.75	154 750.91	128 930.36	94 981.51	107 944.71
固定部分合计(元)	170 064.75	154 750.91	128 930.36	94 981.51	107 944.71
二、可变部分					
管理人员人力资源费用(元)	1 101 470.20	1 187 427.81	1 080 559.31	1 091 364.91	1 145 933.15
办公费(元)	148 844.96	160 752.56	146 284.83	147 747.67	155 135.06
水电费(元)	24 563.48	26 528.56	24 140.99	24 382.40	25 601.52
邮电费(元)	35 699.16	38 555.09	35 085.13	35 435.98	37 207.78
差旅费(元)	34 761.83	37 542.78	34 163.93	34 505.57	36 230.85
审计费用、税审费用、培训咨询费(元)	43 632.00	47 122.56	42 881.53	43 310.34	45 475.86
业务招待费(元)	16 100.21	17 388.22	15 823.28	15 981.52	16 780.59
车辆使用费(元)	25 250.00	27 270.00	24 815.70	25 063.86	26 317.05
场地租金(元)	96 000.00	96 000.00	96 000.00	96 000.00	96 000.00
福利费(元)	282 800.00	305 424.00	277 935.84	280 715.20	294 750.96
残疾人就业保障金(元)	30 000.00	30 000.00	30 000.00	30 000.00	30 000.00
技术服务费(元)	800 000.00	800 000.00	800 000.00	800 000.00	800 000.00
其他(元)	20 000.00	20 000.00	20 000.00	20 000.00	20 000.00
养猪协会费、资料费、专利费(元)	32 342.22	34 929.60	31 785.93	32 103.79	33 708.98

续表

项目	预测第一年（2019年）	预测第二年（2020年）	预测第三年（2021年）	预测第四年（2022年）	预测第五年（2023年）
研发费用(元)	2 000 000.00	2 000 000.00	2 000 000.00	2 000 000.00	2 000 000.00
可变部分合计(元)	4 691 464.06	4 828 941.18	4 659 476.48	4 676 611.24	4 763 141.80
管理费用合计(元)	4 861 528.81	4 983 692.09	4 788 406.84	4 771 592.76	4 871 086.51
主营业务收入(元)	24 164 000.00	27 450 050.00	29 107 500.00	27 995 000.00	28 334 000.00
可变管理费用/主营业务收入(%)	20.92	17.59	15.39	16.71	16.81
管理费用/主营业务收入(%)	21.68	18.16	15.81	17.04	17.19

注：按企业财务资料的具体明细填写。

7. 营业外收入及营业外支出预测

LF公司资产组与商誉相关的营业外收入为与产品、项目研发相关的政府补贴，没有与商誉相关的营业外支出。评估人员同企业管理层沟通，并结合注册会计师审调整结果进行分析，预计后续每年有100万元的政府补贴。

8. 折旧与摊销的预测

对折旧的预测，按照企业现行折旧年限和残值率，采用平均年限法进行估算。对于预测期新增资产，按照存续固定资产的折旧年限和残值率计算确定每年的折旧额。摊销项目主要是无形资产和长期待摊费用，按收益期限及使用权期限平均摊销。未来年度的折旧摊销预测如表4-6所示。

表4-6　　　　　　　　折旧与摊销预测　　　　　　　　单位：元

项目	2019年度	2020年度	2021年度	2022年度	2023年度
摊销	92 944.02	92 944.02	92 944.02	92 944.02	92 944.02
折旧	1 063 067.33	935 849.95	668 549.41	550 946.95	607 646.72
合计	1 156 011.35	1 028 793.97	761 493.43	643 890.97	700 590.74

9. 资本性支出的预测

企业的资本性支出主要由两部分组成：存量资产的正常更新支出（重置支出）、增量资产的资本性支出（扩大性支出）。

未来年度资本性支出由存量资产的正常更新支出构成，未来年度固定资产更新支出依据基准日企业固定资产规模预测。

增量资产的资本性支出为新增办公及运营设备的增加，根据评估基准日企业的资产情况、业务发展情况、未来预测期内企业新增员工计划，考虑预测期是否需进行更新或增添。按照企业管理层规划和预测，未来将保持现有规模，增量资产主要为固定资产按照经济耐用年限使用完毕后的更新支出。

故每年的资本性支出主要用于维护折旧的固定资产以及固定资产按照经济耐用年限使用完毕后的更新支出。预测期内的资本性支出如表4-7所示。

表4-7　　　　　　　　　资本性支出预测　　　　　　　　　单位：元

项目	2019年度	2020年度	2021年度	2022年度	2023年度
资本性支出预测	240 123.00	25 443.00	7 300.00	1 499.00	631 342.00

永续期时，由于企业资产总额较低，本次评估按折旧、摊销总额考虑资本性支出。

10. 营运资金预测、营运资金增加额的确定

营运资金根据公司评估基准日及前三年度应收、应付、其他应收、其他应付等各项往来款周转率等历史数据，结合预测年度收入、成本进行测算。营运资金也称营运资本，是指一个企业维持日常经营所需的资金，一般用流动资产减去流动负债后的余额表示。

营运资金追加额计算公式为：

营运资金追加 = 本年度需要的营运资金 - 上年度需要的营运资金

预测期内的营运资本增加额如表4-8所示。

表4-8　　　　　　　　　营运资本增加额预测　　　　　　　　　单位：元

项目	预测第一年（2019年）	预测第二年（2020年）	预测第三年（2021年）	预测第四年（2022年）	预测第五年（2023年）
收入合计	22 422 000.00	27 450 050.00	30 282 500.00	27 995 000.00	28 334 000.00
成本合计	19 314 792.86	20 451 113.80	17 483 535.00	18 486 589.33	18 705 802.16
完全成本	24 856 616.47	26 163 408.58	23 002 282.04	23 982 373.86	24 254 464.60

续表

项目	预测第一年 （2019年）	预测第二年 （2020年）	预测第三年 （2021年）	预测第四年 （2022年）	预测第五年 （2023年）
期间费用	5 541 823.61	5 712 294.78	5 518 747.04	5 495 784.54	5 548 662.44
营业费用	680 294.80	728 602.69	730 340.21	724 191.78	677 575.93
管理费用	4 861 528.81	4 983 692.09	4 788 406.84	4 771 592.76	4 871 086.51
折旧摊销	1 156 011.35	1 028 793.97	761 493.43	643 890.97	700 590.74
折旧	1 063 067.33	935 849.95	668 549.41	550 946.95	607 646.72
摊销	92 944.02	92 944.02	92 944.02	92 944.02	92 944.02
付现成本	23 700 605.13	25 134 614.62	22 240 788.61	23 338 482.90	23 553 873.86
最低现金保有量	1 975 050.43	2 094 551.22	1 853 399.05	1 944 873.57	1 962 822.82
存货	5 335 316.98	5 649 202.43	4 829 469.40	5 106 542.67	5 167 095.74
应收款项	242 543.32	296 932.76	327 571.94	302 827.59	306 494.62
应付款项	6 614 984.64	7 004 155.04	5 987 810.29	6 331 339.16	6 406 415.79
营运资本	937 926.09	1 036 531.37	1 022 630.11	1 022 904.68	1 029 997.39
营运资本增加额	-926 294.87	98 605.28	-13 901.26	274.57	7 092.72

（五）现金流量的确定

根据上述各项预测，未来各年度及永续期资产组自由现金流量预测如表4-9所示。

表4-9　　　　　　　　资产组自由现金流量预测　　　　　　　　单位：万元

项目	预测第一年	预测第二年	预测第三年	预测第四年	预测第五年	永续期
营业收入	2 242.20	2 745.01	3 028.25	2 799.50	2 833.40	—
主营业务收入	2 242.20	2 745.01	3 028.25	2 799.50	2 833.40	—
其他业务收入	0.00	0.00	0.00	0.00	0.00	—
营业成本	1 928.59	2 042.05	1 745.26	1 845.62	1 867.52	—
主营业务成本	1 928.59	2 042.05	1 745.26	1 845.62	1 867.52	—
其他业务成本	0.00	0.00	0.00	0.00	0.00	—
营业税金及附加	2.89	3.07	3.10	3.04	3.06	—

续表

项目	预测第一年	预测第二年	预测第三年	预测第四年	预测第五年	永续期
营业费用	68.03	72.86	73.03	72.42	67.76	—
管理费用	486.15	498.37	478.84	477.16	487.11	—
财务费用	0.00	0.00	0.00	0.00	0.00	—
投资收益	0.00	0.00	0.00	0.00	0.00	—
营业利润	-243.46	128.66	728.02	401.26	407.95	—
营业外收入	300.00	100.00	100.00	100.00	100.00	—
营业外支出	0.00	0.00	0.00	0.00	0.00	—
利润总额	56.54	228.66	828.02	501.26	507.95	—
减：所得税费用	0.00	0.00	0.00	0.00	0.00	—
息税前利润	56.54	228.66	828.02	501.26	507.95	507.95
加：固定资产折旧	106.31	93.58	66.85	55.09	60.76	60.76
加：无形资产长期待摊摊销	9.29	9.29	9.29	9.29	9.29	0.10
加：借款利息（税后）	0.00	0.00	0.00	0.00	0.00	0.00
减：资本性支出	24.01	2.54	0.73	0.15	63.13	60.86
减：营运资金增加额	-92.63	9.86	-1.39	0.03	0.71	0.00
资产预计未来现金流量	240.76	319.14	904.83	565.47	514.17	507.95

（六）折现率的确定

1. 所选折现率的模型

按照收益额与折现率口径一致的原则，本次评估收益额口径为企业税前自由现金流，则折现率 R 采用（所得）税前加权平均资本成本确定，计算公式如下：

$$税前折现率 R = 税后折现率 r / (1 - 所得税率)$$

对税后折现率 r 采用 WACC 模型公式：

$$r = k_e \times [E/(D+E)] + k_d \times (1-t) \times [D/(D+E)]$$

其中：k_e 表示权益资本成本；$E/(D+E)$ 表示根据市场价值估计的被估企业的目

标权益资本比率；k_d 表示债务资本成本；$D/(D+E)$ 表示根据市场价值估计的被估企业的目标债务资本比率；t 表示所得税率。

2. 计算权益资本成本

我们采用资本资产定价模型 CAPM 计算，其公式是：

$$k_e = r_{f1} + \beta_e \times RPm + r_c$$

其中：r_{f1} 表示无风险报酬率；RPm 表示市场风险溢价；r_c 表示企业特定风险调整系数；β_e 表示权益的市场风险系数。

3. 模型中有关参数的选取过程

（1）权益资本成本参数的确定。

第一，无风险报酬率 r_{f1} 的确定。无风险报酬率是对资金时间价值的补偿，本次估值的无风险报酬率根据 Wind 资讯查询并计算的 2018 年 12 月 31 日 10 年期以上的国债到期平均收益率确定为 3.9773%（见表 4-10）。

表 4-10　　　　　10 年期以上的国债到期平均收益率

证券代码	证券简称	剩余期限（年） ［日期］2018-12-31 ［单位］年	收盘到期收益率（%） ［日期］2018-12-31 ［计算方法］央行规则
010706.SH	07 国债 06	18.3808	4.2691
019003.SH	10 国债 03	21.1699	4.0797
019009.SH	10 国债 09	11.2932	4.0922
019014.SH	10 国债 14	41.4000	4.0295
019018.SH	10 国债 18	21.4767	4.0292
019023.SH	10 国债 23	21.5808	3.3373
019026.SH	10 国债 26	21.6301	3.9582
019029.SH	10 国债 29	11.6767	3.8613
019037.SH	10 国债 37	41.8877	4.3994
…	…	…	…
150017.IB	15 附息国债 17	26.5753	3.7190
150021.IB	15 附息国债 21	16.7315	3.6303

续表

证券代码	证券简称	剩余期限（年） ［日期］2018－12－31 ［单位］年	收盘到期收益率（％） ［日期］2018－12－31 ［计算方法］央行规则
150025.IB	15附息国债25	26.8082	4.0005
150028.IB	15附息国债28	46.9014	4.3885
160008.IB	16附息国债08	27.3205	3.8000
160013.IB	16附息国债13	47.3973	3.8400
160019.IB	16附息国债19	27.6466	3.8000
160026.IB	16附息国债26	47.8959	3.4800
170005.IB	17附息国债05	28.1452	3.8100
170011.IB	17附息国债11	48.3945	3.8299
170015.IB	17附息国债15	28.5671	3.7950
170022.IB	17附息国债22	28.8164	3.8372
170026.IB	17附息国债26	48.8932	4.0092
180006.IB	18附息国债06	29.2192	3.7650
180012.IB	18附息国债12	49.3918	4.1350
180017.IB	18附息国债17	29.5644	3.7500
180024.IB	18附息国债24	29.8137	3.8200
180025.IB	18附息国债25	49.8904	3.8099
平均	—	—	3.9773

第二，权益的市场风险系数（β_e）的确定。β为衡量标的公司系统风险的指标，通常采用商业数据服务机构所公布的公司股票的β值来替代。通过Wind资讯终端，查询所属行业沪深300上市公司的β参数β_u，而后选取资本结构计算出企业的β_e，具体确定过程如下。

首先，我们用商业软件终端查询CSRC畜牧业所属公司的沪深300指数成分股β系数，截至2018年12月31日沪深300指数成份股β系数如表4－11所示。

表4-11　　　　　　　　沪深300指数成分股 β 系数

板块名称	CSRC 畜牧业
证券数量	9
标的指数	沪深300
计算周期	周
时间范围	从 2014/1/1 至 2018/12/31
收益率计算方法	普通收益率
剔除财务杠杆（D/E）	按市场价值比
加权方式	总市值加权平均
原始 β	0.8355
加权调整 β	0.8898
加权剔除财务杠杆原始 β	0.6936
加权剔除财务杠杆调整 β	0.7363

资料来源：Wind 资讯。

本次评估选取加权剔除财务杠杆调整 $\beta = 0.7363$，根据被评估公司业务特点，本次评估选取企业自身的资本结构作为目标资本结构，即企业的目标资本结构 D/E 为 0%，由此计算出企业的 β_e。

计算公式如下：

$$\beta_e = \beta_u \times [1 + (1-t) \times (D/E)]$$

式中：β_u 取表 4-11 中的 0.7363；t 表示所得税税率，所得税税率为 0%、25%；D/E 表示目标资本结构为 0%。

则：$\beta_e = \beta_u \times [1 + (1-t) \times (D/E)] = 0.7363$

第三，市场风险溢价的确定。市场风险溢价（equity risk premiums，ERP）反映的是投资者因投资于风险相对较高的资本市场而要求的高于无风险报酬率的风险补偿。中国股票市场作为新兴市场，其发展历史较短，市场波动幅度较大，投资理念尚有待逐步发展成熟，市场数据往往难以客观反映市场风险溢价。因此，评估时采用业界常用的风险溢价调整方法对成熟市场的风险溢价进行适当调整，以此确定我国市场的风险溢价。

基本公式为：

市场风险溢价(RPm) = 成熟股票市场的股票风险溢价 + 国家风险溢价

= 成熟股票市场的股票风险溢价 + 国家违约风险利差

× (σ 股票/σ 国债)

2019 年 1 月，达莫达兰（Damodaran）在其个人网站上更新了市场风险溢价研究成果。根据达莫达兰发布的最新数据，对各项参数取值进行说明。

成熟市场基本补偿额可以参照美国股票市场的风险补偿（见表 4 - 12）。

表 4 - 12   一定时期内美国股票市场的风险补偿   单位：%

时间	基于短期国库券的股票风险补偿	基于长期国债的股票风险补偿
1928 ~ 2018 年	7.93	6.26
1969 ~ 2018 年	6.34	4.00
2009 ~ 2018 年	13.00	11.22

注：表中的数据为算术平均方法计算结果，实务界多采用算术平均方法计算结果。

国家违约补偿额方面，穆迪对我国的债务评级为 A1，相对应的违约利差为 79 个基点，即 0.79%。

σ 股票/σ 国债为股票市场相对于债券市场的波动率，达莫达兰在本次计算中使用 1.23 倍的比率代表新兴市场的波动率。

市场风险溢价则基于历史的股票风险补偿，通常选择基于美国长期国债的 1928 ~ 2018 年的股票风险补偿 6.26%。

则：中国市场风险溢价 = 6.26% + 0.79% × 1.23 = 7.24%。

第四，企业特定风险调整系数（r_c）的确定。经过对企业的规模、经营阶段、历史经营情况、财务风险、业务市场的连续性、经营业务、产品和地区的分布、内部管理及控制机制、管理人员的经验和资历、对主要客户及供应商的依赖等因素的综合分析和考虑，设定被评估企业特定风险调整系数 r_c 为 2.4%。具体分析如表 4 - 13 所示。

表 4-13　　企业特定风险调整系数计算

叠加内容	说明	取值（%）
企业规模	企业规模为中型企业	0.4
企业所处经营阶段	企业处在经营稳定阶段	0.3
历史经营情况	前三年收入、利润不够稳定，在同行业有一定的知名度	0.4
企业的财务风险	企业资金较为充裕，向金融机构贷款可能性小	0.1
企业业务市场的连续性	业务市场的连续性较好	0.3
企业经营业务、产品和地区的分布	市场主要是国内，主要集中在华南并辐射全国	0.2
公司内部管理及控制机制	公司的内部管理和控制机制完善	0.2
管理人员的经验和资历	公司管理人员的经验丰富	0.2
对主要客户及供应商的依赖	对主要客户及供应商的依赖度不高	0.3
合计		2.4

第五，权益资本成本的确定。根据以上分析和有关参数的确定，按公式计算得：

$$k_e = r_{f1} + \beta_e \times RPm + r_c = 3.9773\% + 0.7363 \times 7.24\% + 2.4\% = 11.71\%$$（保留小数点后两位）

（2）债务资本成本 k_d 的确定。

根据评估基准日会计报表分析，公司无付息债务，k_d 取 0%。

（3）加权平均资本成本的确定，即折现率的确定。

$$r = k_e \times [E/(D+E)] + k_d \times (1-t) \times [D/(D+E)] = 11.71\%$$

（4）税前折现率。

$$R = 税后折现率 r/(1-所得税率) = 11.71\%/(1-0\%) = 11.71\%$$

（七）评估值测算过程与结果

根据以上分析、预测所确定的各参数，通过对收益期内各年预测自由现金流进行折现,得出企业经营性资产的价值,计算结果如表 4-14 所示。

表 4-14　　　　　　　　企业经营性资产的价值

项目	2018 年度	2019 年度	2020 年度	2021 年度	2022 年度	永续期
自由现金流量（万元）	240.76	319.14	904.83	565.47	514.17	507.95
折现率（%）	11.71	11.71	11.71	11.71	11.71	11.71
折现年限（年）	0.5	1.5	2.5	3.5	4.5	—
折现系数	0.9461	0.8470	0.7582	0.6787	0.6076	5.1887
现值（万元）	227.78	270.31	686.04	383.79	312.41	2 635.62
自由现金流量折现（万元）	4 515.95					

根据上表,资产组可收回价值为 4 515.95 万元。

（八）评估值测算过程与结果

子公司 SGLF 公司的具体情况如表 4-15 所示。

表 4-15　　　　　　　　投资子公司 SGLF 情况

被投资单位名称	投资日期	投资比例（%）	投资成本（元）	账面价值（元）
SGLF 公司	2009/04	95	3 325 000.00	3 325 000.00

SGLF 公司与商誉相关的资产组合可以独立产生现金流,与母公司经营相互独立,构成独立资产组,对其资产组可收回价值进行单独测算。

SGLF 公司与商誉相关的资产组合与母公司的经营内容与范围相同,经营模式也相同,测算过程说明参考母公司 LF 公司说明。经测算,SGLF 公司资产组可收回价值为 847.69 万元,对应 95% 股权的资产组可收回价值为 805.31 万元。

（九）评估结果

通过以上分析、预测和计算，得出在评估基准日 2018 年 12 月 31 日，LF 公司与商誉相关的资产组的可收回价值为 4 515.95 万元，子公司 SGLF 公司 95% 股权与商誉相关的资产组的可收回价值为 805.31 万元，与商誉相关的资产组合的合计可收回价值为 5 321.26 万元。

三、案例分析

（一）案例思路分析

商誉减值测试思路首先是确定资产组或资产组组合的账面价值；其次是确定恰当的可回收金额，即公允价值减去处置费用后的净额与资产预计未来现金流量的现值孰高；再其次判断减值测试情况，分摊减值损失金额；最后在财务报告中披露（见图 4-1）。

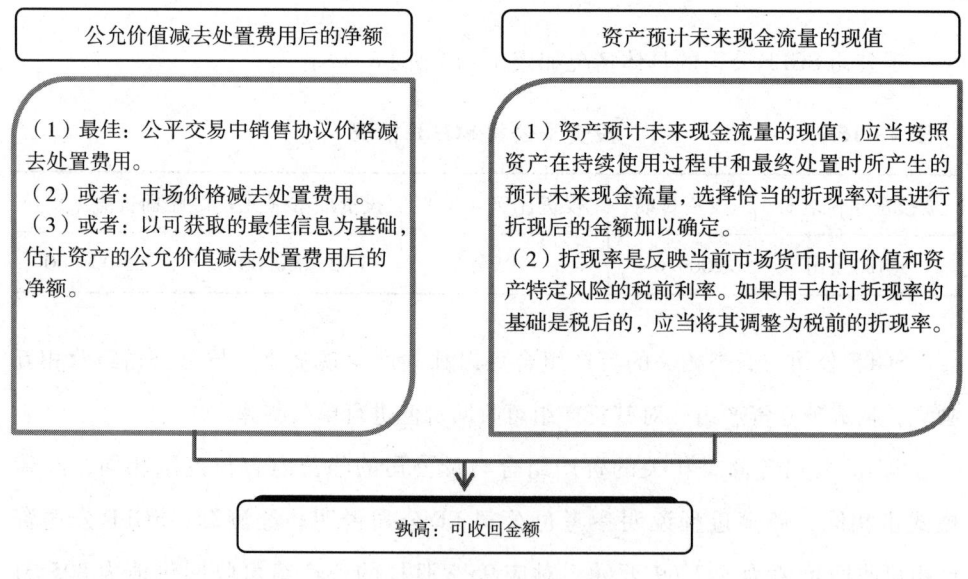

图 4-1 案例分析思路

作为单项资产，无法单独对其可收回金额进行估计，只能以商誉所在资产组或资产组组合为基础，确定该资产组或资产组组合的可收回金额来间接实现对商誉的减值测试。本案例评估的是商誉减值测试所涉及的 LF 公司资产组合可收回价值，采用资产预计未来现金流量的现值评估资产组合可收回价值。

首先，确定资产或资产组未来预期产生的现金流量。包含资产持续使用过程中预计产生的现金流入、为实现资产持续使用过程中产生的现金流入所必需的预计现金流出（包括为使资产达到预定可使用状态所发生的现金流出）、资产使用寿命结束时处置资产所收到或支付的净现金流量。

其次，确定折现率。在计算资产未来现金流量现值时，所采用的折现率应当是税前折现率。市场上可以观察到的折现率都是税后折现率，例如加权平均资本成本（weighted average cost of capital，WACC），需将税后折现率调整为税前折现率。

最后，根据确定的资产或资产组未来预期产生的现金流量和与之匹配的折现率，测算出可回收金额。

（二）案例的要点、难点及启发

1. 与商誉相关资产组的组成问题

辨识资产组（cash generated unit，CGU）的核心标准是：（1）能够独立经营并产生现金流入，如具有生产经营用的资产、具有生产经营的投入/产出、具有组合劳动力和管理；（2）其产生的现金流入与其他资产或资产组合相互独立；（3）在认定资产组时，应当考虑企业管理层管理生产经营活动的方式（如是按照生产线、业务种类还是按照地区或者区域等）和对资产的持续使用或者处置的决策方式等。

与商誉相关资产组中一般不应该包含以下类型的资产：（1）长期股权投资，这种资产本身可能就是一个资产组，因此与商誉相关的资产组中不应该包含长期股权投资；（2）递延所得税资产或负债、未交所得税或预缴所得税，与商誉相关资产组的未来现金流中不应该包含任何与所得税收付相关的现金流，因此与商誉相关的资产组中一般不应该包含与所得税收付有关的资产或负债。

2. 商誉减值测试未来现金流的预测期和收益期如何确定，永续期的固定资产更新支出应如何考虑

预测期建立在预算或者预测基础上的预计现金流量最多涵盖 5 年，企业管理层如能证明更长的期间是合理的，可以涵盖更长的期间。对于含商誉的资产组或者资产组组合来说，除部分特殊行业存在许可经营期限限制等情况，收益期一般情况下指永续年限。

按照《企业会计准则第 8 号——资产减值》第十一条的规定，预计资产未来现金流量时，企业管理层应当在合理和有依据的基础上对资产剩余使用寿命内整个经济状况进行最佳估计。

商誉减值测试的对象是包含商誉的资产组或资产组组合，因商誉没有特定期限的使用寿命，因此将分摊了商誉的资产组或资产组组合中相关资产的更新改造支出都视为商誉的维持性支出，同时会假设存在永续阶段，即不再需要考虑相关资产的处置价值。这并不违反会计准则的上述规定。如果减值测试的对象是不包含商誉的资产或资产组，则应当不考虑相关资产未来的更新改造支出，并且应当考虑资产使用寿命结束时的处置价值。

3. 商誉减值测试中折现率的确定途径

根据《企业会计准则第 8 号——资产减值》第十三条的规定，折现率是反映当前市场货币时间价值和资产特定风险的税前利率。该折现率是企业在购置或者投资资产时所要求的必要报酬率。在预计资产的未来现金流量时已经对资产特定风险的影响作了调整的，估计折现率不需要考虑这些特定风险。如果用于估计折现率的基础是税后的，应当将其调整为税前的折现率。确定折现率时，应关注是否与相应的宏观、行业、地域、特定市场、特定市场主体的风险因素相匹配，是否与未来现金净流量均一致采用税前口径。如果在预计资产的未来现金流量时，已经对资产特定风险的影响做了调整的，折现率的估计不需要考虑这些特定风险。

根据《企业会计准则第 8 号——资产减值》应用指南，折现率的确定通常应当以该资产的市场利率为依据。无法从市场获得的，可以使用替代利率估计折现率。替代利率可以根据加权平均资金成本、增量借款利率或者其他相关市场借款

利率作适当调整后确定。调整时，应当考虑与资产预计未来现金流量有关的特定风险以及其他有关货币风险和价格风险等。

估计资产未来现金流量现值时，通常应当使用单一的折现率；资产未来现金流量的现值对未来不同期间的风险差异或者利率的期限结构反应敏感的，应当使用不同的折现率。

折现率的确定途径可以参考以下几种。

（1）以该资产的市场利率为依据，参考类似资产的税前收益率，即通过可比公司的收益率调整得到。具体直接将可比公司收益率剔除所得税的影响，并通过比较两者差异调整测算出税前折现率。

（2）无法从市场获得的，可以使用替代利率估计折现率，采用替代利率加权平均成本模型计算折现率，将税后折现率调整为税前折现率。通常税前折现率并不一定等于税后折现率除以1减去所得税率。采用该途径时应该比较一下税前税后折现率与相应现金流折算出的现值是否存在重大差异，并判断采用折现率的合理性。

（3）从理论上来说，采用税后折现率根据税后现金流量的折现结果与采用税前折现率根据税前现金流量的折现结果应该一致。因此，根据税后现金流量的折现结果与税前现金流量测算出的税前折现率，也是计算税前折现率的一个有效途径。

（4）替代利率也可以根据其他相关市场借款利率做适当调整后确定。调整时，应当考虑与资产预计未来现金流量有关的特定风险以及其他有关货币风险和价格风险等。

4. 测算企业整体价值需要考虑所得税收付有关的现金流量，如果在测算商誉减值测试时，采用税前现金流是否与原商誉确认口径不一致

商誉的确属于企业整体价值的组成部分，更准确地说，商誉属于企业整体的业务资产组价值的组成部分。商誉是否属于企业整体价值的一部分，与是否应该采用税前收益或税后收益评估之间没有必然联系。

采用收益法评估并购标的资产的公允价值，是基于这个并购标的资产能为并购者（并购后母公司）带来的收益。当估算一个企业自身拥有的一项资产为企业产生的收益时，不需要扣除这个企业自身的所得税，例如，一项投资性房地产为企业产生的收益就不需要扣除企业自身所得税。这项资产为企业产生的收益就是用税前收益计量，评估单项资产是这样，评估一个业务资产组也是如此，不需要采用企业自身税后收益计量。一项单项资产与一个业务资产组在税法上的地位是一样的。

商誉存在于企业合并报表中。这个合并报表可以理解为对于采用控股合并的企业，虚拟一个采用吸收合并后的会计报表。采用吸收合并后被并购方的业务资产组已经融入并购方，并作为并购方自身的资产，因此对于这个资产组的评估是不需要交纳资产组的所得税，也不需要交纳并购方自身的所得税。上述两个问题的答案十分明确。因此，在采用收益法评估与商誉相关的资产组时，需要采用税前收益现金流。

5. 商誉减值测试在预计资产未来现金流量时应当考虑的主要因素

（1）预计资产组或资产组组合的未来现金流量不应当包括筹资活动产生的现金流入或者流出，以及与所得税收付有关的现金流量。

（2）若资产组或资产组组合账面价值不包含营运资金，应从未来现金流量现值中扣除期初营运资金需求额。

（3）预计资产未来现金流量和折现率，应当在一致的基础上考虑因一般通货膨胀而导致物价上涨等因素的影响。如果折现率考虑了这一影响因素，资产预计未来现金流量也应当考虑；折现率没有考虑这一影响因素的，预计未来现金流量则不予考虑。

（4）预计资产未来现金流量应当分析以前期间现金流量预计数与实际数的差异情况，以评判预计当期现金流量所依据的假设的合理性。通常应当确保当期预计现金流量所依据假设与前期实际结果相一致。

（5）预计资产未来现金流量应当以资产的当前状况为基础，不应包括与将来可能会发生的、尚未做出承诺的重组事项有关或者与资产改良有关的预计未来现金流量。未来发生的现金流出是为了维持资产正常运转或者原定正常产出水平所必需的，预计资产未来现金流量时应当将其考虑在内。

（6）预计在建工程、开发过程中的无形资产等的未来现金流量，应当包括预期为使该资产达到预定可使用或可销售状态而发生的全部现金流出,但不应扣除已确认的应付工程款、设备款等负债金额。

(7) 资产的未来现金流量受内部转移价格影响的,应当采用在公平交易前提下企业管理层能够达成的最佳价格估计数进行预计。

(8) 预计资产的未来现金流量应当以经企业管理层批准的最近财务预算或者预测数据,以及该预算或者预测期之后年份稳定的或者递减的增长率为基础。企业管理层如能证明递增的增长率是合理的,可以以递增的增长率为基础。

在对预算或者预测期之后年份的现金流量进行预计时,所使用的增长率除了企业能够证明更高的增长率是合理的之外,不应当超过企业经营的产品、市场、所处的行业或者所在国家或地区的长期平均增长率,或者该资产所处市场的长期平均增长率。

四、延伸思考

(一) 主要问题

第一,商誉减值是否可以通过测试企业整体价值来实现。

商誉减值不能通过测试企业价值来实现。正如前述的解释,商誉,从实质上说,不是通过并购企业实现的,而是通过并购业务资产组实现的。并购企业仅是并购业务资产组的一种形式,一个企业的资产并不一定只能构成一个业务资产组,如果构成多个业务资产组,则需要分别计量与其相关的商誉,这也是会计准则中要求商誉减值测试不能通过企业价值测试而必须要通过与商誉相关的业务资产组价值测试的原因。

第二,商誉所在资产组或者资产组组合是否含递延所得税资产及有息负债、营运资金。

根据《企业会计准则第 8 号——资产减值》第十二条"预计资产的未来现金流量不应当包括筹资活动产生的现金流入或者流出以及与所得税收付有关的现金流量"的规定,与商誉相关的资产组或资产组组合不包括递延所得税资产/负债及有息负债。因减值测试采用的未来现金流量由资产组或资产组组合的营运资产和相关负债产生,被并购方的投资款、非经营性资产、非经营性负债及无效资产、溢余资产亦不应包括在与商誉相关的资产组或资产组组合中。

因相关会计准则未明确商誉相关资产组或者资产组组合是否含营运资金,如果商誉相关资产组或者资产组组合的账面价值中包括了营运资金,那么未来现金流量的现值不需要扣除初始营运资金;反之,如果资产组或者资产组组合账面价值中不包含营运资金,未来现金流量的现值需扣除初始营运资金。

第三,当商誉相关资产组或者资产组组合的可回收金额低于其账面价值,且减值金额高于商誉账面价值时,应如何确认、分摊相关资产组或者资产组组合的减值。

按照《企业会计准则第8号——资产减值》的规定,在对商誉进行减值测试时,如与商誉相关的资产组或资产组组合存在减值迹象的,应先对不包含商誉的资产组或资产组组合进行减值测试,确认相应的减值损失,再对包含商誉的资产组或资产组组合进行减值测试。若包含商誉的资产组或资产组组合存在减值,应先抵减分摊至资产组或资产组组合中商誉的账面价值,再按比例抵减其他各项资产的账面价值。抵减后的各资产的账面价值不得低于以下三者之中的最高者:该资产的公允价值减去弃置费用后的净额(如可确定的)、该资产预计未来现金流量的现值(如可确定的)和零。因此导致的未能分摊的减值损失金额,应当按照相关资产组中的其他各项资产的账面价值所占比重进行分摊。

按比例抵减的一般方法是:按照各资产组或者资产组组合的公允价值占相关资产组或者资产组组合公允价值总额的比例进行分摊。公允价值难以可靠计量的,按照各资产组或资产组组合的账面价值占相关资产组或者资产组组合的账面价值总额的比例进行分摊。

但当出现以下特殊情况时,参考《国际会计准则第36号——资产减值》(IAS 36),可采用如下方法。

假定于 20×8 年末,对某集团商誉进行减值测试,该商誉账面价值为 400 万元,与商誉相关的一项固定资产账面净值为 1 000 万元,另一项无形资产账面净值为 350 万元,即该集团资产组(包含商誉)的账面价值合计金额为 1 750 万元。

经计算，确定资产组在20×8年末的可回收金额为1 000万元。比较资产组的账面价值与可回收金额，应确认减值损失为750万元（1 750 – 1 000）。

当在对不包含商誉的资产组或资产组组合进行减值测试时，某项资产组或资产组组合并无减值迹象，则在进行商誉减值计算时，剩余应抵减金额不应分摊至该项资产。即若在进行固定资产与无形资产的减值测试时，固定资产不存在减值迹象，则某集团应先分摊400万元为商誉减值损失，剩余350万元确认为无形资产减值损失。

当在对不包含商誉的资产组或资产组组合进行减值测试时，无法单独进行可回收金额预测时，可以允许任意分配除商誉减值外的金额。

第四，采用预计未来现金净流量的现值估计可回收金额，在现金流量预测过程中，对于管理层提供的财务预算或者预测数据（包括但不限于销量、价格、成本、费用、预测期增长率），应如何判断其合理性。

（1）应关注本期减值测试取得的预测数据与形成商誉及以前年度减值测试的预测数据是否存在重大差异，若明显不一致，应核查其原因。

（2）应尽可能取得形成商誉时或以前年度商誉减值测试时的预测数据，并关注其与期后实际经营情况之间是否存在重大差异，分析导致差异的主要因素，判断在本期商誉减值测试时取得的预测数据是否已充分考虑了相关因素的影响。

（3）应充分关注是否存在行业产能过剩、相关政策发生明显不利变化、市场竞争程度明显加剧、相关技术已升级换代、产品及服务已被模仿、核心团队发生明显不利变化、行政许可或特许经营放开等减值迹象，本期减值测试取得的预测数据是否已充分考虑上述因素的影响。

（4）应尽量搜集与资产组或资产组组合相关的战略发展规划、商业计划，以及在手合同订单，获得预测数据的支持资料，并且分析预测数据是否与历史数据、资产组或资产组组合产能、生产现状、商业计划、行业数据、宏观经济运行状况等相符；若明显不符的，应提请委托人或资产组或资产组组合经营管理方调整并重新提供预测数据。

（5）与预测相关的重大假设是否与可获取的内部、外部信息相符，在不符时是否有合理理由支持。

(二) 其他说明

1. 评估对象与评估范围说明

(1) 评估对象。

根据本次评估目的,评估对象是 LF 公司与商誉相关的资产组合在评估基准日的可收回价值,包括 LF 公司与商誉相关的资产组可回收价值,及其控股 95% 的子公司 SGLF 公司与商誉相关的资产组可回收价值,两个资产组可以独立产生现金流,子公司与母公司经营相互独立,构成独立资产组。

评估对象与本次委托合同约定的评估对象一致。

(2) 评估范围。

评估范围是 LF 公司与商誉相关的资产组合,包括 LF 公司与商誉相关的资产组,及其控股 95% 的子公司 SGLF 公司与商誉相关的资产组。

第一,LF 公司与商誉相关资产组评估范围。评估范围是组成与商誉相关资产组的全部资产和负债。具体包括:流动资产、固定资产、生产性生物资产、无形资产、长期待摊费用及流动负债。总资产账面值为 14 898 600.47 元,总负债账面价值为 4 058 381.77 元,净资产账面价值为 10 840 218.70 元。与商誉相关资产组的各类资产、负债账面价值如表 4-16 所示。

表 4-16　LF 公司商誉相关资产组的各类资产、负债账面价值　　单位:元

项目	账面价值	纳入评估范围的与商誉相关资产组账面价值	未纳入评估范围的与商誉不相关资产组账面价值
流动资产	10 922 602.73	5 922 602.73	5 000 000.00
其中:货币资金	1 471 529.35	1 471 529.35	—
应收账款	57 912.00	57 912.00	—
预付账款	14 250.26	14 250.26	—
其他应收款	4 764.00	4 764.00	—
存货	467 249.27	467 249.27	—
消耗性生物资产	3 906 897.85	3 906 897.85	—
其他流动资产	5 000 000.00	—	5 000 000.00

续表

项目	账面价值	纳入评估范围的与商誉相关资产组账面价值	未纳入评估范围的与商誉不相关资产组账面价值
非流动资产	12 300 997.74	8 975 997.74	3 325 000.00
其中：长期股权投资	3 325 000.00	—	3 325 000.00
固定资产	6 851 393.00	6 851 393.00	—
生产性生物资产	1 604 058.42	1 604 058.42	—
无形资产	99 024.40	99 024.40	—
长期待摊费用	421 521.92	421 521.92	—
资产总计	23 223 600.47	14 898 600.47	8 325 000.00
流动负债	9 058 381.77	4 058 381.77	5 000 000.00
其中：应付账款	2 722 320.48	2 722 320.48	—
预收款项	885.00	885.00	—
应付职工薪酬	427 463.85	427 463.85	—
应交税费	20 465.95	20 465.95	—
应付股利	5 000 000.00	—	5 000 000.00
其他应付款	887 246.49	887 246.49	—
非流动负债	1 345 015.11	—	1 345 015.11
递延收益	1 345 015.11	—	1 345 015.11
负债总计	10 403 396.88	4 058 381.77	6 345 015.11
净资产	12 820 203.59	10 840 218.70	1 979 984.89

上述资产组在评估基准日的资产、负债账面价值业经广东正中珠江会计师事务所（特殊普通合伙）初步审计，截至报告出具日，尚未出具正式审计报告。

第二，SGLF 公司与商誉相关资产组评估范围。评估范围是组成与商誉相关资产组的全部资产和负债。具体包括：流动资产、固定资产、生产性生物资产、在建工程、长期待摊费用及流动负债。总资产账面价值为 9 134 200.88 元，总负债账面价值为 2 221 998.47 元，净资产账面价值为 6 912 202.41 元。与商誉相关资产组的各类资产、负债账面金额如表 4-17 所示。

表4-17　　SGLF商誉相关资产组的各类资产、负债账面价值　　单位：元

项目	账面价值	纳入评估范围的与商誉相关资产组账面价值	未纳入评估范围的与商誉不相关资产组账面价值
流动资产	5 271 694.29	4 071 694.29	1 200 000.00
其中：货币资金	87 267.56	87 267.56	—
预付账款	62 999.40	62 999.40	—
其他应收款	23 750.00	23 750.00	—
存货	478 243.78	478 243.78	—
消耗性生物资产	3 419 433.55	3 419 433.55	—
其他流动资产	1 200 000.00	—	1 200 000.00
非流动资产	5 062 506.59	5 062 506.59	
其中：固定资产	756 531.74	756 531.74	
生产性生物资产	1 604 058.42	1 604 058.42	
在建工程	621 000.00	621 000.00	
长期待摊费用	1 163 675.80	1 163 675.80	
资产总计	10 334 200.88	9 134 200.88	1 200 000.00
流动负债	2 221 998.47	2 221 998.47	
其中：应付账款	1 931 503.08	1 931 503.08	
应付职工薪酬	201 388.60	201 388.60	
应交税费	5 938.96	5 938.96	
其他应付款	83 167.83	83 167.83	
非流动负债	800 000.00	—	800 000.00
其中：专项应付款	800 000.00	—	800 000.00
负债总计	3 021 998.47	2 221 998.47	800 000.00
净资产	7 312 202.41	6 912 202.41	400 000.00

上述资产组在评估基准日的资产、负债账面价值业经广东正中珠江会计师事务所（特殊普通合伙）初步审计，截至报告出具日，尚未出具正式审计报告。

评估范围与本次委托合同约定的评估范围一致，资产组账面价值的确定基础与其可收回金额的确定基础一致，二者所包括的资产和负债相同。

（3）与商誉相关资产组合概况。

2016年12月，LF公司股东会审议通过了同意李某将其持有的公司14.352%

股权（出资额46.50万元）以746.214286万元的价格转让于TH公司，同意郑某将其持有的公司1.389%股权（出资额4.5万元）以72.214286万元的价格转让于TH公司，同意陈某将其持有的公司0.926%股权（出资额3万元）以48.142857万元的价格转让于TH公司，同意GD省农业科学院动物科学研究所工会委员会将其持有的公司48.148%股权（出资额156万元）以2 503.428571万元的价格转让于TH公司的股权转让事宜，并相应修改了公司章程。TH公司一共以3 370万元的价格获得了LF公司64.81%股权，以上股权对应的出资额为210万元，并获得公司控制权，至此形成初始商誉。

以上资产组主要从事种猪的培育、饲养、销售，以及相关的技术研究。资产组的盈利来源于饲养种猪及相关副产品的销售。目前资产组正常使用中，资产组由企业管理层确认提供，评估人员对其合理性一致性进行了解核实。

自2016年12月TH公司收购LF公司64.81%的股权形成初始商誉以来，LF公司股权结构未发生任何变化，资产组与购买日、以前年度商誉减值测试时所确定的资产组一致。

该资产组从事种猪的培育、饲养、销售，以及相关的技术研究，并从中盈利，相对于传统肉猪的饲养，种猪的饲养对技术、饲料品质、品质控制、卫生环境的要求较高，相对的利润率也较高，但该资产组的风险也相对较高。

2. 资产核实情况总体说明

（1）资产核实人员组织、实施时间和过程。

在进入现场清查前，成立了以现场项目负责人为主的清查核实小组，制订了现场清查核实实施计划，项目组分为资产和财务清查小组，分别就资产组的资产、负债情况进行清查核实。项目组清查工作时间为2019年3月27日至2019年4月3日。

清查核实工作主要包括以下过程。

第一，指导企业相关的财务与资产管理人员在资产清查的基础上，按照评估机构提供的资产评估明细表、评估调查表及其填写要求进行登记填报，同时收集被评估资产的产权归属证明文件和项目有关经济技术指标等情况的文件资料。

第二，初步审查被评估单位提供的资产评估明细表。评估人员通过翻阅有关资料，了解涉及评估范围内具体对象的详细状况。然后仔细审核各类资产评估明细表，初步检查有无填项不全、错填、资产项目不明确的情况，并根据经验及掌握的有关资料，检查资产评估明细表有无漏项等。

第三，现场实地勘察。依据资产评估明细表、评估调查表，对申报资产进行现场勘察。

第四，补充、修改和完善资产评估明细表。根据现场实地勘察结果，进一步完善资产评估明细表，以做到"表""实"相符。

第五，核实产权证明文件。评估人员对评估范围内的产权进行了调查，以确认产权是否清晰。

（2）核实结论。

通过以上资产清查核实程序，评估人员认为，委估的各项资产负债产权清晰，清查核实过程中未受干扰，企业申报资料满足了"账表相符、账实相符"的要求。

案例五

FZ公司股东全部权益价值评估

案例摘要：BH评估公司受FZ生物工程公司委托，对FZ公司在评估基准日2016年12月31日的股东全部权益价值进行评估，从而为FZ公司增资扩股提供价值参考依据。评估案例分别采用收益法和资产基础法对FZ公司进行评估，其中收益法以合并口径的报表为基础进行预测，资产基础法以母公司报表为基础进行预测。通过两种方法的分析和计算，收益法评估得出的股东全部权益价值为7 020.00万元，资产基础法评估得出的结果为4 203.18万元，两者相差2 816.82万元，差异率40.13%。案例最终采用收益法的结果作为评估价值，即评估基准日FZ公司的股东全部权益价值为7 020.00万元，较母公司账面净资产增值3 212.33万元，增值率84.36%。

一、教学准备

（一）案例教学目的与用途

本案例适用于资产评估案例分析课程和企业价值评估等评估课程的教学。通过此案例的教学，学习者可以全面了解企业价值评估的思路；深入理解和掌握收益法和资产基础法在企业价值评估中的应用;理解和掌握单项资产评估的方法。本案例中关于评估方法及相关参数的确定都有比较详细的介绍,有助于提高学习者的评估实践能力。

(二) 案例教学拟解决的问题

(1) 运用收益法评估企业股权价值的思路和技术路线。
(2) 运用资产基础法评估企业股权价值的思路和技术路线。
(3) 企业自由现金流的预测过程。
(4) 折现率的预测及方法。
(5) 单项资产的评估方法。

(三) 案例涉及的主要知识点

1. 企业自由现金流量模型

对于经营性资产价值的评估,采用企业自由现金流模型。经营性资产价值的计算公式为:

$$P = \sum_{i=1}^{n} \frac{F_i}{(1+r)^i} + \frac{F_n}{r(1+r)^n}$$

其中:P 为评估基准日的企业经营性资产价值;F_i 为企业未来第 i 年预期自由现金流量;F_n 为永续期预期自由现金流量;r 为折现率;i 为收益期计算年;n 为预测期。

2. 单项资产评估的方法

(1) 机器设备。

机器设备评估可以采用重置成本法、市场比较法和收益法进行评估。

重置成本法是用现时条件下重新购置或建造一个全新状态的被评资产所需的全部成本,减去被评估资产已经发生的实体性陈旧贬值、功能性陈旧贬值和经济性陈旧贬值,得到的差额作为被评估资产的评估值的一种资产评估方法。即:

机器设备评估值 = 重置成本 – 实体性贬值 – 功能性贬值 – 经济性贬值

采用重置成本法确定评估值也可首先估算被评估资产与其全新状态相比有几成新，即求出成新率，然后用全部成本与成新率相乘，得到的乘积作为评估值。计算公式为：

$$评估值 = 重置全价 \times 成新率$$

市场比较法是根据目前公开市场上与被评估对象相似的或可比的参照物的价格来确定被评估对象的价格。常用的调整方法有直接比较法、相似比较法和比率估价法三种。

机器设备的价值评估也可以使用收益法，即对机器设备未来产生的净利润或净现金流量按一定的折现率折为现值，作为机器设备的评估价值。

（2）无形资产。

无形资产同样可以用三种基本方法进行评估，即收益法、市场法和成本法。

收益法是根据无形资产的经济利益或未来现金流量的现值计算无形资产价值，诸如商誉、特许代理等。收益法的关键是如何确定适当的折现率或资本化率。

市场法是根据市场交易确定无形资产的价值，一般是根据交易双方达成的协定，以收入的百分比计算无形资产的许可使用费。

成本法是计算替代或重建某类无形资产所需的成本。

（四）课堂教学安排

课时安排：5课时。第1课时案例介绍和讲解，第2~4课时小组讨论，第5课时发言总结。

教学形式：小组讨论。本案例以30人的班级为宜，每小组5人，分为6个小组。讨论的主要内容有：收益法的适用前提和评估思路；资产基础法的适用前提和评估思路；机器设备和无形资产等单项资产的评估方法；企业价值评估采用的价值类型和单项资产评估采用的价值类型的区别。

辅助材料：计算机、网络、办公软件及评估数据支持。

前置知识：企业价值评估、财务管理。

二、案例内容

（一）评估基本事项

1. 委托方情况

委托方是 FZ 生物工程公司，成立于 2001 年，是一家集研发、生产、销售、推广服务于一体的现代农业科技型高新技术企业。公司经营的产品涵盖了杀虫（杀螨）剂、杀菌剂、除草剂、植物生长调节剂四大农药种类。

2. 评估对象和范围

评估对象是 FZ 生物工程公司在评估基准日的股东全部权益价值。评估范围是 FZ 公司在评估基准日的全部资产及相关负债，包括流动资产和非流动资产及相应负债。

3. 评估目的

本次评估的目的是反映 FZ 公司在评估基准日的股东全部权益价值的市场价值，为 FZ 公司拟增资扩股（员工持股）提供价值参考依据。

4. 评估基准日

本次评估基准日为 2015 年 12 月 31 日。

5. 评估依据

本次评估工作中所遵循的评估依据主要包括以下几方面。

（1）经济行为依据：FZ 公司关于聘请评估机构的决定（2016 年 × 月 × 日）。

（2）法律法规依据：包括《中华人民共和国资产评估法》《中华人民共和国证券法》《关于固定资产进项税额抵扣问题的通知》等，以及其他与评估工作相关的法律、法规和规章制度。

（3）评估准则依据：包括《资产评估准则——基本准则》《资产评估准则——企业价值》《企业会计准则——应用指南》等。

（4）权属依据：包括 FZ 公司的出资证明、机动车行驶证、设备购置合同及付款凭证、有关产权转让合同以及其他有关产权证明。

(5) 取价依据和其他参考依据。

略。

6. 评估假设

略。

7. 价值类型

根据本次评估目的，以及市场条件、评估对象自身条件等因素，确定评估价值类型为市场价值。市场价值是指自愿买方和自愿卖方，在各自理性行事且未受任何强迫的情况下，评估对象在评估基准日进行正常公平交易的价值估计数额。市场价值是在满足公开市场和资产有效使用的前提下，相对于整体市场而言的合理或公允价值。

8. 评估方法

该案例采用成本法和收益法对 FZ 生物公司股东全部权益价值进行评估。

9. 评估程序

主要评估程序实施过程和情况如下。

（1）接受委托、前期准备及评估方案的设计。

（2）资产核实及现场尽职调查。主要是对 FZ 公司申报的全部资产和负债进行必要的清查、核实，对评估企业财务、经营情况进行系统调查。例如，查阅委估资产的产权证明文件，设备购置合同及有关账目往来、发票等会计资料；根据委估资产的实际状况和特点，确定相应的评估方法；开展市场调查；对评估企业实物资产进行评估，计算评估价值；收集并分析企业历史经营情况和未来经营规划；调查和了解评估企业历史年度权益资本的构成及权益资本的变化、生产销售情况及变化、主营成本的构成及变化、利润情况及变化和各项生产指标和财务指标等，并分析各项财务数据变化的原因。

（3）评定估算，撰写评估报告和说明的初稿。

（4）内部审核、征求意见及出具正式评估报告。

（二）评估思路

企业价值评估方法主要有成本法（资产基础法）、收益法和市场法。按照

《资产评估准则——基本准则》，评估需根据评估目的、评估对象、价值类型、资料收集情况等相关条件，恰当选择一种或多种资产评估方法。

资产基础法从企业购建角度反映了企业的价值，为经济行为实现后企业的经营管理及考核提供了依据，不存在对评估对象价值有重大影响且难以辨识和评估的资产与负债，因此本次评估可以选择资产基础法。

被评估企业历史年度经营收益较为稳定，在未来年度其收益与风险可以可靠的预计，因此本次评估可以选择收益法。

根据调查发现，现实市场上难以取得与标的公司类似的企业股权交易案例进行参考比较（或无法获取与委估企业在产品结构、规模、主营业务等方面差异较小的可比上市公司），无法从市场上获得相关的评估数据，故不选用市场法。

因此本次评估方法选择收益法和成本法。两种方法具体的评估思路如下。

1. 成本法（资产基础法）评估思路

资产基础法即成本加和法，是以在评估基准日重新建造一个与评估对象相同的企业或独立获利实体所需的投资额作为判断整体资产价值的依据，具体是指将构成企业的各单项资产选用合适的评估方法进行评估，加和再减去负债评估值得出评估对象价值的方法。该思路用公式表述即：

$$V_{股权} = V_{总资产} - V_{负债}$$

其中：$V_{股权}$为被评估企业的股权价值；$V_{总资产}$为被评估企业在评估基准日的全部资产的市场价值；$V_{负债}$为被评估企业在评估基准日的全部负债的市场价值。

2. 收益法评估思路

本次评估根据企业的资产构成和主营业务特点，采用间接法评估股东全部权益价值。即首先用现金流折现法（discounted cash flow，DCF）中的企业自由现金流模型估算企业经营性资产的价值，再加上企业母公司报表中长期股权投资的价值以及基准日的其他非经营性、溢余资产的价值，得到企业整体价值，由企业整体价值扣减付息债务价值后，得出企业的股东全部权益价值。整体思路用公式表述如下：

$$股东全部权益价值 = 企业整体价值 - 付息债务价值$$

其中：企业价值＝经营性资产价值＋长期股权投资价值＋非经营性资产价值＋溢余

资产价值 – 非经营性负债价值；经营性资产价值 = 税后净利润 + 折旧与摊销 + 扣税后付息债务利息 – 资本性支出 – 净营运资金变动，经营性资产价值利用企业自由现金流模型计算；付息债务是指评估基准日被评估单位账面上需要付息的债务，包括短期借款、带息的应付票据、一年内到期的长期负债、长期借款和应付债券等。

（三）资产核查情况说明

资产核查是对列入评估范围资产的清查和核实。在资产清查过程中，需要重点核实评估申报资产与实物资产的一致性，以及实物资产的权属法律情况，并对较大金额款项进行抽查核实。通过评估人员的尽职调查、现场实地勘察以及对资产产权情况的核查，分析和判断非实物资产、清查评估明细表和账面记录是否一致，申报明细表与实际情况是否吻合；评估范围内实物资产与清查评估明细表是否对应一致，账实、账表是否相符。

资产核实工作的主要步骤如下：

（1）审查评估基础资料；

（2）按资产的分布、会计核算口径等具体情况，分类对资产进行现场勘察和数据核实；

（3）对评估范围内的房屋、主要设备、无形资产等资产权属状况进行核实；

（4）调查企业的经营状况。

分类进行资产核实时，对于实物性流动资产，可以根据具体实物类型，采用永续盘存、重点详查与抽样盘点相结合等方式核实；对于非实物性流动资产，可以通过核对账簿、原始凭证、业务合同、与有关结算单位或欠款人对账等方式进行核实；对于固定资产，可以采用以物对账，以账查物的方式进行核实；对于无形资产，可在查证有关权属的基础上，核实无形资产的原始入账金额、账面值的构成和摊销情况，并对其技术的经济寿命年限、已摊销年限进行了解和确认；对于负债，可以通过核查有关账簿、原始凭证并结合会计师的审计情况等方式进行确认。

关于企业经营状况的调查，主要包括对企业收入、主营业务成本、主营业务税金及附加的核实、期间费用和其他损益类项目等的核实和了解。

（四）评估测算过程及结论

1. 资产基础法评估技术说明

FZ 公司的资产和负债包括流动资产、非流动资产和流动负债。

（1）流动资产评估说明。

流动资产包括货币资金、应收账款、预付账款、其他应收款、存货、其他流动资产等。

① 货币资金。货币资金包括现金、银行存款，账面值 456 448.57 元，其中现金 2 326.37 元、银行存款 454 122.20 元，均以核实后的账面值确定评估值。

对于现金，本次评估通过对库存现金进行实地盘点，根据评估基准日与盘点日之间的现金出库金额、现金入库金额和盘点日余额倒推出评估基准日现金余额，推算公式为：评估基准日现金余额 = 实地盘点日现金余额 + 评估基准日与实地盘点日之间的现金出库金额 - 评估基准日与实地盘点日之间的现金入库金额。推算后余额与评估基准日余额核对相符。

对于银行存款，需要逐项核实每个账户的银行对账单、余额调节表及银行存款申报表，重要的银行账户需要进行函证。

② 应收账款。该案例中应收账款为企业对关联方销售产品的销货款，账面余额 13 939 374.59 元，计提坏账准备 0.00 元，账面净值 13 939 374.59 元。

本次评估在清查核实的基础上，对应收账款的价值采用个别认定法和账龄分析法对风险损失进行评估，以核实后的账面值扣减估计的风险损失额作为评估值。其中风险损失计提比例如表 5-1 所示。

表 5-1　　　　　　　　风险损失计提比例　　　　　　　　单位：%

账龄	应收账款计提比例	其他应收款计提比例
90 日以内	1	1
90~180 日	2	2
180~360 日	5	5
1~2 年	10	10

续表

账龄	应收账款计提比例	其他应收款计提比例
2~3年	30	30
3~4年	50	50
4~5年	80	80
5年以上	100	100

该案例中对于关联企业的往来款项等有充分理由相信能全部收回的，评估风险损失为0，因此以核实后的账面值13 939 374.59元作为评估值。

③ 预付账款。被评估企业的预付账款主要为预付的货款，账面值为221 701.00元。

本次评估通过核实账簿记录、有关原始凭证、业务合同和发生时间、金额、款项性质等，同时对大额款项进行函证，确认各交易事项真实、形成时间距基准日较近、付款金额核算无误且未发现供货单位有破产、撤销或不能按合同按时提供货物或劳务等情况。最终以核实后账面值作为评估值。

④ 其他应收款。其他应收款主要为企业内部职工的备用金借款、押金、关联企业间的借款等，账面余额16 853 354.99元，计提坏账准备557 159.37元，账面净值16 296 195.62元。

本次评估在清查核实的基础上，对其他应收款的价值采用个别认定法和账龄分析法对风险损失进行评估，以核实后的账面值扣减估计的风险损失额作为评估值。其中风险损失估计额如表5-2所示。

表5-2 其他应收款风险损失额估计

账龄	2015年12月31日		
	账面价值（元）	风险损失（元）	计提比例（%）
90天内	3 116.77	31.17	1.00
4~5年	4 000.00	3 200.00	80.00
合计	7 116.77	3 231.17	45.40

根据以上评估过程，可确定其他应收款风险损失评估值为557 159.37元，坏账准备评估值为0.00元，其他应收款评估值为16 296 195.62元。

⑤ 存货。存货包括原材料、产成品、在产品、在库周转材料，账面值 9 262 685.78 元，跌价准备 126 544.66 元，账面净值为 9 136 141.12 元。

第一，原材料。原材料主要包括盐酸吗啉胍、硼酸、三聚磷酸钠等，用于除草剂、杀菌剂等的生产。其账面值为 1 263 192.24 元，跌价准备为 42 483.32 元，账面净值为 1 220 708.92 元。

本次评估在核实账、表、实物数量相符的基础上，按核实后的账面净值确定评估值。

第二，产成品。产成品主要是除草剂、杀菌剂等农药产品，账面值 5 949 366.95 元，减值准备 12 052.10 元，账面净值为 5 937 314.85 元。

本次评估首先核实产成品的数量和品质，了解产成品的适销情况，在此基础上对产成品进行评估。计算公式为：

$$产成品评估值 = 不含税销售单价 \times 实际数量 \times [1 - 销售费用率 \\ - 销售税金及附加费率 - 营业利润率 \times 所得税率 \\ - 营业利润率 \times (1 - 所得税率) \times r]$$

其中：不含税售价根据企业提供的相关产品销售价目表，结合近期的销售发票及合同，确定在评估基准日可实现的不含税销售单价；销售费用率按销售费用与主营业务收入的比例平均计算；销售税金及附加费率按以增值税为税基计算缴纳的城建税与教育费附加与销售收入的比例平均计算；营业利润率 = 主营业务利润/主营业务收入；所得税率按企业实际执行的税率计算；r 根据调查的产成品评估基准日及基准日后实现的销售情况确定，对于畅销产品 $r=0$，对于一般销售产品 $r=50\%$，对于勉强可销售的产品 $r=100\%$。

下面以产成品某杀虫剂为例说明评估过程。

产品品规格型号：略。

功能用途：杀虫剂。

市场适销情况：属正常销售产品。

数量核实：现场清点后，采用倒扎推算确认该产品在评估基准日的库存数量为 273 件。

销售单价：根据企业提供的 2015 年第四季度产品销售价目表，查阅该产品近期的销售合同,并综合考虑相关市场行情,确定其可实现的销售单价为 140 元/瓶 (含税价)。

相关税费:根据被评估公司 2013~2015 年审计后的利润表反映的相关财务数据计算得出。

r:根据产品适销情况,经向销售部门调查咨询,税后利润扣除额度取 50%。

计算情况如表 5-3 所示。

表 5-3   FZ 公司产成品评估有关参数计算情况

序号	项目	依据	计算结果
(1)	主营业务收入(元)	取自基准日前三年企业审计报表	54 578 223.21
(2)	销售费用(元)	取自基准日前三年企业审计报表	1 785 067.50
(3)	销售费用率(%)	(3)=(2)/(1)×100%	3.27
(4)	税金及附加(元)	取自××年企业审计报表	213 629.80
(5)	税金及附加率(%)	(5)=(4)/(1)×100%	0.39
(6)	主营业务成本(元)	取自基准日前三年企业审计报表	39 474 875.79
(7)	主营业务利润率(%)	[(1)-(2)-(4)-(6)]/(1)	24.01
(8)	企业适用的所得税率(%)	企业享受税收优惠政策	15.00
(9)	主营业务收入的所得税率(%)	(7)×(8)	3.60
(10)	净利润扣除额度(%)	(7)×[1-(8)]×r	10.20

根据以上各参数,计算该产品的评估值。

产成品评估值 = 不含税销售单价 × 实际数量 × [1 - 销售费用率 - 销售税金及附加费率 - 营业利润率 × 所得税率 - 营业利润率 × (1 - 所得税率) × r]

= 140/1.13 × 273 × [1 - 3.27% - 0.39% - 24.01% × 15%

    - 24.01% × (1 - 15%) × 50%]

= 27 914.71(元)

本次评估根据以上方法,得出全部产成品评估值为 7 947 078.52 元。

第三,在产品。在产品主要是经过一定工序制造、加工后并可形成企业正常销售的除草剂产品等,其账面值 475 009.66 元,减值准备 16 191.66 元,账面净值为 458 818.00 元。

本次评估对在产品成本进行了解、核实和归集后,以核实后的账面净值作为评估值。

第四,在库周转材料。在库周转材料主要是用于产成品包装物等,账面值为1 575 116.93元,减值准备为55 817.58元,账面净值1 519 299.35元。

本次评估在核实账、表、实物数量相符的基础上,按账面值确定评估值。

⑥ 其他流动资产。其他流动资产主要是待认证的增值税进项税由审计重新分类到其他流动资产,账面值252 511.24元。本次评估在核实无误的基础上,按账面值确定评估值。

(2) 非流动资产评估说明。

① 长期股权投资评估。FZ公司的长期股权投资账面值3 000 000.00元,被投资企业是FZ公司的全资子公司。

本次评估采用资产基础法对被投资企业进行整体评估,以被投资企业评估基准日净资产的评估值和所持有被投资企业股权比例的乘积确定评估值。

长期股权投资评估值为1 896 989.17元,评估减值1 103 010.83元,减值率36.77%。

② 机器设备评估。纳入本次评估范围的设备类资产包括机器设备、电子设备和车辆,账面原值1 996 622.44元、账面净值662 609.89元。具体如表5-4所示。

表5-4 设备类资产账面价值

设备	数量（台/套）	账面值（元）		计提减值准备（元）
		原值	净值	
机器设备	53	1 149 401.21	575 065.01	0.00
电子设备	137	487 306.23	52 264.34	0.00
车辆	2	359 915.00	35 280.54	0.00
合计	192	1 996 622.44	662 609.89	0.00

机器设备主要为生物化工制造和包装类企业具有的生产、研发、检验设备,目前已停用,维护状况一般,其中部分待报废。电子设备主要为电脑、空调、打

印机、复印机、摄影器材等办公及检验设备，用于日常办公，使用正常。

案例中机器设备的账面成本包括了设备购买成本、运杂费、安装调试费、资金成本等其他合理费用；电子设备的账面成本主要为购买成本。评估企业对设备固定资产采用直线法分类计提折旧，会计核实所估计的经济使用年限、年折旧率及预计净残值率如表5-5所示。

表5-5　　　　　　　　　设备类资产分类折旧情况

类别	折旧方法	折旧年限（年）	残值率（%）	年折旧率（%）
机器设备	年限平均法	3～10	5.00	9.50～31.67
运输设备	年限平均法	5～10	5.00	9.50～19.00
电子及其他设备	年限平均法	3～5	5.00	19.00～31.67

案例中关于设备类资产的评估主要采用重置成本法，评估结果如表5-6所示。设备类资产账面净值为662 609.89元，评估净值为821 960.28元，增值率为24.05%。主要原因为资产的经济寿命年限长于其折旧年限，同时重置价值不同于会计入账原值。

表5-6　　　　　　　　　设备类资产评估结果分类汇总

分类名称	账面价值（元）		评估价值（元）		增值率（%）	
	原值	净值	原值	净值	原值	净值
机器设备	1 149 401.21	575 065.01	1 004 187.54	648 644.42	-12.63	12.79
电子设备	487 306.23	52 364.34	73 521.00	65 224.86	-84.91	24.80
车辆	359 915.00	35 280.54	108 091.00	108 091.00	—	206.38
合计	1 996 622.40	662 609.89	1 212 322.2	821 960.28	-46.02	24.05

◆ **案例1：包装机（1台，机器设备）**

购置日期：2009年4月

启用日期：2009年4月

账面原值：136 752.14元

账面净值：50 142.54元

第一,设备购置价。经向生产厂家询价及相关调查,确定该套设备在基准日的购置价为 80 000.00 元,不含税购置价 68 376.00 元。经测算,该装配线重置全价为 68 376.00 元,测算明细如表 5-7 所示。

表 5-7 重置全价计算明细汇总

序号	项目名称	费率(%)	计算公式	金额(元)	计算依据
A	设备购置价	17	含税购价 A = a × 1.17	68 376.00	扣除增值税的询价结果
B	运杂费		B = A × 费率	0.00	购置价含运杂费
C	设备基础费		C = A × 费率	0.00	不需做基础
D	安装调试费	10.0	D = A × 费率	0.00	供方免费提供
E	小计		E = B + C + D	0.00	
F	生产单位管理费		(A + E) × 费率	0.00	购置价已含生产单位管理费
G	招投标代理费		(A + E) × 费率	0.00	自行采购,不需招投标
I	环境评价费		(A + E) × 费率	0.00	不需进行环境影响评价
J	可行性研究费		(A + E) × 费率	0.00	不需进行可行性研究
L	小计		L = F + G + … + J	0.00	
M	资金成本		M = (A + E + L) × T × 利率/2	0.00	安装调试时间短,不算利息
N	重置单价		N = a + E + L + M	68 376.00	取整

第二,成新率的确定。本次评估中该套装配线设备现场勘察状况如表 5-8 所示。

表 5-8 装配线勘察情况

序号	设备部位	勘查情况
1	机架	地脚固定装置无损坏、无松动,符合要求
2	减速调速传动机构	传送平稳,速度符合标准,噪音小,无异响
3	封口印字机构	功能良好,封口处无水积、无脏污,有效完成印字
4	电器电子控制系统	性能稳定,能有效控制各部件运行
5	外观	外观完好,易于清洁,保养较好

该设备于 2009 年 4 月正式验收并投入使用,至评估基准日实际已使用 6.67 年,根据该类设备的经济寿命年限通常为 16 年计算,结合现场勘察情况,估计尚可使用

9.33 年，确定成新率为：成新率 = 9.33/(6.67 + 9.33) × 100% = 58%（取整）。

第三，评估值的确定。评估值 = 重置全价 × 成新率 = 68 376.00 × 58% = 39 658.08（元）。

◆ **案例 2**：打印机（1 台，电子设备）

设备型号：爱普生 R230 彩色喷墨打印机

生产厂家：爱普生

购置日期：2013 年 12 月

启用日期：2013 年 12 月

账面原值：1 460.00 元

账面净值：486.56 元

主要性能及参数：略

第一，重置全价的确定。经向该设备经销商询价，确定其在评估基准日的购置价格为 1 648（含税价），则：

重置全价 = 设备购置价/1.17 = 1 409（元）（取整）

第二，成新率的确定。该设备经济寿命年限为 5 年，至基准日已使用 2.03 年，则：

成新率 = (5 - 2.03/5) × 100% = 59%（取整）

第三，评估值的确定。

评估值 = 重置全价 × 成新率 = 1 409 × 59% = 831（元）（取整）

◆ **案例 3**：车辆（1 辆，车辆评估）

车辆型号：别克 SGM6527AT

生产厂家：上海通用（沈阳）北盛汽车有限公司

购置日期：2010 年 4 月

启用日期：2010 年 4 月

账面原值：303 931.00 元

账面净值：15 196.55 元

主要性能及参数：略

已行驶里程：241 578 公里

案例中选用市场法对车辆进行评估，可比交易案例来源于易车二手车网站。被评估车辆与交易案例的详细比较如表 5-9 所示，市场法中交易案例的调整如表 5-10 所示。各比准价格结果接近，故采用算术平均数测算。

被评估车辆市场价值 = (73 069 + 80 196 + 79 208) ÷ 3 = 77 491（元）

表 5-9　　　　　　　　　估价对象与交易实例比较

项目名称	估价对象	实例 A	实例 B	实例 C
车辆名称	别克 SGM6527AT	别克 SGM6527AT	别克 SGM6527AT	别克 SGM6527AT
交易日期	2015 年 12 月	2016 年 1 月	2016 年 1 月	2016 年 1 月
交易情况	正常交易	正常交易	正常交易	正常交易
车辆型号	别克 SGM6527AT	别克 SGM6527AT	别克 SGM6527AT	别克 SGM6527AT
车辆外观状况	车身无明显划痕，蓝色车体	车身无明显划痕，银色车体	车身无明显划痕，黑色车体	车身无明显划痕，银色车体
内饰状况	布质座椅，保养一般	布质座椅，保养一般	布质座椅，保养一般	布质座椅，保养一般
发动机性能	可正常启动，制动性能较好	可正常启动，制动性能较好	可正常启动，制动性能较好	可正常启动，制动性能较好
空调、音响性能	音响、空调能正常使用	音响、空调能正常使用	音响、空调能正常使用	音响、空调能正常使用
里程数（公里）	241 578	170 000	120 000	160 000
排气量（升）	3.0	3.0	3.0	3.0
车辆注册日期	2010 年 4 月 2 日	2007 年	2008 年	2008 年

表 5-10　　　　　　　　　二手车交易价格修正

项目名称	估价对象	实例 A	实例 B	实例 C
可比价格（元）	—	73 800	81 800	80 000
交易情况	100/100	100/100	100/100	100/100
交易日期	100/100	100/100	100/100	100/100
车辆状况	100/100	100/102	100/101	100/101
比准价格（元）	—	73 069	80 196	79 208

③ 其他无形资产评估说明。无形资产为企业拥有的注册产品商标 29 项、产品技术开发项目 63 项及原公司账面资本化的 22 项；外购的商标（47 项）及技术

开发项目（19项）。公司的注册商标为产品商标，目前主要是用于区别商品或服务来源的标志。本次评估采用收益法—利润分成法对无形资产价值进行评估。利润分成法的基本公式为：

$$P = \sum_{i=1}^{n} \frac{K \times R_i}{(1+r)^i}$$

其中：P 表示待评估无形资产的评估价值；R_i 表示基准日后第 i 年预期无形资产收益；K 表示无形资产技术综合分成率；n 表示待评估无形资产的未来收益期；i 表示折现期；r 表示折现率。

各参数确定如下。

第一，收益年限的确定。本次评估经与被评估单位相关负责人了解，专有技术的综合剩余收益年限平均确定为18年。对于产品注册商标，由于可续展使用，一般其收益年限可结合企业的经营年限确定，本次确定为永续（非无形资产的实际寿命）。

第二，无形资产净利润的确定。本次评估对于无形资产净利润的预测主要参考评估中对整体企业收益的预测，无形资产对企业运营、企业整体收益均有重要作用。因此，根据公司的整体盈利预测，剔除其他业务收支后无形资产相关净利润预测数据如表5-11所示。

表5-11　　　　　　　无形资产相关收益预测　　　　　　　单位：万元

项目	预测第一年	预测第二年	预测第三年	预测第四年	预测第五年
营业收入	9 094.38	9 594.60	10 074.34	10 527.68	10 948.78
主营业务收入	9 094.38	9 594.60	10 074.34	10 527.68	10 948.78
营业支出					
主营业务成本	5 648.00	5 961.01	6 261.65	6 546.12	6 810.77
税金及附加	42.85	45.08	47.31	49.42	51.38
营业费用	1 538.42	1 623.04	1 704.19	1 780.88	1 852.11
管理费用	861.91	913.45	957.24	997.71	1 033.15
财务费用	1.45	2.91	2.91	2.91	2.91
资产减值损失	—	—	—	—	—
投资收益	0.00	0.00	0.00	0.00	0.00

续表

项目	预测第一年	预测第二年	预测第三年	预测第四年	预测第五年
营业利润	1 001.75	1 049.12	1 101.04	1 150.63	1 198.45
营业外支收净额	0.00	0.00	0.00	0.00	0.00
营业外收入	0.00	0.00	0.00	0.00	0.00
营业外支出	0.00	0.00	0.00	0.00	0.00
利润总额	1 001.75	1 049.12	1 101.04	1 150.63	1 198.45
所得税费用	161.81	167.57	174.40	180.84	188.63
净利润	839.94	881.55	926.64	969.79	1 009.83

本次评估采用层次分析法和综合评分法对无形资产在无形资产相关净利润中的贡献比例进行评估确定。通过与企业管理人员的访谈了解，使用委估无形资产对应产品销售净利润来源主要得益于企业管理、成本及其他管理、资金投入、无形资产四个方面，其中无形资产的贡献权重约为33%。

无形资产主要包含研发团队、营销管理、公共关系、产品商标、非专利技术、品牌及其他的贡献。结合相关问卷调查结果，得出产品商标对无形资产贡献的比例约为17.33%，专有技术对无形资产贡献的比例约为23.33%。各贡献比例如表5-12所示。

表5-12　各类无形资产对整体无形资产的相对贡献大小调查汇总

无形资产	研发团队	营销网络	公共关系	品牌及其他	产品商标	专有技术	合计	比例(%)
研发团队	*	4	7	5	5	2	23	15.33
营销网络	6	*	7	4	4	3	24	16.00
公共关系	3	3	*	2	3	2	13	8.67
品牌及其他	5	6	8	*	5	5	29	19.33
产品商标	5	6	7	5	*	3	26	17.33
专有技术	8	7	8	5	7	*	35	23.33
合计	—	—	—	—	—	—	150	100.00

注：*表示同一无形资产，相互无对应关系。

因此，产品商标的利润分成率为：33% × 17.33% = 5.72%。专有技术分成率

K 则可按如下公式评定：

$$K = m + (n - m) \times \Delta \qquad (5.1)$$

其中：K 表示利润分成率；m 表示分成率的取值下限；n 表示分成率的取值上限；Δ 表示分成率的调整系数。

通过向被评估企业财务、技术、管理、销售等部门相关人员了解和分析测算，本次评估确定专有技术分成率上限约为 7.70%（33% × 23.33%），下限为 0。

从法律因素、技术因素、经济因素等方面对纳入本次评估范围的专有技术类无形资产进行评价，以此确定分成率的调整系数如表 5 – 13 所示。

表 5 – 13　　　　　　　专有技术分成率的调整系数估算

一级指标权重	考虑因素		二级指标权重	分值						合计
				100	80	60	40	20	0	
0.3	法律因素	无形资产法律状态	0.4	100						12.00
		保护范围	0.3		80					7.20
		侵权判定	0.3		80					7.20
0.5	技术因素	技术所属领域	0.1	100						5.00
		替代技术	0.2		80					8.00
		先进性	0.1	100						5.00
		创新性	0.1	100						5.00
		成熟度	0.2		80					8.00
		应用范围	0.2	80						8.00
		技术防御力	0.1		80					4.00
0.2	经济因素	供求关系	1		80					16.00
		合计								85.40

由表 5 – 13 可得分成率调整系数 $\Delta = 85.4\%$。因此将 $m = 0$、$n = 7.70\%$、$\Delta = 85.4\%$ 代入式（5.1），得到 $K = 6.57\%$。

第三,折现率的选取。本次评估按资本资产定价模型确定无形资产资产折现率:

$$r = r_f + \beta \times (r_m - r_f) + \varepsilon_1 + \varepsilon_2$$

其中,r_f、r_m、β 及 ε_1 取值均,与被评估企业整体收益法评估的取值相同。通过综合考虑无形资产在整体资产中的比重,从技术产品类型、现有技术产品市场稳定性及获利能力、无形资产使用时间等方面进行分析,确定无形资产特性风险调整系数 ε_2 为3%。从而得出无形资产收益法评估折现率 $r = 15.66\%$。

无形资产评估价值的计算过程如表5–14、表5–15所示。

表5–14　　　　　　　　产品商标评估价值

项目	2016年	2017年	2018年	2019年	2020年	2021年后
无形资产相关净利润（万元）	839.94	881.55	926.64	969.79	1 009.83	1 009.83
利润分成率（产品商标,%）	5.72	5.72	5.72	5.72	5.72	5.72
产品商标相关分成利润（万元）	48.04	50.42	52.99	55.46	57.75	57.75
折现率（%）	15.66	15.66	15.66	15.66	15.66	—
折现年限	0.50	1.50	2.50	3.50	4.50	
折现系数	0.9298	0.8039	0.6951	0.6010	0.5196	3.3180
产品商标相关分成额现值（万元）	44.66	40.53	36.84	33.33	30.01	191.62
产品商标评估值（万元）	376.99					

表5–15　　　　　　　　专有技术评估价值

项目	2016年	2017年	2018年	2019年	2020年	2021~2033年
无形资产相关净利润（万元）	839.94	881.55	926.64	969.79	1 009.83	1 009.83
利润分成率（专有技术,%）	6.57	6.57	6.57	6.57	6.57	6.57
专有技术相关分成利润（万元）	55.22	57.96	60.93	63.76	66.39	66.39
折现率（%）	15.66	15.66	15.66	15.66	15.66	15.66
折现年限	0.50	1.50	2.50	3.50	4.50	5.50
折现系数	0.9298	0.8039	0.6951	0.6010	0.5196	2.8174
专有技术相关分成额现值（万元）	51.35	46.59	42.35	38.32	34.50	187.06
专有技术评估值（万元）	400.17					

因此，被评估企业纳入本次评估范围内的无形资产——其他无形资产评估价值共计777.16万元。

④递延所得税资产。案例中的递延所得税资产为会计师在审计调整企业往来坏账准备计提数，存货跌价准备计提数、计提的应付职工薪酬计提数时，计算得出的因暂时影响企业应纳所得税额而形成的可抵扣未来期间的所得税金额。本次评估以清查核实无误的账面值168 689.04元作为评估值。

（3）流动负债评估说明。

评估范围涉及的流动负债包括应付账款、应付职工薪酬、应交税费、其他应付款，评估基准日账面价值10 939 528.51元。

应付账款。应付账款主要为应付材料款、委托加工费和暂估进项税，账面价值7 448 024.83元。本次评估以核实后的账面值作为评估值。

应付职工薪酬。应付职工主要为按规定计提的工资、奖金，各项保险、公积金、工会经费及职工教育经费，账面值2 240 235.98元。本次评估以核实后的账面价值作为评估值。

应交税费。应交税费主要为企业应交的企业所得税、个人所得税、印花税，账面值为540 199.96元，以核实后的账面值作为评估值。

其他应付款。其他应付款主要为企业为关联方企业代付供应商货款代垫社保、期权意向金、应付租金等，账面值711 067.74元，以核实后的账面值作为评估值。

（4）资产基础法评估结果。

在持续经营前提下，至评估基准日2015年12月31日，FZ公司总资产账面价值为4 901.62万元，评估价值为5 297.13万元，增值额为395.52万元，增值率为8.07%；总负债账面价值为1 093.95万元，评估价值为1 093.95万元，与账面值相比无增减；净资产账面价值为3 807.67万元，净资产评估价值为4 203.18万元，增值额为395.52万元，增值率为10.39%。各项资产和负债结果汇总情况如表5-16所示。

表 5-16　　　　　　　　　　　资产评估结果汇总

项目	账面价值（万元）A	评估价值（万元）B	增减值（万元）C = B − A	增值率（%）D = C/A × 100%
流动资产	4 030.24	4 231.21	200.98	4.99
非流动资产	871.38	1 065.92	194.54	22.33
其中：可供出售金融资产	—	—	—	—
持有至到期投资	—	—	—	—
长期应收款	—	—	—	—
长期股权投资	300.00	189.70	−110.30	−36.77
投资性房地产	—	—	—	—
固定资产	66.26	82.20	15.94	24.06
在建工程	—	—	—	—
工程物资	—	—	—	—
固定资产清理	—	—	—	—
生产性生物资产	—	—	—	—
油气资产	—	—	—	—
无形资产	488.25	777.16	288.91	59.17
开发支出	—	—	—	—
商誉	—	—	—	—
长期待摊费用	—	—	—	—
递延所得税资产	16.87	16.87	—	—
其他非流动资产	—	—	—	—
资产总计	4 901.62	5 297.13	395.52	8.07
流动负债	1 093.95	1 093.95	—	—
非流动负债	—	—	—	—
负债合计	1 093.95	1 093.95	—	—
净资产（所有者权益）	3 807.67	4 203.18	395.52	10.39

2. 收益法评估过程

（1）收益年限的确定。

被评估企业业务稳定，经营正常，故收益期按永续确定。根据公司目前经营状况、业务特点、市场供需情况，预计其在 2020 年进入稳定期。因此确定详细预测期为 2016 年 1 月 1 日年至 2020 年 12 月 31 日，共 5 年，2020 年之后永续。

（2）未来收益的确定。

① 主营业务收入的预测。FZ 公司主要生产六种产品，历史主营业务收入及增长情况如表 5-17 所示。

表 5-17　　　　FZ 公司历史主营业务收入及增长情况

项目	2012 年	2013 年	2014 年	2015 年
主营业务收入合计（元）	49 555 837.09	59 749 739.24	80 915 693.40	85 795 219.50
比上年度增长率（%）	—	20.57	35.42	6.03

从表 5-17 来看，2013 年和 2014 年公司主营业务收入处于高速增长阶段，由于受政策等多方面因素的影响，从 2015 年主营业务收入开始进入低速增长阶段。加之市场竞争的加剧，使得营业成本率稍有上升即综合平均毛利率稍有下降，但从对 2013～2015 年的指标观察和被评估单位相关负责人介绍来看，企业总体毛利水平趋稳。

根据分析，未来预测期的平均价格以 2015 年为基准并保持不变。因此，本次评估预测 2016 年及以后各年的增长率分别为 6.00%、5.50%、5.00%、4.50%、4%，2020 年后规模保持不变。具体预测情况如表 5-18 所示。

表 5-18　　　　　　　主营业务收入预测　　　　　　　单位：元

产品类别	2016 年	2017 年	2018 年	2019 年	2020 年
产品 1	41 629 571.19	43 919 267.37	46 115 313.51	48 190 513.26	50 118 143.25
产品 2	27 957 378.00	29 495 133.00	30 970 055.00	32 363 624.80	33 658 315.30
产品 3	14 702 206.40	15 510 936.80	16 286 445.60	17 019 349.60	17 700 012.00
产品 4	1 873 315.86	1 976 410.32	2 075 173.08	2 168 449.02	2 255 083.02
产品 5	4 668 603.72	4 925 346.36	5 171 530.32	5 404 377.00	5 620 552.08
产品 6	112 762.02	118 939.87	124 857.60	130 450.18	135 652.58
主营业务收入合计	90 943 837.19	95 946 033.72	100 743 375.11	105 276 763.86	109 487 758.23

注：上述营业收入均已考虑扣除退货准备的因素。

② 主营业务成本的预测。FZ 公司 2012~2015 年的主营业务成本如表 5-19 所示。本次评估结合主营业务收入和成本结构变化情况的分析，经与被评估单位相关负责人沟通，本次预测期的毛利率以 2015 年的各系列产品毛利率为基准并保持不变。主营业务成本的具体预测情况如表 5-20 所示。

表 5-19　　　　　　　　　JZ 公司历史主营业务成本

项目	2012 年	2013 年	2014 年	2015 年
产品 1（元）	17 439 850.33	20 903 638.29	23 867 440.71	25 078 786.42
产品 2（元）	9 209 939.21	10 886 659.89	16 826 111.63	15 006 238.35
产品 3（元）	1 655 767.62	1 631 293.01	6 063 949.29	9 880 044.74
产品 4（元）	684 095.64	555 506.09	727 361.88	791 539.29
产品 5（元）	1 184 385.57	1 644 820.22	1 610 171.94	2 469 499.83
产品 6（元）	200 706.29	1 807.07	63 417.92	56 389.40
主营业务成本合计（元）	30 374 744.66	35 623 724.57	49 158 453.38	53 282 498.03
占主营业务收入比例（%）	61.29	59.62	60.75	62.10

表 5-20　　　　　　　　　　主营业务成本预测

产品类别	2016 年	2017 年	2018 年	2019 年	2020 年
产品 1（元）	26 583 816.61	28 043 914.44	29 446 163.01	30 771 247.15	32 002 103.07
产品 2（元）	15 906 734.42	16 782 253.11	17 621 459.85	18 414 378.50	19 151 036.43
产品 3（元）	10 472 985.82	11 049 152.74	11 601 583.28	12 123 664.47	12 608 531.56
产品 4（元）	839 018.87	885 192.72	929 426.49	971 202.82	1 010 004.38
产品 5（元）	2 617 707.40	2 786 524.03	2 951 660.72	3 111 580.29	3 264 146.26
产品 6（元）	59 763.87	63 038.13	66 174.53	69 138.60	71 895.87
主营业务成本合计（元）	56 480 026.99	59 610 075.17	62 616 467.88	65 461 211.82	68 107 717.56
占主营业务收入比例（%）	62.10	62.13	62.15	62.18	62.21

③ 其他业务收入和其他业务成本的预测。本次评估从历史数据分析，FZ公司各年发生的其他业务收入金额较小，主要为材料销售且毛利较低，本次预测依前几年各年收入平均数作为未来收入预测的基础并考虑适度的增长；其他业务成本结合历年的毛利率及未来的情况分析确定。具体预测情况如表 5 – 21 所示。

表 5 – 21　　　　　　其他业务收入和其他业务成本预测　　　　　单位：元

项目	2016 年	2017 年	2018 年	2019 年	2020 年
其他业务收入	1 200 000.00	1 000 000.00	1 000 000.00	1 000 000.00	1 000 000.00
其他业务成本	1 080 000.00	900 000.00	900 000.00	900 000.00	900 000.00

④ 税金及附加预测。本次评估基于目前 FZ 公司执行的税率进行测算，结合企业历史年度的经营数据，企业未来年度营业税金及附加测算如表 5 – 22 所示。

表 5 – 22　　　　　　　　税金及附加预测　　　　　　　　单位：元

项目	2016 年	2017 年	2018 年	2019 年	2020 年
税金及附加	428 477.48	450 808.14	473 116.23	494 196.91	513 778.43

⑤ 销售费用的预测。公司的营业费用主要包括工资福利费、差旅费、会务费、运费、广告费、推广费和业务招待费等，2013~2015 年的营业费用合计数据如表 5 – 23 所示。此次评估考虑到企业已进入较为成熟的发展时期，预测期营业收入各年的增速较低，总体比较平滑，波动不大，采用 2015 年的费用水平进行测算更具合理性。具体预测情况如表 5 – 24 所示。

表 5 – 23　　　　　　　　历史营业费用数据

项目	2013 年	2014 年	2015 年
营业（销售）费用合计（元）	9 029 424.54	13 436 684.43	14 513 257.98
业务总收入（元）	61 379 919.11	83 624 236.25	86 280 164.73
营业（销售）费用/业务总收入（%）	15.11	16.61	16.92

表 5-24　　　　　　　　　　　营业费用预测

项目	2016 年	2017 年	2018 年	2019 年	2020 年
营业（销售）费用合计（元）	15 384 206.47	16 230 386.12	17 041 912.14	17 808 787.51	18 521 126.12
业务总收入（元）	92 143 837.19	96 946 033.72	101 743 375.11	106 276 763.86	110 487 758.23
营业（销售）费用/业务总收入（%）	16.92	16.92	16.92	16.92	16.92

⑥ 管理费用预测。企业申报历史管理费用如表 5-25 所示，本次评估最终确定测算结果如表 5-26 所示。

表 5-25　　　　　　　　　　　历史管理费用数据

项目	2013 年	2014 年	2015 年
固定部分合计（元）	301 486.26	115 683.67	83 968.73
可变部分合计（元）	7 066 025.32	9 451 461.66	8 030 391.59
管理费用合计（元）	7 367 511.58	9 567 145.33	8 114 360.32
可变管理费用/主营业务收入（%）	11.83	11.68	9.36
管理费用/主营业务收入（%）	12.33	11.82	9.46

表 5-26　　　　　　　　　　　管理费用预测

项目	2016 年	2017 年	2018 年	2019 年	2020 年
固定部分合计（元）	106 758.60	153 965.80	142 858.94	123 294.06	83 499.30
可变部分合计（元）	8 512 299.75	8 980 502.96	9 429 531.82	9 853 854.84	10 248 001.91
管理费用合计（元）	8 619 058.34	9 134 468.75	9 572 390.76	9 977 148.90	10 331 501.21
可变管理费用/主营业务收入（%）	9.36	9.36	9.36	9.36	9.36
管理费用/主营业务收入（%）	9.48	9.52	9.50	9.48	9.44

⑦ 财务费用的预测。本次评估根据企业的财务状况对财务费用的预测结果如表 5-27 所示。

表 5-27　　　　　　　　　财务费用预测　　　　　　　　　单位：元

项目	2016 年	2017 年	2018 年	2019 年	2020 年
手续费	14 543.64	29 087.27	29 087.27	29 087.27	29 087.27
其他	—	—	—	—	—
财务费用合计	14 543.64	29 087.27	29 087.27	29 087.27	29 087.27

⑧ 资产减值准备的预测。因该项目不影响企业自由现金流量，故本次评估不再做预测。

⑨ 营业外收支的预测。企业营业外收支核算的内容不具有经常性，本次对该项收支预测值为 0。

⑩ 企业所得税的预测。本次评估是以合并报表口径进行盈利预测，母子公司的所得税率不同，因此以 2014 年、2015 年平均所得税费用率 16.28% 作为未来预测期税率，具体测算结果如表 5-28 所示。

表 5-28　　　　　　　　　企业所得税预测　　　　　　　　　单位：元

项目	2016 年	2017 年	2018 年	2019 年	2020 年
企业所得税	1 618 109.07	1 675 698.79	1 743 955.16	1 808 423.82	1 886 290.90

⑪ 折旧与摊销和资本性支出的预测。本次评估根据国家税法及企业相关会计制度对企业固定资产及无形资产摊销的有关原则，结合企业资产的使用特点，同时考虑存量资产更新新增资产的因素，对未来年度的折旧摊销进行预测。

此次评估企业的资本性支出主要为经营中资产的正常更新投资，不再考虑其他资本支出项目，结果如表 5-29 所示。

表 5-29　　　　　　折旧与摊销和资本性支出的预测　　　　　　单位：元

项目	2016 年	2017 年	2018 年	2019 年	2020 年
折旧摊销	93 627.67	88 965.76	77 858.90	58 294.02	45 999.52
资本性支出（更新支出）	93 627.67	88 965.76	77 858.90	58 294.02	45 999.52

⑫营运资金预测和营运资金增加额的确定。营运资金根据应收、应付、预收、预付、其他应收、其他应付等各项往来款周转率等历史数据,结合预测年度收入、成本进行测算。具体结果如表 5–30 所示。

表 5–30　　　　　营运资金预测和营运资金增加额的确定　　　　　单位:元

项目	2016 年	2017 年	2018 年	2019 年	2020 年
最低现金保有量	24 145 067.14	25 429 253.60	26 694 584.03	27 899 518.39	29 015 377.27
存货	14 721 510.22	15 476 106.42	16 245 001.05	16 972 546.40	17 649 384.53
应收款项	469 127.74	493 174.32	517 676.55	540 861.11	562 429.79
预付款项	21 813 262.09	22 950 088.76	24 085 766.07	25 158 957.72	26 155 828.77
应付款项	9 887 248.67	10 402 535.56	10 917 301.48	11 403 744.67	11 855 594.19
预收款项	14 104 819.33	14 827 805.15	15 564 490.43	16 261 558.56	16 910 043.63
营运资金	37 156 899.18	39 118 282.39	41 061 235.78	42 906 580.38	44 617 382.54
营运资金增加额	-15 043 349.95	1 961 383.21	1 942 953.39	1 845 344.60	1 710 802.15

⑬现金流量的确定。根据上述各项预测,未来各年度及永续期企业自由现金流量预测如表 5–31 所示。

表 5–31　　　　　　　企业自由现金流量预测　　　　　　　单位:万元

项目	2016 年	2017 年	2018 年	2019 年	2020 年	2020 年后(永续)
营业收入	9 214.38	9 694.60	10 174.34	10 627.68	11 048.78	11 048.78
主营业务收入	9 094.38	9 594.60	10 074.34	10 527.68	10 948.78	10 948.78
其他业务收入	120.00	100.00	100.00	100.00	100.00	100.00
营业支出	5 756.00	6 051.01	6 351.65	6 636.12	6 900.77	6 900.77
主营业务成本	5 648.00	5 961.01	6 261.65	6 546.12	6 810.77	6 810.77
其他业务成本	108.00	90.00	90.00	90.00	90.00	90.00
税金及附加	42.85	45.08	47.31	49.42	51.38	51.38
营业费用	1 538.42	1 623.04	1 704.19	1 780.88	1 852.11	1 852.11
管理费用	861.91	913.45	957.24	997.71	1 033.15	1 033.15
财务费用	1.45	2.91	2.91	2.91	2.91	2.91
资产减值损失	—	—	—	—	—	—
投资收益	0.00	0.00	0.00	0.00	0.00	0.00

续表

项目	2016 年	2017 年	2018 年	2019 年	2020 年	2020 年后（永续）
营业利润	1 013.75	1 059.12	1 111.04	1 160.63	1 208.45	1 208.45
营业外收支净额	0.00	0.00	0.00	0.00	0.00	0.00
营业外收入	0.00	0.00	0.00	0.00	0.00	0.00
营业外支出	0.00	0.00	0.00	0.00	0.00	0.00
利润总额	1 013.75	1 059.12	1 111.04	1 160.63	1 208.45	1 208.45
减：所得税费用	161.81	167.57	174.40	180.84	188.63	188.63
净利润	851.94	891.55	936.64	979.79	1 019.83	1 019.83
加：固定资产折旧	9.36	8.90	7.79	5.83	4.60	4.60
加：无形资产摊销	6.50	6.50	6.50	3.75	0.00	0.00
加：财务费用	0.00	0.00	0.00	0.00	0.00	—
减：资本性支出	9.36	8.90	7.79	5.83	4.60	4.60
减：营运资金增加额	-1 504.33	196.14	194.30	184.53	171.08	
企业自由现金流量	2 362.78	701.91	748.85	799.01	848.75	1 019.83

(3) 折现率的确定。

按照收益额与折现率口径一致的原则，采用加权平均资本成本估价模型（WACC）确定折现率 r。公式为：

$$r = K_e \times [E/(D+E)] + K_d \times (1-t) \times [D/(D+E)]$$

其中：K_e 为权益资本成本；K_d 为债务资本成本；t 为所得税率；$E/(D+E)$ 为根据市场价值估计的被估企业的目标权益资本比率；$D/(D+E)$ 为根据市场价值估计的被估企业的目标债务资本比率。

① 权益资本成本 K_e 采用资本资产定价模型 CAPM 来计算。

公式为：

$$K_e = R_f + \beta_e \times R_m + R_c$$

其中：R_f 为无风险报酬率；R_m 为市场风险溢价；R_c 为企业特定风险调整系数；β_e 为权益的市场风险系数。

第一，无风险报酬率 R_f 的确定。无风险报酬率是对资金时间价值的补偿。本次评估的无风险报酬率通过计算 2015 年 12 月 31 日剩余期限 10 年以上的国债平均到期收益率（见表 5-32），最终确定为 4.0833%。

表 5-32　　　　　10 年以上的国债到期收益率

证券代码	证券简称	剩余期限（年） [日期] 2015-12-31 [单位] 年	收盘到期收益率（%） [日期] 2015-12-31 [计算方法] 央行规则
019528.SH	15 国债 28	49.8962	3.6584
101528.SZ	国债 1528	49.8962	3.8894
150028.BC	15 附息国债 28（柜台）	49.8962	—
150028.IB	15 附息国债 28	49.8962	3.8977
019510.SH	15 国债 10	49.3989	3.6667
101510.SZ	国债 1510	49.3989	3.9894
150010.BC	15 附息国债 10（柜台）	49.3989	—
150010.IB	15 附息国债 10	49.3989	3.9960
019427.SH	14 国债 27	48.8989	4.2194
101427.SZ	国债 1427	48.8989	4.2393
140027.BC	14 附息国债 27（柜台）	48.8989	—
140027.IB	14 附息国债 27	48.8989	4.1314
…	…	…	…
090002.IB	09 国债 02	13.1370	3.2275
100902.SZ	国债 0902	13.1370	3.8575
9802.IB	98 国债 2	12.6311	7.1929
Z00057.00	98 特别国债	12.6311	—
019813.SH	08 国债 13	12.6120	4.9363
080013.IB	08 国债 13	12.6120	3.7165
100813.SZ	国债 0813	12.6120	4.9363
010713.SH	07 国债 13	11.6257	4.5165
070013.IB	07 国债 13	11.6257	2.8711
100713.SZ	国债 0713	11.6257	4.5165
010609.SH	06 国债（9）	10.4863	3.6988
060009.IB	06 国债 09	10.4863	3.4119
100609.SZ	国债 0609	10.4863	3.6988
平均取值	—	—	4.0833

资料来源：Wind 资讯。

第二,权益的市场风险系数 β_e 的确定。本次评估中,被评估企业为上市公司,所属行业板块为农药,通过 Wind 资讯查询得出被评估企业所属行业的 β 如表 5-33 所示。本次评估由于增资扩股而评估企业股东权益的价值,故而选取加权剔除财务杠杆调整 β 值为 0.8031。

表 5-33 β 值的相关参数

板块名称	SW 农药
证券数量	16
标的指数	沪深 300
计算周期	周
时间范围	2013/1/1 至 2015/12/31
收益率计算方法	普通收益率
剔除财务杠杆(D/E)	按市场价值比
加权方式	总市值加权平均
原始 β	0.9547
加权调整 β	0.9697
加权剔除财务杠杆原始 β	0.7871
加权剔除财务杠杆调整 β	0.8031

资料来源:Wind 资讯。

第三,市场风险溢价(ERP)R_m 的确定。本次 ERP 测算选用沪深 300 指数成分股的指数收益率作为股票投资收益的指标,计算确定其作为市场预期报酬率,年收益率的计算采用几何平均值。

无风险收益率 R_f 采用国债的到期收益率。由于企业存续时间一般较长,且评估的收益预测期限为永续,所以选择 Wind 咨询提供的每年年末距到期日剩余年限超过 10 年的国债收盘到期收益率。

由于要估算未来的 ERP,因此本次评估最终选择 2009~2015 年每年 ERP 的平均值作为估算未来的 ERP。估算结果如表 5-34 所示。

表 5−34　　　　2015 年市场超额收益率 ERP 估算（沪深 300）　　　单位:%

年份	R_m 几何平均值	无风险收益率 R_f（距到期剩余年限超过 10 年）	ERP = R_m 几何平均值 − R_f
2009	18.21	4.05	14.16
2010	13.47	4.25	9.23
2011	5.33	3.89	1.44
2012	6.26	4.11	2.15
2013	8.99	4.27	4.72
2014	14.40	4.27	10.14
2015	15.11	4.08	11.03
2009~2015	11.68	4.13	7.55

由于本次评估被评估企业资产的持续经营期超过 10 年，因此选择 ERP = 7.55% 作为目前国内市场股权超额收益率 ERP 未来期望值比较合理。

第四，企业特定风险调整系数 R_c 的确定。经过对企业的规模、经营阶段、历史经营情况、财务风险、业务市场的连续性、经营业务、产品和地区的分布、内部管理及控制机制、管理人员的经验和资历、对主要客户及供应商的依赖等因素的综合分析和考虑，设定被评估企业特定风险调整系数 R_c 为 2.51%。

第五，权益资本成本的确定。根据以上分析和有关参数的确定，按公式计算：

$$K_e = R_f + \beta_e \times R_m + R_c = 4.0833\% + 0.8031 \times 7.55\% + 2.51\% = 12.66\%$$

② 债务资本成本 k_d 的确定。根据评估基准日会计报表分析，公司无付息债务，k_d 取 0%。

③ 加权平均资本成本的确定，即折现率的确定。

$$r = K_e \times [E/(D+E)] + K_d \times (1-t) \times [D/(D+E)] = 12.66\%$$

（4）经营性资产的价值。

根据以上分析、预测所确定的各参数，通过对收益期内各年预测自由现金流进行折现，得出企业经营性资产的价值，计算结果如表 5−35 所示。

表 5 - 35　　　　　　　　　　经营性资产价值的计算

项目	2016 年	2017 年	2018 年	2019 年	2020 年	永续期
自由现金流量（万元）	2 362.78	701.91	748.85	799.01	848.75	1 019.83
折现率（%）	12.66	12.66	12.66	12.66	12.66	12.66
折现年限	0.5	1.5	2.5	3.5	4.5	—
折现系数	0.9421	0.8363	0.7423	0.6589	0.5848	4.6193
折现值（万元）	2 225.97	587.01	555.87	526.47	496.35	4 710.88
自由现金流量折现（万元）	9 102.55					

根据表 5 - 35，企业经营性资产价值为 9 102.54 万元。

（5）溢余资产价值的确定。

经了解，FZ 公司在评估基准日货币资金与最低现金保有量的差额为 - 20 324 590.01 元，本次评估作为溢余资产。

（6）非经营性资产价值的确定。

FZ 公司在评估基准日的非经营性资产为递延所得税资产和其他应收款中的员工借支、押金等，按账面值确定评估值为 1 079 643.54 元。

（7）非经营性负债的确定。

FZ 公司在评估基准日的非经营性负债为预计负债，其他应付款中的员工保证金、代扣个税及保险等以及应付账款中的设备安装保证金。本次评估按账面值确定非经营性评估值为 1 546 900.30 元。

（8）企业整体价值的确定。

企业整体价值 = 经营性资产价值 + 溢余资产价值 + 非经营性资产价值 - 非经营性负债价值 + 长期投资价值 = 7 020.00（万元）

（9）付息负债的价值确定。

根据评估基准日会计报表分析，FZ 公司无付息债务。

（10）股东全部权益价值的确定。

股东全部权益价值 = 企业价值 - 付息债务价值 = 7 020.00（万元）

本次评估的评估对象为股东全部权益价值，未考虑具有控制权的溢价、缺乏控制权的折价及股权流动性等特殊交易对股权价值的影响。

3. 评估结果

通过两种方法的分析和计算，采用收益法评估得出的股东全部权益价值为 7 020.00 万元，资产基础法评估得出的股东全部权益价值为 4 203.18 万元，两者相差 2 816.82 万元，差异率 40.13%。本次评估最终选择收益法评估结果作为 FZ 生物工程公司评估基准日的股东全部权益价值。

三、案例分析

（一）案例思路分析

1. 基本评估方法的适用性分析

按照《资产评估准则——基本准则》的规定，评估需根据评估目的、评估对象、价值类型、资料收集情况等相关条件，选择一种或多种资产评估方法。

资产基础法从企业购建角度反映了企业的价值，为经济行为实现后企业的经营管理及考核提供了依据，不存在对评估对象价值有重大影响且难以辨识和评估的资产和负债，因此本次评估可以选择资产基础法。

被评估企业历史年度经营收益较为稳定，在未来年度其收益与风险可以可靠的预计，因此本次评估可以选择收益法。

本次评估中，根据调查了解，现实市场上难以取得与标的公司类似的企业股权交易案例进行参考比较（或无法获取与委估企业在产品结构、规模、主营业务等方面差异较小的可比上市公司），无法从市场上获得相关的评估数据，故不选用市场法。

最终，本案例选择收益法和成本法进行评估。

2. 评估过程及评估结果选择

案例中采用收益法进行评估时，是以合并报表为基础进行分析；采用成本法进行评估时，以母公司报表为基础进行分析。两种方法评估结果相差 2 816.82 万元，差异率 40.13%。

该案例考虑到资产基础法很难反映其他表外无法识别的无形资产的价值；而

收益法则是以资产的预期收益为价值标准,反映的是资产的产出能力(获利能力)的大小,而这种获利能力包括了标的公司在资产基础法下未考虑的团队管理经验、服务创新能力、优质客户资源、品牌影响力等综合因素形成的各种无形资产的贡献。因此,收益法评估结果能更好地反映企业的股权价值。通过综合分析,案例最终选择收益法的评估结果作为股东全部权益的评估值。

(二) 案例的要点、难点及启发

1. 市场风险溢价(ERP)的计算

市场风险溢价又称市场风险回报率,是指投资组合的收益率与无风险收益率的差额。目前尚没有统一认可的用于估算市场风险溢价的模型。我国实务界关于市场风险溢价的计算方法主要有两种:一是通过计算我国历史股票指数在一定时期内的平均市场收益率减去无风险收益率而获得;二是在成熟市场风险溢价的基础上调整获得。该案例选择第一种方法进行计算,即通过测算历史市场超额回报率来估算未来的市场风险溢价。

确定 ERP 需要明确几个方面的事项:第一,选择什么指数来衡量股市整体变化;第二,计算历史市场风险溢价的期限是多长;第三,采用算术平均值还是几何平均值;第四,无风险报酬率的确定。

案例中证券交易指数选择沪深 300 指数,通过计算沪深 300 指数的收益率,确定其市场预期报酬率。由于沪深 300 指数的成分股每年是发生变化的,因此计算哪年的 ERP 就采用当年年底时沪深 300 指数的成分股,如 2010 年的 ERP 采用 2010 年底沪深 300 指数的成分股。价格选择各成分股每年年末的交易收盘价。

收益率计算年期的选择。案例中考虑到中国股市股票波动的特性,选择以 2000 年作为计算 ERP 平均值的起始年度,采用"向前滚动"的方法分别计算了 2009~2014 年的 ERP。即 2009 年 ERP 计算采用的年期为 2000~2009 年数据(9 年年期),该年度 ERP 的含义是,如果在 2000 年购买指数成分股股票持有到 2009 年后的每年平均超额收益率;2010 年的 ERP 计算采用的年限为 2000~2010 年(10 年年期),该年度 ERP 的含义是,如果在 2000 年购买指数成分股股票持有到 2010 年后的每年平均超额收益率。以此类推,当计算 2014 年的 ERP 时采用的时间年期为 2000~2014 年（14 年年期），该年度 ERP 的含义是，如果在 2000 年购买指数成分股股票持有到 2014 年后的每年平均超额收益率。随着年期的增长，股票市场的波动也会被平滑化，更易于体现真实的股票市场超额收益率。

案例中年收益率的计算采用算术平均值和几何平均值两种计算方法，最后选择几何平均值的结果。计算公式为：

$$C_i = \sqrt[i-1]{\frac{p_i}{P_1}} - 1$$

其中，P_i 为第 i 年年末交易收盘价（定点复权价）。

案例中采用每年年末距到期日剩余年限超过 10 年的国债收盘到期收益率作为无风险收益率。

2. 资产基础法中存货价值的估计

存货期末计量采用成本与可变现净值孰低计量法，可变现净值是指存货的预计未来净现金流入量，而不是存货的售价或合同价；该方法的理论基础是使存货符合资产的定义。当存货的可变现净值低于其成本时，表明该存货给企业带来的未来经济利益低于其账面价值，因此应将这部分损失从资产价值中扣除即要计提跌价准备，计入当期损益。此时存货的价值为账面成本扣除计提的跌价准备即可变现净值。

产成品、库存商品和用于出售的材料等直接用于出售的商品存货，在正常生产经营过程中，以该存货的估计售价减去估计的销售费用和相关税费后的金额，确定其可变现净值；需要经过加工的材料存货，在正常生产经营过程中，以所生产的产成品的估计售价减去至完工时估计将要发生的成本、估计的销售费用和相关税费后的金额，确定其可变现净值；为执行销售合同或者劳务合同而持有的存货，其可变现净值以合同价格为基础计算，若持有存货的数量多于销售合同订购数量的，超出部分的存货的可变现净值以一般销售价格为基础计算。

期末按照单个存货项目计提存货跌价准备；但对于数量繁多、单价较低的存货，按照存货类别计提存货跌价准备；与在同一地区生产和销售的产品系列相关、具有相同或类似最终用途或目的，且难以与其他项目分开计量的存货，则合并计提存货跌价准备。

3. 无形资产评估方法的选择

案例中纳入评估范围的各项无形资产包括专有技术（研发技术项目的配方）和产品商标。对于无形资产的评估，可以采取收益法、市场法和成本法。

市场法主要通过在活跃的无形资产市场或资本市场上选择相同或相似的无形资产作为参照物，同时针对各种价值影响因素，如软件的功能进行类比，将被评估无形资产与参照物进行价格差异的比较调整，分析各项调整结果，从而确定无形资产的价值。使用市场法评估无形资产的必要前提包括：市场数据公开化程度较高；存在可比的无形资产；参照物的价值影响因素明确且能够量化等。由于我国无形资产市场交易目前尚处初级阶段，类似无形资产的公平交易数据采集较为困难，市场法在该案例中的可操作性较差。

成本法通过分析重新开发出被评估无形资产所需花费的物化劳动来确定评估价值。企业合法取得无形资产过程中需支出的费用，一般包括人工费用、调研咨询费、资产购置费、实验测试费、期间费用等，无形资产赋予企业的真实价值与企业实际所支出费用之间通常对应关系较弱，故成本法评估通常适用于经营与收益之间不存在较稳定的对应关系，相应产品或服务价格市场性较弱的无形资产评估。案例中被评估企业的经营收益与其所有的无形资产关联相对紧密，因此成本法适用性较差。

收益法以被评估无形资产未来所能创造的收益现值来确定评估价值，对无形资产而言，其价值主要来源于直接变卖该无形资产的收益，或者通过使用该无形资产为其产品或服务注入技术加成而实现的超额收益。案例中考虑到被评估企业所经营业务与待评估无形资产之间的关联较为显著，纳入评估范围的无形资产对其主营业务的价值贡献水平较高，相关业务收入在财务中单独核算，且该类无形资产的价值贡献能够保持一定的延续性，故采用收益法进行评估。

4. FZ 公司的 SWOT 分析

对企业进行 SWOT 分析，有助于了解和把握企业的市场竞争力，有助于测算企业未来销售收入的增长情况。SWOT 分析是将企业的内部环境和外部环境相结合，进而分析企业的优势（S）和劣势（W）、面临的机会（O）和威胁（T）。案例中对标的企业的 SWOT 分析，如图 5-1 所示。

优势（S）	机会（O）
1. 产品品种资源比较丰富 2. 局部市场有良好的认知 3. 拥有较专业的营销技术服务队伍 4. 产品质量比较稳定可靠	1. 目标市场尚未有强大的专业化竞争对手和持续的关注者 2. 渠道合作构建新型的利益结盟 3. 行业变革、服务转型激发创新商业模式
劣势（W）	威胁（T）
1. 对新化合物的获取能力有限 2. 渠道不强，客户较弱 3. 精英人才缺乏 4. 自身品牌弱，缺少技术张力和有效传播	1. 上游原药供应紧张和不确定性 2. 产业变迁（政府补贴、统防统治、农资电商等）导致现有渠道、经营模式失效

图 5-1 企业的 SWOT 分析

四、延伸思考

1. 思考企业自由现金流与股权自由现金流的关系。

2. 收益法和资产基础法评估的结果为什么不一致？

3. 思考股权全部权益价值和企业整体价值的内涵，投入资本价值和全投资价值的差异。

案例六

JZ网络公司股东全部权益价值评估

案例摘要：某评估公司受WH网络公司委托，对其间接控股公司JZ网络公司在评估基准日2018年12月31日的股东全部权益价值进行评估，从而为WH公司在相关文件中约定的事项提供价值参考。评估案例分别采用收益法和资产基础法对JZ公司进行评估，其中收益法以合并口径的报表为基础进行预测，资产基础法以母公司报表为基础进行预测。通过两种方法的分析和计算，收益法评估得出的股东全部权益价值为53 949.55万元，资产基础法评估得出的结果为18 199.42万元，两者相差35 750.13万元，差异率196.44%。案例最终采用收益法的结果作为评估价值，即评估基准日JZ公司的股东全部权益价值为53 949.55万元，较母公司账面净资产增值44 026.53万元，增值率443.68%。

一、教学准备

（一）案例教学目的与用途

本案例适用于资产评估案例分析课程和企业价值评估等评估课程的教学。通过此案例的教学，学习者可以全面了解企业价值评估的思路，深入理解和掌握收益法和资产基础法在企业价值评估中的应用;了解宏观经济因素及产业政策因素对企业的影响;理解网络游戏企业价值评估的重点和难点。本案例中关于评估方法及相关参数的确定都有比较详细的介绍,因此有助于提高学习者的评估实践能力。

(二) 案例教学拟解决的问题

(1) 运用收益途径评估企业股权价值的思路和技术路线。
(2) 宏观环境和行业环境因素对企业的影响。
(3) 企业自由现金流的预测过程。
(4) 网络游戏企业营业收入的预测。

(三) 案例涉及的主要知识点

1. 资产基础法和收益法的概念

资产基础法是指以被评估企业评估基准日的资产负债表为基础,合理评估企业表内及表外各项资产、负债价值,确定评估对象价值的评估方法。

收益法是指通过将被评估企业预期收益资本化或折现,确定评估对象价值的评估方法。

2. 企业自由现金流量模型

对于经营性资产价值的评估,采用企业自由现金流模型。经营性资产价值的计算公式为:

$$P = \sum_{i=1}^{n} \frac{F_i}{(1+r)^i} + \frac{F_n}{r(1+r)^n}$$

其中:P 为评估基准日的企业经营性资产价值;F_i 为企业未来第 i 年预期自由现金流量;F_n 为永续期预期自由现金流量;r 为折现率;i 为收益期计算年;n 为预测期。

(1) 加权平均资本成本模型(WACC)和资本资产定价模型(CAPM)。

加权平均资本成本估价模型的公式为:

$$r = K_e \times [E/(D+E)] + K_d \times (1-t) \times [D/(D+E)]$$

其中：K_e 为权益资本成本；K_d 为债务资本成本；t 为所得税率；$E/(D+E)$ 为根据市场价值估计的被估企业的目标权益资本比率；$D/(D+E)$ 为根据市场价值估计的被估企业的目标债务资本比率。

资本资产定价模型公式为：

$$K_e = R_f + \beta_e \times R_m + R_c$$

其中：R_f 为无风险报酬率；R_m 为市场风险溢价；R_c 为企业特定风险调整系数；β_e 为权益的市场风险系数。

（2）非上市企业 β 的计算。

计算非上市企业 β 值时，应先计算和查询得到几个可比上市公司的 β 值，即有财务杠杆的 β_L 值；其次按照 Hamada 公式，转化为无财务杠杆风险系数 β_u。其中 Hamada 公式如下：

$$\beta_u = \beta_L / [1 + (1-t) \times (D_i/E_i)]$$

其中：β_U 为无财务杠杆的 β；β_L 为有财务杠杆的 β；t 为公司所得税税率；D_i/E_i 为债务资本和股权资本的比重。

最后根据可比公司无财务杠杆的 β_u 和目标公司的资本结构，计算目标公司的 β 值。计算公式采用 Hamada 公式的变形公式，即：

$$\beta = \beta_u \times [1 + (1-t) \times (D/E)]$$

其中：β 为目标公司的 β 值；β_u 为可比公司无财务杠杆的 β 值；t 为目标公司所得税税率。

（四）课堂教学安排

课时安排：5 课时。第 1 课时案例介绍和讲解，第 2、3、4 课时小组讨论，第 5 课时发言总结。

教学形式：小组讨论。本案例以 30 人的班级为宜，每小组 5 人，分为 6 个小组。讨论的主要内容有：收益法、资产基础法和市场法的适用前提和评估思路；互联网企业的特点及对价值评估方法选择的影响；本案例适用的评估方法及其原因分析；宏观环境分析、游戏行业环境分析及其内容；企业的运营模式及收益的预测。

辅助材料：计算机、网络、办公软件及数据支持。

前置知识：企业价值评估、财务管理。

二、案例内容

（一）评估基本事项

1. 委托方情况

WH 网络科技股份有限公司（以下简称"WH 公司"）是一家上市公司，其经营范围为网络及计算机领域内的技术开发、技术转让、技术咨询、技术服务，动漫的设计和制作，广告的设计、制作和发布等。

2. 评估对象和范围

被评估企业为 JZ 网络技术公司（以下简称"JZ 公司"），成立于 2014 年，是 WH 网络科技股份有限公司的间接控股公司。本次评估对象为 JZ 公司在评估基准日的股东全部权益价值。评估范围为 JZ 公司经某会计师事务所审计后的全部资产及负债。其中，资产总额账面值 41 257.90 万元，负债总额账面值 31 334.88 万元，所有者权益账面值 9 923.02 万元。

3. 评估目的

根据《WH 网络科技股份有限公司发行股份及支付现金购买资产并募集配套资金报告书》中减值承诺的安排及《利润补偿协议》中"业绩承诺及补偿安排"的约定，需对 JZ 公司在评估基准日的股东全部权益进行评估，为 WH 公司对上述文件中约定的事项提供价值参考。

该经济行为已经 WH 公司董事会决议批准。

4. 评估基准日

评估基准日是 2018 年 12 月 31 日。

5. 评估依据

本次评估工作中主要遵循以下评估依据。

（1）经济行为依据：WH 股份公司的《董事会决议》。

（2）法律法规依据：包括《中华人民共和国资产评估法》《中华人民共和国证券法》，以及其他与评估工作相关的法律、法规和规章制度。

（3）评估准则依据：包括《资产评估准则——基本准则》《资产评估准则——企业价值》《资产评估执业准则——利用专家工作及相关报告》等。

（4）权属依据：包括JZ网络公司的营业执照、章程、验资报告、出资证明等；企业经营相关业务合同、协议、发票；委托人、被评估单位提供的资产清查评估明细表。

（5）取价依据和其他参考依据。

略。

6. 评估假设

略。

7. 价值类型

根据本次评估目的、市场条件、评估对象自身条件等因素，确定评估价值类型为市场价值。市场价值是指自愿买方和自愿卖方，在各自理性行事且未受任何强迫的情况下，评估对象在评估基准日进行正常公平交易的价值估计数额。市场价值是在满足公开市场和资产有效使用的前提下，相对于整体市场而言的合理或公允价值。

本次评估对市场条件和评估对象的使用等并无特别限制和要求，故选择市场价值作为评估结论的价值类型。

8. 评估方法

该案例采用资产基础法和收益法对JZ网络公司股东全部权益价值进行评估。

9. 评估程序

（1）接受委托订立业务委托合同。

（2）前期准备。包括组建评估项目组，制订资产评估工作计划；布置资产评估申报明细表及相关资产调查表，确定所需资料清单等。

（3）资产核查和现场调查。包括对评估对象涉及的资产和负债的清查核实，以及对被评估单位的经营管理状况等进行的尽职调查。资产核实包括对纳入评估范围的各项资产的数量、质量、基准日使用状况等进行盘点和现场勘查，对评估对象及所涉及的资产、负债进行全面了解和核实。尽职调查可以通过访谈、查阅、询问等方式进行，其内容包括被评估单位的历史沿革、控股股东及持股比例、经营管理结构和产权架构；被评估单位的资产、财务、生产经营管理状况及盈利模式；被评估单位非经营性资产、负债和溢于资产情况；被评估单位核心资产及技术研发情况；被评估单位自身优劣势、竞争力及所面临的风险情况；影响被评估单位生产经营的宏观、区域经济因素等。

（4）资料收集、整理、分析和归纳。

（5）评定估算，编制初步资产评估报告。

（6）内部审核及出具资产评估报告。

（二）评估思路

根据《中华人民共和国资产评估法》和相关资产评估准则的规定，对企业进行价值评估，应当恰当选择一种或者多种资产评估基本方法。该案例中，首先，通过对企业财务状况、持续经营能力、发展前景以及评估目的和各评估方法获取相关资料的难易程度，确定采用收益法和资产基础法对企业进行价值评估；其次，综合考虑不同评估方法和初步评估结论的合理性，以及所使用数据的质量和数量；最后，确定收益法的评估结果作为最终结论。其中，收益法和资产基础法的评估思路如下。

1. 收益法评估思路

评估股东全部权益价值可以采用直接法和间接法两种方法，本案例中采用间接法评估股东全部权益价值。首先估算企业经营性资产的价值，再加上企业对外长期投资的权益价值以及基准日的其他非经营性、溢余资产的价值，得到企业整体价值，由企业整体价值扣减付息债务价值后，得出企业的股东全部权益价值。该思路用公式表示如下：

$$股东全部权益价值 = 企业整体价值 - 付息债务价值$$

其中：企业整体价值 = 经营性资产价值 + 长期股权投资价值 + 非经营性资产价值 + 溢余资产价值 − 非经营性负债；付息债务是指评估基准日被评估企业账面上需要付息的债务，包括短期借款、带息的应付票据、一年内到期的长期负债、长期借款和应付债券等。

2. 资产基础法评估思路

资产基础法具体是指将构成企业的各单项资产选用合适的评估方法进行评估，加和减去负债评估值得出评估对象价值。案例中 JZ 公司的全部资产和负债包括流动资产、非流动资产和负债。货币资金、预付账款和流动负债以核实无误后的账面值作为评估值；应收账款和其他应收款项以账面值扣减风险损失额作为评估值。非流动资产包括长期股权投资和递延所得税资产。递延所得税资产以核实无误后的账面值作为评估值；长期股权投资采用资产基础法和收益法对被投资企业进行整体评估，以被投资企业评估基准日股东全部权益的评估值和 JZ 公司所持有被投资企业股权比例的乘积确定评估值。JZ 公司没有非流动负债。最后用评估后的资产总额减负债总额，即可得到股权全部权益价值（净资产的价值）。该思路用公式表述即：

$$V_{股权} = V_{总资产} - V_{负债}$$

其中：$V_{股权}$ 为被评估企业的股权价值；$V_{总资产}$ 为被评估企业在评估基准日的全部资产的市场价值；$V_{负债}$ 为被评估企业在评估基准日的全部负债的市场价值。

（三）资产核查情况说明

资产核查是对评估范围涉及的资产和负债进行清查与核实，包括流动资产、非流动资产和负债。流动资产包括货币资金、应收账款、其他应收款、预付账款、其他流动资产；非流动资产包括长期股权投资和递延所得税资产；负债为流动负债。

核实工作的主要步骤有：（1）成立资产核实小组，制订现场核实实施计划；（2）进驻企业后，指导企业资产申报工作，调查企业的经营状况，审查评估基础资料；（3）按资产的分布、会计核算口径等具体情况，分类对资产进行现场勘察和数据核实；（4）通过账务核对、查阅相关的业务交易合同等方式，核实重大债权债务等权利状况；（5）汇总现场核实情况，分类整理评估资料。

在清查工作中，需要针对不同的资产性质、特点及实际情况，采取不同的清查方法。例如，对于银行存款，评估人员需要核实银行对账单、银行函证，以核实后的价值确定评估值；对于应收账款、其他应收款，评估人员应在对应收款项核实无误的基础上，借助历史资料和现场调查了解的情况，具体分析欠款数额、欠款时间和原因、款项回收情况，以及欠款人资金、信用、经营管理现状等因素，采用个别认定法、账龄分析法对风险损失进行评估，以核实后的账面值扣减风险损失额作为评估值；对于长期股权投资，评估人员应对长期股权投资形成的原因、账面值和被投资企业的实际经营状况进行核实，并查阅投资协议、股东会决议、章程和有关会计记录等资料，在此基础上，根据各项长期投资的具体情况，分别采取适当的方法进行评估。

（四）评估测算过程及结论

1. 收益法评估过程

（1）收益年限的确定。

被评估企业业务稳定，经营正常，故收益期按永续确定。根据公司目前经营状况、业务特点、市场供需情况，预计其在 2023 年进入稳定期。因此确定详细预测期为 2019～2023 年共 5 年，2023 年之后永续。

（2）未来收益的确定。

① 营业收入的预测。JZ 公司历史主营业务收入及增长情况如表 6-1 所示。

表 6-1　　　　2015～2018 年 JZ 公司的主营业务收入及收入增长率

项目	2015 年	2016 年	2017 年	2018 年
主营业务收入合计（元）	275 310 817.66	470 125 091.95	588 656 394.98	1 044 570 173.12
占营业收入比率（%）	100.00	100.00	100.00	100.00
比上年度增长率（%）	—	70.76	25.21	77.45

营业收入的预测参考历史运营指标的变化趋势以及与游戏平台渠道商的分成比例，分别计算确定未来年度手机游戏、网页游戏等各类游戏产品的运营收入，然后汇总得出全部的运营游戏收入。JZ 公司已经代理和拟代理的游戏产品共计 11 种，包括网网页游戏戏 1 个、手机游戏 9 个和其他轻度手机游戏产品。2019 年预期营业收入较上年有所下降（主要考虑到 2018 年有广告奖励金的计入，预测期谨慎处理不考虑此项；网页游戏和手机游戏的流水预计下降）。随着 2019 年新代理

游戏上线运营，预计 2020 年较上年有较大幅度增长，2021 年基本保持上年水平并略有下降，2022～2023 年分别保持 3.58%、2.82% 的低速增长，预测各期的营业收入增长幅度均低于行业可预期增长幅度，2023 年后保持规模不变，永续经营。具体收入预测结果如表 6-2 所示。

表 6-2　　　　　　　　2019～2023 年营业收入预测　　　　　　　　单位：元

项目	2019 年	2020 年	2021 年	2022 年	2023 年
网页游戏	70 598 570	47 747 407	29 533 580	14 055 229	—
手机游戏	658 947 651	896 600 797	879 239 810	926 415 890	978 399 275
其他轻度产品	64 306 616	60 252 744	70 481 844	73 870 963	64 535 561
总收入	793 852 837	1 004 600 948	979 255 234	1 014 342 082	1 042 934 836

② 营业成本的预测。JZ 公司的运营成本主要为公司与游戏的提供方依据合同约定比例支付给上游的成本和服务器托管费。2015～2018 年企业主营业务成本及增长情况如表 6-3 所示。

表 6-3　　　　　　2015～2018 年 JZ 公司的营业成本及增长率

项目	2015 年	2016 年	2017 年	2018 年
网页游戏（元）	66 992 913.43	115 009 796.62	83 344 112.52	44 419 022.46
手机游戏（元）	186 998 778.10	258 891 449.87	309 854 954.91	414 918 711.90
服务器托管费（元）	420 000.00	440 000.00	460 000.00	480 000.00
营业成本合计（元）	254 411 691.53	374 341 246.49	393 659 067.43	459 817 734.36
比上年度增长率（%）	—	47.14	5.16	16.81
占营业收入比率（%）	—	79.63	66.87	44.02

本次评估中，游戏成本预测以预测的未来游戏的月流水为基础，根据管理层的预测并依据合同以及合同补充协议上约定的分成比例，对未来年度的该部分成本进行预测；未来年度托管及宽带费的预测，主要依据历史年度租赁服务器托管（及宽带费）数量和收费标准，结合未来业务开展情况合理预测。公司各年营业成本预测结果如表 6-4 所示。

表 6-4　　　　　　　　　2019~2023 年营业成本预测

项目	2019 年	2020 年	2021 年	2022 年	2023 年
网页游戏（元）	33 696 487.57	21 350 832.46	12 503 273.07	5 497 455.80	—
手机游戏（元）	367 745 742.18	466 624 509.13	461 436 797.46	474 269 530.60	481 174 454.37
服务器托管费（元）	500 000.00	520 000.00	540 000.00	560 000.00	580 000.00
总成本合计（元）	401 942 229.75	488 495 341.58	474 480 070.53	480 326 986.40	481 754 454.37
总成本占主营业务收入比列（%）	50.63	48.63	48.45	47.35	46.19

③ 税金及附加的估算。JZ 公司代理运营分成收入缴纳增值税，增值税税率为 6%。城市维护建设税按应交流转税税额的 7% 计缴；教育费附加按应交流转税税额的 3% 计缴；地方教育费按应交流转税税额的 2% 计缴；按测算的各年度流转税额、适用的税率计算城建税及教育费附加；印花税按照近两个年度税费占营业收入的比率估算。税金及附加的估算结果如表 6-5 所示。

表 6-5　　　　　　2019~2023 年税金及附加预测　　　　　　单位：元

项目	2019 年	2020 年	2021 年	2022 年	2023 年
城市维护建设税	91 669	280 626	299 325	369 226	428 279
教育费附加	65 478	200 447	213 804	263 733	305 913
其他（印花税等）	476 312	602 761	587 553	608 605	625 761
主营业务税金及附加	633 457.93	1 083 833.33	1 100 682.56	1 241 564.01	1 359 952.62

④ 销售费用的预测。JZ 公司营业费用主要包括：互联网推广及流量费用、人员薪酬、劳动保险费、办公费、差旅费、招待费等费用。其中互联网推广及流量费用按该项费用占上年营业收入的比率预测。人员薪酬、劳动保险费的预测主要根据公司提供的年度职工人数、平均工资水平以及考虑未来工资增长因素进行预测。差旅费、招待费等根据 JZ 公司未来年份业务发展趋势，并适当考虑业务量，按一定比率进行增长；办公费为人员办公及用品费，与未来年度人事部门提供的

部门职工人数有关，按照月人均值进行预测。预测结果如表6-6所示。

表6-6　　　　　　　2019~2023年销售费用预测　　　　　单位：元

项目	2019年	2020年	2021年	2022年	2023年
人员薪酬	3 066 515.69	3 373 167.26	3 710 483.98	4 081 532.38	4 489 685.62
办公费	12 000.00	14 400	15 840	17 424	19 166.4
互联网推广及流量费用	370 084 742	449 289 944	433 507 190	446 104 156	459 209 309
劳动保险费	309 155.37	340 070.90	374 077.99	411 485.79	452 634.37
差旅费	5 000	6 000	6 600	7 260	7 986
招待费	5 000	6 000	6 600	7 260	7 986
销售（营业）费用合计	373 482 413	453 029 582.4	437 620 791.6	450 629 118.3	464 186 767.3

⑤ 管理费用的预测。管理费用主要包括：工资及公积金、劳动保险费、研究开发费（技术人员工资）、办公费、差旅费、招待费、折旧等费用。预测期管理费用占主营业务收入的比率介于0.63%~0.78%之间，均值为0.72%，高于2018年水平。最终确定测算结果如表6-7所示。

表6-7　　　　　　　2019~2023年管理费用预测

项目	2019年	2020年	2021年	2022年	2023年
固定部分（元）	—	—	—	—	—
折旧（元）	1 037.11	791.67	791.67	791.67	791.67
无形资产摊销（元）	—	—	—	—	—
长期待摊费用摊销（元）	—	—	—	—	—
其他（元）	—	—	—	—	—
固定部分合计（元）	1 037.11	791.67	791.67	791.67	791.67
可变部分（元）	—	—	—	—	—
工资及公积金（元）	1 501 052.87	1 574 158.16	1 731 573.97	1 904 731.37	2 095 204.51
办公费（元）	50 000.00	52 000.00	57 200.00	62 920.00	69 212.00
差旅费及会议费（元）	7 000.00	7 490.00	8 014.30	8 575.30	9 175.57

续表

项目	2019 年	2020 年	2021 年	2022 年	2023 年
业务招待费（元）	30 000.00	30 000.00	30 000.00	30 000.00	30 000.00
税金（元）	—	—	—	—	—
专业服务费及其他（元）	25 000.00	27 500.00	30 250.00	33 275.00	36 602.50
租赁费（元）	82 244.12	88 001.21	94 161.29	100 752.58	107 805.26
劳动保险费（元）	180 501.63	198 551.80	218 406.98	240 247.67	264 272.44
研究开发费（技术人工资）（元）	4 000 000.00	4 400 000.00	4 840 000.00	5 227 200.00	5 540 832.00
可变部分合计（元）	5 875 798.62	6 377 701.16	7 009 606.54	7 607 701.93	8 153 104.28
管理费用合计（元）	5 876 835.73	6 378 492.83	7 010 398.21	7 608 493.60	8 153 895.95
管理费用/主营业务收入（%）	0.74	0.63	0.72	0.75	0.78

⑥ 折旧与摊销的预测。对折旧的预测，按照企业现行折旧年限和残值率，采用平均年限法进行估算。对于预测期新增资产，按照存续固定资产的折旧年限和残值率计算确定每年的折旧额。企业无形资产及其他长期资产摊销项目的预测结果如表 6-8 所示。

表 6-8　　　　　　　2019~2023 年折旧摊销预测　　　　　　单位：元

项目	2019 年	2020 年	2021 年	2022 年	2023 年
折旧	1 037.11	791.67	791.67	791.67	791.67
合计	1 037.11	791.67	791.67	791.67	791.67

⑦ 资本性支出的预测。企业的资本性支出主要包括存量资产的正常更新支出（重置支出）和增量资产的资本性支出（扩大性支出）。企业固定资产仅一台办公电脑，本次评估考虑按每三年更新一次，作为未来年度资本性支出。公司目前的经营规模较为稳定，预测期管理层不考虑新增资本性支出。对于永续期，资产更新支出依据基准日企业必需的资产规模预测。预测结果如表 6-9 所示。

表 6-9　资本性支出的预测　　　　　　　　　　　　单位：元

项目	2019 年	2020 年	2021 年	2022 年	2023 年
更新资本性支出	2 500.00	0.00	0.00	2 500.00	0.00
合计	2 500.00	0.00	0.00	2 500.00	0.00

⑧ 营运资金预测。营运资金根据公司评估基准日及前三年度应收、应付、预收、预付、其他应收、其他应付等各项往来款周转率等历史数据，结合预测年度收入、成本进行测算。营运资金追加额计算公式为：

营运资金追加 = 本年度需要的营运资金 - 上年度需要的营运资金

预测结果如表 6-10 所示。

表 6-10　营运资金的预测　　　　　　　　　　　　单位：元

项目	2019 年	2020 年	2021 年	2022 年	2023 年
最低现金保有量	65 161 158.28	79 082 204.88	76 684 262.60	78 317 114.22	79 621 189.89
存货	—	—	—	—	—
预付款项	1 555 775.92	1 892 005.69	1 837 908.02	1 861 048.19	1 867 022.24
应收款项	163 043 091.96	206 326 962.84	201 121 409.26	208 327 616.56	214 200 053.88
预收款项	—	—	—	—	—
应付款项	180 508 039.32	219 518 912.00	213 242 259.55	215 927 085.26	216 620 220.86
营运资本	49 251 986.83	67 782 261.41	66 401 320.33	72 578 693.72	79 068 045.15
营运资本增加额	260 137 193.75	18 530 274.58	-1 380 941.08	6 177 373.39	6 489 351.43

⑨ 现金流量的确定。根据上述各项预测，未来各年度及永续期企业自由现金流量预测如表 6-11 所示。

表 6-11　企业自由现金流量预测　　　　　　　　　　　　单位：元

项目	2019 年	2020 年	2021 年	2022 年	2023 年	永续期
营业收入	79 385.28	100 460.09	97 925.52	101 434.21	104 293.48	104 293.48
主营业务收入	79 385.28	100 460.09	97 925.52	101 434.21	104 293.48	104 293.48
其他业务收入	0.00	0.00	0.00	0.00	0.00	0.00

续表

项目	2019年	2020年	2021年	2022年	2023年	永续期
营业支出	40 194.22	48 849.53	47 448.01	48 032.70	48 175.45	48 175.45
主营业务成本	40 194.22	48 849.53	47 448.01	48 032.70	48 175.45	48 175.45
其他业务成本	0.00	0.00	0.00	0.00	0.00	0.00
营业税金及附加	63.35	108.38	110.07	124.16	136.00	136.00
营业费用	37 348.24	45 302.96	43 762.08	45 062.91	46 418.68	46 418.68
管理费用	587.68	637.85	701.04	760.85	815.39	815.39
财务费用	0.00	0.00	0.00	0.00	0.00	0.00
资产减值损失	—	—	—	—	—	—
投资收益	0.00	0.00	0.00	0.00	0.00	0.00
营业利润	1 191.79	5 561.37	5 904.33	7 453.59	8 747.98	8 747.98
加：营业外收入	0.00	0.00	0.00	0.00	0.00	0.00
减：营业外支出	0.00	0.00	0.00	0.00	0.00	0.00
利润总额	1 191.79	5 561.37	5 904.33	7 453.59	8 747.98	8 747.98
减：所得税费用（25%）	297.95	1 390.34	1 476.08	1 863.40	2 186.99	2 186.99
净利润	893.84	4 171.03	4 428.25	5 590.19	6 560.98	6 560.98
加：固定资产折旧	0.10	0.08	0.08	0.08	0.08	0.08
加：无形资产长期待摊摊销	0.00	0.00	0.00	0.00	0.00	0.00
加：借款利息（税后）	0.00	0.00	0.00	0.00	0.00	0.00
减：资本性支出	0.25	0.00	0.00	0.25	0.00	0.08
减：营运资金增加额	26 013.72	1 853.03	-138.09	617.74	648.94	0.00
企业自由现金流量	-25 120.02	2 318.08	4 566.42	4 972.29	5 912.13	6 560.98

（3）折现率的确定。

按照收益额与折现率口径一致的原则，采用加权平均资本成本估价模型（WACC）确定折现率 r。公式为：

$$r = K_e \times [E/(D+E)] + K_d \times (1-t) \times [D/(D+E)]$$

其中：K_e 为权益资本成本；K_d 为债务资本成本；t 为所得税率；$E/(D+E)$ 为根据市场价值估计的被估企业的目标权益资本比率；$D/(D+E)$ 为根据市场价值估计的被估企业的目标债务资本比率。

① 权益资本成本 K_e 采用资本资产定价模型（CAPM）来计算。

公式为：

$$K_e = R_f + \beta_e \times R_m + R_c$$

其中：R_f 为无风险报酬率；R_m 为市场风险溢价；R_c 为企业特定风险调整系数；β_e 为权益的市场风险系数。

第一，无风险报酬率 R_f 的确定。无风险报酬率是对资金时间价值的补偿。本次评估的无风险报酬率通过计算2018年12月31日剩余期限10年以上的国债到期平均到期收益率，最终确定为3.9773%（见表6-12）。

表6-12　　　　　　　　　10年以上的国债到期收益率

证券代码	证券简称	剩余期限（年） [日期] 2018-12-31 [单位] 年	收盘到期收益率（%） [日期] 2018-12-31 [计算方法] 央行规则
010706.SH	07国债06	18.3808	4.2691
019003.SH	10国债03	21.1699	4.0797
019009.SH	10国债09	11.2932	4.0922
019014.SH	10国债14	41.4000	4.0295
019018.SH	10国债18	21.4767	4.0292
019023.SH	10国债23	21.5808	3.3373
019026.SH	10国债26	21.6301	3.9582
019029.SH	10国债29	11.6767	3.8613
019037.SH	10国债37	41.8877	4.3994
…	…	…	…
150017.IB	15附息国债17	26.5753	3.7190
150021.IB	15附息国债21	16.7315	3.6303
150025.IB	15附息国债25	26.8082	4.0005
150028.IB	15附息国债28	46.9014	4.3885
160008.IB	16附息国债08	27.3205	3.8000
160013.IB	16附息国债13	47.3973	3.8400
160019.IB	16附息国债19	27.6466	3.8000
160026.IB	16附息国债26	47.8959	3.4800

续表

证券代码	证券简称	剩余期限（年） [日期] 2018-12-31 [单位] 年	收盘到期收益率（%） [日期] 2018-12-31 [计算方法] 央行规则
170005.IB	17 附息国债 05	28.1452	3.8100
170011.IB	17 附息国债 11	48.3945	3.8299
170015.IB	17 附息国债 15	28.5671	3.7950
170022.IB	17 附息国债 22	28.8164	3.8372
170026.IB	17 附息国债 26	48.8932	4.0092
180006.IB	18 附息国债 06	29.2192	3.7650
180012.IB	18 附息国债 12	49.3918	4.1350
180017.IB	18 附息国债 17	29.5644	3.7500
180024.IB	18 附息国债 24	29.8137	3.8200
180025.IB	18 附息国债 25	49.8904	3.8099
平均	—	—	3.9773

资料来源：Wind 资讯。

第二，权益的市场风险系数 β_e 的确定。JZ 公司是一家非上市公司，无法直接得到 β 值，需要依据可比上市公司的 β 值进行计算。通过 Wind 资讯终端查询所属行业沪深 300 上市公司的 β_L（有财务杠杆的 β 值），根据 Hamada 公式将各公司的 β_L 换算成无财务杠杆的 β_u 及平均 β_u，而后选取资本结构计算出 JZ 公司的 β 值。

首先，选取可比公司，通过 Wind 资讯终端查询得到可比公司截至 2018 年 12 月 31 日沪深 300 指数的有财务杠杆的 β_L 及其他相关参数如表 6-13 所示。

表 6-13　　　　　　可比公司的 β_L 及其他相关参数

名称	有息负债(D)/元	权益(E)/元	资本结构(D/E)	税率/%	β_L	β_u
游族网络	225 646.89	1 651 661.78	0.136618	25.00	0.8780	0.7964
中青宝	8 000.00	267 355.69	0.029923	15.00	0.8485	0.8275
掌趣科技	2 377.89	973 391.92	0.002443	15.00	0.9030	0.9011
游久游戏	5 000.00	372 218.46	0.013433	25.00	0.8802	0.8714
晨鑫科技	26 500.00	418 167.55	0.063372	12.50	1.0882	1.0310
平均	—	—	0.049200	—	0.9089	0.8855

其次，按照 Hamada 公式，计算无财务杠杆风险系数 β_u。公式如下：

$$\beta_u = \beta_L / [1 + (1-t) \times (D_i/E_i)]$$

其中，D_i/E_i 为债务资本和股权资本的比重。具体数值见表 6-13。

最后，计算 JZ 公司的 β，公式为：

$$\beta = \beta_u \times [1 + (1-t) \times (D/E)]$$

其中：β_u 取表 6-13 中的平均值为 0.8855；t 为 JZ 公司的所得税率 25%；D/E 为 JZ 公司的目标资本结构，本次评估取企业自身的资本结构作为目标资本结构，及 D/E 为 0%。

由此得到 JZ 公司的 β = 0.8855。

第三，市场风险溢价（ERP）R_m 的确定。本次评估采用业界常用的风险溢价调整方法，即对成熟市场的风险溢价进行适当调整来确定我国市场的风险溢价。基本公式为：

市场风险溢价(R_m) = 成熟股票市场的股票风险溢价 + 国家风险溢价

= 成熟股票市场的股票风险溢价 + 国家违约风险利差

× (σ 股票/σ 国债)

根据 2019 年 1 月达莫达兰发布的最新数据，公式中各项参数取值如下。

成熟市场基本补偿额。美国不同时期股票风险补偿如表 6-14 所示。基于历史的股票风险补偿，本次案例选择基于长期国债的 1928~2018 年的股票风险补偿 6.26%。

表 6-14　　　　不同时期美国股票市场的风险补偿　　　　单位：%

时期	基于短期国库券的股票风险补偿	基于长期国债的股票风险补偿
1928~2018 年	7.93	6.26
1969~2018 年	6.34	4.00
2009~2018 年	13.00	11.22

注：表中的数据根据实务界经常采用的算术平均方法计算得出。

国家违约补偿额。穆迪评级机构对我国的债务评级为 A1，相对应的违约利差为 79 个基点，即 0.79%。

σ 股票/σ 国债。σ 股票/σ 国债为股票市场相对于债券市场的波动率，达莫达兰在本次计算中使用 1.23 倍的比率代表新兴市场的波动率。

因此，中国市场风险溢价 = 6.26% + 0.79% × 1.23 = 7.24%。

第四，R_c 企业特定风险调整系数的确定。经过对企业的规模、经营阶段、历史经营情况、财务风险、业务市场的连续性、经营业务、产品和地区的分布、内部管理及控制机制、管理人员的经验和资历、对主要客户及供应商的依赖等因素的综合分析和考虑，设定被评估企业特定风险调整系数 R_c 为 3.13%。

第五，权益资本成本的确定。根据以上分析和有关参数的确定，按公式计算得：

$$K_e = R_f + \beta_e \times R_m + R_c$$

$$= 3.9773\% + 0.8855 \times 7.24\% + 3.13\%$$

$$= 13.52\%（保留小数点后两位）$$

② 债务资本成本 k_d 的确定。根据评估基准日会计报表分析，公司无付息债务，k_d 取 0%。

③ 加权平均资本成本的确定，即折现率的确定：

$$r = K_e \times [E/(D+E)] + K_d \times (1-t) \times [D/(D+E)] = 13.52\%$$

（4）经营性资产的价值。

根据以上分析、预测所确定的各参数，通过对收益期内各年预测自由现金流进行折现，得出企业经营性资产的价值，计算结果如表 6-15 所示。

表 6-15　　　　　　　　经营性资产价值的计算

项目	2018 年度	2019 年度	2020 年度	2021 年度	2022 年度	永续期
自由现金流量（万元）	-25 120.02	2 318.08	4 566.42	4 972.29	5 912.13	6 560.98
折现率（%）	13.52	13.52	13.52	13.52	13.52	13.52
折现年限	1	2	3	4	5	—
折现系数	0.8809	0.7760	0.6836	0.6022	0.5304	3.9231
现值（万元）	-22 128.23	1 798.83	3 121.60	2 994.31	3 135.79	25 739.39
自由现金流量折现（万元）	14 661.69					

根据表 6-15 可知，企业经营性资产价值为 14 661.69 万元。

（5）溢余资产、非经营资产、非经营性负债和长期股权投资价值的确定。

经与公司相关人员了解并通过对资产明细表中相关项目的分析，公司在评估基准日溢余资产为盈余货币资金；在预测年度对营运资金中正常需要的最低现金保有量进行了预测，没有超出该时点正常需要的现金额，即溢余资产评估值为 0 元。公司在评估基准日非经营性资产递延所得税资产评估值为 120.61 万元；其他应收款中关联方资金拆借及租房押金评估值为 39 176.79 万元。非经营性资产评估值为 39 297.40 万元。非经营性负债为其他应付款，其评估值为 9.55 万元。长期股权投资评估值根据对被投资企业基准日经整体评估的股东全部权益价值乘以所持有的股权比例，计算得出长期股权投资的价值。截至评估基准日委估企业有一家全资子公司，因为收益法评估是基于合并口径财务报表，长期股权投资的评估值确认为 0 元。

（6）企业整体价值的确定。

企业整体价值 = 经营性资产

企业整体价值 = 经营性资产价值 + 溢余资产价值 + 非经营性资产价值 − 非经营性负债价值 + 长期投资价值

$$= 14\,661.69 + 0 + 39\,297.40 - 9.55 + 0$$

$$= 53\,949.54（万元）$$

（7）股东全部权益价值的确定。

股东全部权益价值 = 企业整体价值 − 付息债务价值

$$= 53\,949.54 - 0$$

$$= 53\,949.54（万元）$$

2. 资产基础法主要评估过程

JZ 公司的资产和负债包括流动资产、非流动资产和流动负债。其在 2018 年 12 月 31 日的资产负债情况（母公司口径）如表 6-16 所示。

表 6-16　　　　　　评估基准日 JZ 公司的资产负债表　　　　　　单位：元

项目	2018 年 12 月 31 日
流动资产合计	411 372 943.72
非流动资产合计	1 206 070.08
其中：长期股权投资	—
固定资产	—
在建工程	—
无形资产	—

续表

项目	2018 年 12 月 31 日
长期待摊费用	—
递延所得税资产	1 206 070.08
其他非流动资产	—
资产总计	412 579 013.80
流动负债合计	313 348 761.25
非流动负债合计	—
负债总计	313 348 761.25
股东全部权益	99 230 252.55

(1) 流动资产评估。

JZ 公司的各项流动资产包括货币资金、应收账款、预付账款、其他应收款和其他流动资产。上述资产在评估基准日账面值如表 6-17 所示。

表 6-17　　　　　评估基准日的流动资产明细表　　　　　单位：元

科目名称	账面价值
流动资产合计	411 372 943.72
货币资金	1 082 121.04
应收账款	100 480 482.66
预付账款	36 231.59
其他应收款	304 868 721.42
其他流动资产	4 905 387.01

货币资金为银行存款，经逐项核实，各银行账户账面余额与银行对账单相符，银行存款以账面值确定评估值。预付账款主要是预付的信息服务费、业务宣传费、广告费，以核实后的账面值确认评估值。其他应收款主要为应收关联企业的往来借款，按照账面值确认评估值。其他流动资产主要为增值税调整税额，以核实后的账面值确认评估值。

对于应收账款，本次评估根据客户提供的资料，在核实无误的基础上，根据每笔款项可能收回的数额确定评估值，其中两笔应收账款预计坏账率为 5%。企业提取的坏账准备按评估操作规范评估为 0，因此应收账款最终评估值为 100 480 482.66 元。

流动资产账面值为 411 372 943.72 元，评估值为 411 372 943.72 元，无增减值变动。

（2）非流动资产的评估。

JZ 公司的非流动资产包括长期股权投资和递延所得税资产。

JZ 公司拥有一家全资子公司。本次评估对子公司采用资产基础法进行整体评估，以被投资企业评估基准日股东全部权益的评估值和所持有被投资企业股权比例的乘积确定评估值。长期股权投资评估值确定为 8 276.41 万元。

JZ 公司的递延所得税资产主要是计提应收账款坏账准备涉及的递延所得税资产。本次评估通过查阅相关账簿、凭证，了解差异产生的原因、形成过程并核实金额的准确性。在核实无误的基础上，以核实后账面值确定为评估值，因此递延所得税资产评估值为 1 206 070.08 元。

（3）负债评估。

负债评估范围为 JZ 公司评估申报的各项流动负债和非流动负债，流动负债包括应付账款、其他应付款、应付职工薪酬、应交税费和其他流动负债。JZ 公司无非流动负债。上述账面值如表 6-18 所示。

表 6-18　　　　　　评估基准日负债的账面价值　　　　　　单位：元

科目名称	账面价值
流动负债合计	313 348 761.25
应付账款	229 901 545.33
应付职工薪酬	556 359.85
应交税费	13 557 023.06
其他应付款	50 069 158.50
其他流动负债	19 264 674.51
非流动负债合计	—
负债总计	313 348 761.25

对于应付账款，经核实申报评估明细表各项内容均准确无误，应付账款账龄均为 1 年以内，未发现无须支付的款项，因此应付账款以核实后账面值作为评估值。

应付职工薪酬主要是企业应付给职工的各项工资酬劳，包括在工资总额内的各种工资、奖金及津贴、工会经费和职工教育经费等。本次评估通过查阅相关凭证后，以核实后的账面值确认评估值。

应交税费主要为企业应交纳的各种税金，如增值税、城市维护建设税、教育费附加和地方教育费附加、企业所得税等。本次评估查阅了应交税费明细账，抽查企业的完税凭证、纳税申报表等资料，以核实无误后的账面值作为评估值。

其他应付款主要为应付关联方往来款、职工报销未付款。本次评估通过审查相关的文件、合同或相关凭证，无虚增虚减现象，在确认其真实性后，以核实后的账面值确认评估值。

其他非流动负债主要为增值税调整税额（未开票暂估的销项税额），以核实后的账面值确认。

最终确认 JZ 公司负债评估值为 31 334.88 万元，账面值为 31 334.88 万元，无增减值变动。

(4) 资产基础法评估结论。

在持续经营前提下，截至评估基准日，JZ 公司经审计的总资产为 41 257.90 万元，总负债为 31 334.88 万元，净资产为 9 923.02 万元；评估后的总资产为 49 534.30 万元，总负债 31 334.88 万元，净资产为 18 199.42 万元，增值额为 8 276.41 万元，增值率为 83.41%。

3. 评估结果

通过两种方法的对比分析，最终选择收益法的评估结果作为 JZ 公司全部股东权益价值的评估值。即在评估基准日 2018 年 12 月 31 日，JZ 公司的股东全部权益价值为 53 949.55 万元，比净资产账面价值 9 923.02 万元评估增值 44 026.53 万元，增值率 443.68%。

三、案例分析

(一) 案例思路分析

1. 基本评估方法的适用性分析

依据资产评估准则的规定，企业价值评估可以采用市场法、收益法、资产基础法三种方法。

市场法是指将评估对象与参考企业、在市场上已有交易案例的企业、股东权益、证券等权益性资产进行比较，以确定评估对象价值。因国内产权交易市场交易信息的获取途径有限，且同类企业在产品、产品结构和主营业务构成方面差异较大，无法从市场上获得充分的相关评估数据，故本次案例中市场法不适用。

收益法是通过将被评估企业预期收益折现以确定评估对象价值。可以从企业总体情况、评估目的、企业财务报表分析和收益法参数的可获得性等方面，对该案例能否采用收益法做出适用性判断。该案例中被评估企业具备持续经营条件且具有较为完整的财务资料，获利能力可以合理预期；收益法所需参数，如无风险报酬率、市场风险报酬率等比较容易获得，因此采用收益法评估的外部条件比较成熟。

资产基础法是指在合理评估企业各项资产价值和负债的基础上确定评估对象价值。对于有形资产而言，资产基础法以账面值为基础，只要账面值记录准确，使用资产基础法进行评估相对比较准确。被评估企业的各项资产、负债资料齐备，历史经营财务数据健全，可以根据会计政策、被评估单位经营等情况，对被评估单位资产负债表表内及表外的各项资产、负债进行识别，同时可以在市场上取得类似资产的购建市场价格信息，对于具有收益性的资产可以通过合理的方法对其收益和风险进行匹配，即各项资产的价值可以根据其具体情况选用适当的具体评估方法得出，满足采用资产基础法评估的要求，故可以采用资产基础法评估。

2. 评估结果的选择

JZ 公司属于互联网和相关服务行业，具有较显著的知识及技术密集型特性，其价值不仅体现在评估基准日存量实物资产及可辨认无形资产上，更多体现于评估对象所具备的技术经验、市场地位、客户资源、团队优势等方面。相比于资产基础法，收益法途径从整体资产预期收益出发，其结果能够较全面地反映上述资源所形成的整体价值。因此该案例最终采用收益法的评估结果。

（二）案例的要点、难点及启发

1. 评估方法的选择

案例中的 JZ 公司是一家游戏公司，属于互联网和相关服务行业。这类企业大多是轻资产企业，固定资产比重小，其价值更多体现在客户资源、市场地位、技术优势（专利除外）和智力资本等不可辨认的无形资产方面。而且这类企业建立时间相对较短，成长性和风险性都比较高。因此，对该类公司进行评估时，评估方法的选择是重点和难点。

2. 不同评估方法评估结果的差异分析

本案例中收益法和资产基础法的评估结果相差很大。收益法评估得出的股东全部权益价值约为5.39亿元，资产基础法评估得出的股东全部权益价值仅约为1.82亿元，两者相差约3.57亿元，差异率为196.44%。

差异的主要原因在于两种评估方法反映的价值内涵不同。资产基础法是以资产的成本重置为价值标准，反映的是对资产的投入所耗费的社会必要劳动（购建成本），这种购建成本通常将随着国民经济的变化而变化。收益法则是以资产的预期收益为价值标准，反映的是资产的经营能力（获利能力）的大小，这种获利能力通常将受到宏观经济、政府控制、企业经营管理以及资产的有效使用等多种条件的影响。

此外，案例中的评估企业属于互联网和相关服务行业，其价值更多体现在无形资产方面，因此比起资产基础法，收益法更具有优势。

3. 宏观环境和行业环境因素的影响

网络游戏属于消费性行业，受宏观经济环境的影响较小，也不存在明显的季节性特征。

从最近几年来看，虽然国际宏观经济环境不断波动，国内经济结构调整，经济增速下滑，但网络游戏行业依旧保持了快速的发展速度，体现出一定的抗衰退特征。然而，网络游戏产品本身具有明显的生命周期特性。产品数量和类别丰富的企业，能够吸引忠实游戏玩家的长期关注，大幅延续游戏产品的生命周期，呈现出一定的抗周期性的特点。但是产品数量较少的企业，其发展仍然会呈现出一定的波动性。

一方面，网络游戏运营以互联网和移动网络为基础，其发展与通信和互联网基础设施建设的发展有很大的关联性，通信设施和互联网发展快的地区，网络游戏的发展也相对较快。在东部沿海地区、省会城市和其他经济发展水平较高的城市，居民收入和消费能力相对较高，其互联网基础设施建设较为完善，网络覆盖和普及率高，网络游戏市场的发展也较为迅速。

另一方面，对于网络游戏企业来说，人才是企业的核心竞争力，无论是游戏产品的策划人员、技术人员、运营人员还是高端管理人员，都是游戏企业争夺的焦点。从地域分布上看，游戏企业都分布在人才集中的城市和地区，如北京、上海、广州、深圳、成都等城市。

4. JZ 公司的优势和劣势分析

优势。JZ 公司的创始人是国内知名的游戏制作人，公司成功代理了多款移动游戏，而且与业内领先的联合运营平台保持密切合作关系，树立起了核心竞争优势。因此公司在业内具有一定影响力，形成了较强的品牌优势与客户认可度。

劣势。(1) 新的游戏产品不断推向市场，而且同类企业试图进入该行业，行业竞争状况将会更加激烈。(2) 游戏产品更新换代快，生命周期有限，消费者偏好转换快。(3) 公司合作运营平台单一。而且随着竞争加剧，游戏平台越来越向能为其带来更高、更长久回报的少数精品游戏倾斜。(4) 游戏运营需要商务、运营、市场、客服、运维等方面的人才，因此 JZ 公司对核心人才的依赖度较高。

5. 游戏行业的运营模式、盈利模式等对营业收入的影响

JZ 公司是一家网络游戏公司，该行业有其特殊的经营模式和盈利模式，深入了解行业的这些特点，有助于营业收入的预测。

网络游戏的经营模式分为自运营模式、独家代理模式和联合运营模式，行业内的主流趋势是采用联合运营模式进行运营。

(1) 自运营模式。

游戏开发商开发的产品直接在自己的运营平台进行运营，在游戏玩家充值时按照充值金额扣除渠道费用后，再按照冲销比确认收入。

(2) 独家代理。

独家代理是指游戏开发商直接或通过游戏发行商以独家代理的方式向游戏运营平台推出游戏产品，由运营平台负责游戏产品的后期运营、用户管理、充值收费和收益分成等事项，而游戏研发商则负责产品的后期版本更新等工作。

(3) 联合运营。

联合运营是指游戏开发商与游戏运营商合作,开发商负责产品研发、版本更新、游戏服务器的架设及维护,游戏运营商则负责游戏中虚拟货币销售、结算及对联合运营的游戏在其网络平台上的推广等。目前国内的联合运营商主要有两类,即大型平台和网盟平台运营商。其中大型平台掌握着大多数的用户流量资源,通过与这些大型平台的合作,游戏厂商可以迅速抓住主流的上网人群,完成游戏的大范围推广。

盈利模式方面,行业中主要存在按时间收费、按下载收费和按虚拟道具收费三种类型的盈利模式。按时间收费模式是指用户按照游戏时间支付费用,一般是以包月方式计费。下载收费模式是指用户下载游戏时完成费用的支付,并自此取得游戏的登录使用权限。虚拟道具收费模式是指企业为用户提供游戏的免费下载和免费使用,而游戏的收益则来自游戏内虚拟道具的销售和付费的增值服务。除以上三种盈利方式之外,还存在游戏内置广告收费和道具交易收费等其他方式。

在目前的网络游戏市场上,网页网游主要采取虚拟道具收费的盈利模式,而移动网游则主要采取按下载收费和按虚拟道具收费这两种盈利模式。

6. 营业收入的预测

JZ 公司是一家网络游戏公司,其营业收入的计算公式为:

$$营业收入 = 月游戏流水 \times 分成比例$$

其中:月游戏流水 = 月付费用户 × 每付费用户平均收益;月付费用户 = 月活跃登录用户 × 付费率。

(1) 月活跃登录用户。

月活跃用户指每个月至少登录一次的游戏用户。预测游戏产品上线初期,月活跃用户数呈增长趋势,至高位之后开始逐步下降。

(2) 付费率。

付费率是实际付费用户数量占活跃用户的比率,当游戏达到稳定期后曲线较为稳定。

$$付费率 = 付费用户 / 活跃用户$$

（3）付费用户。

付费用户 = 月活跃用户数 × 月活跃用户付费率

（4）每个付费用户平均的收益（average revenue per paying user，ARPPU）。

运营平台流水分成是指按游戏流水的一定比例分给游戏联运合作方。分成比例参照企业与各平台等签订的协议确定。分成比例指企业实际获得的游戏收入（含税）占游戏流水的比例。对于已上线游戏产品的收入预测，按合同约定的游戏分成比例进行预测；对于尚未签订代理运营合同的游戏及以后预测期内的收入预测，确认游戏登录的相关平台，并按照该平台通用的分成比例进行测算。

由于游戏具有生命周期的特点，对于案例中2019～2023年运营的游戏收入，根据JZ公司目前正在运营及拟运营游戏的历史经营情况，结合游戏的生命期预测收入。本次评估中，通过统计和计算市场上大量游戏的运营数据，发现运营指标中的新增注册数、月活跃用户、付费玩家数、月充值额、月ARPPU值等指标和运营时间均不呈线性关系，而是无规律变化的曲线关系，故很难建立可以量化的回归模型并加以运用，但这些指标数据恰是未来预测时计算运营流水的重要依据。目前国内也难以找到这方面的研究成果。因此，项目根据游戏的生命周期中现金流的变化趋势及特征，结合游戏类别、运营策略、游戏所处的生命周期阶段等因素以及咨询JZ公司管理层，从而确定产品的运营流水数据。ARPPU值主要根据游戏已上线历史数据分析及所处生命周期位置，进一步确定未来收入趋势。

7. 长期股权投资的评估

该案例中，JZ公司持有一家全资子公司，因为子公司和母公司（JZ公司）的经营业务相同，所以案例中评估人员采用收益法进行评估时，选择合并口径的财务报表以反映企业的实际经营情况，长期股权投资的评估值确认为0。而采用资产基础法评估时，选择母公司口径的财务报表进行评估。长期股权投资的账面值为0元，评估值为8 276.41万元。

8. 市场风险溢价（ERP）的计算

市场风险溢价是指市场期望回报超过无风险收益率的差额。目前尚没有统一认可的用于估算市场风险溢价的模型。我国实务界关于市场风险溢价的计算，一是通过计算我国历史股票指数在一定时期内的平均市场收益率减去无风险收益率而获得；二是在成熟市场风险溢价的基础上调整获得。案例中选用第二种方法进行计算。计算公式为：

中国市场风险溢价 = 成熟市场风险溢价 + 中国股票市场违约贴息

= 成熟市场风险溢价 + 中国违约补偿额 × (σ 股票/σ 国债)

其中，成熟市场风险溢价可以选择美国市场风险溢价。美国作为发达国家的代表，在国际资本市场中常被作为基准国对其他国家的收益及风险进行衡量，所以通过对美国市场风险溢价调整得到中国市场风险溢价是相对合理的。

中国市场违约贴息的测算。目前，直接测算股票市场违约贴息尚没有成熟的做法，一般通过债券违约补偿额进行股票市场风险调整（即 σ 股票/σ 国债）。国际权威评级机构（如穆迪、标普）对各国政府债券进行评级，由此可以获得债券违约贴息额。

四、延伸思考

1. 根据该案例思考互联网企业的特点，如何进行企业价值评估？
2. 传统评估方法在评估互联网企业时的优缺点有哪些？
3. 哪些新的方法可以用于互联网企业的评估？
4. 思考企业的生命周期和行业特征对评估方法选择的影响。
5. 思考该案例中能否用股权现金流模型直接计算股权价值？思考案例中的股权现金流和企业现金流的关系。

案例七

HYSH港口及配套资产价值评估

案例摘要：本案例以 2019 年 9 月 30 日为基准日，评估机构对委托人拟抵押贷款所涉及的 HYSH 公司名下 HZ 港燃料油调和配送中心及配套码头工程项目涉及的房屋建筑物、构筑物及其他辅助设施、机器设备及海域（含海域使用权、附属用海设施和海上构筑物）资产进行了评估。采用的价值类型为市场价值，采用的评估方法是成本法。本案例具有一定的典型性和代表性，考察了成本法在房屋建筑物、机器设备和自然资源资产等典型资产价值估算中的应用，可以帮助学习者全面系统掌握成本法评估的基本原理、适用范围和条件、估算方法、评估步骤和注意事项等，展示了应用成本法评估的关键问题、知识点、重点难点以及需要掌握的基本操作技能，选用该案例作为教学案例比较适合。

一、教学准备

（一）案例教学的目的与用途

1. 适用课程

本案例主要适用于资产评估案例分析课程，也适用于房屋建筑物、构筑物、机器设备、海域等自然资源资产评估的相关课程。

2. 适用对象

本案例适用于资产评估专业的硕士研究生、本科生、专科生和其他专业学习者开展资产评估案例分析相关课程的学习，以及资产评估师等专业人员的业务培训。

3. 教学目的

通过本案例的教学，使学习者对房屋建筑物、构筑物及其他辅助设施、机器设备、海域（含海域使用权、附属用海设施和海上构筑物）资源资产评估的目的、价值类型、评估对象和范围、评估基准日、评估方法、评估假设依据等评估基本事项有一个较为全面的认识，学会如何确定这些基本评估事项。熟悉成本法在上述资源资产评估中的运用，针对评估中的具体问题能够进行全面分析，并具备解决问题的能力。

（二）案例教学拟解决的问题

（1）市场法、成本法和收益法各自的特点，本案例的评估方法如何选择以及这些评估方法运用的前提条件和使用范围各是什么？

（2）运用重置成本法时，确定房屋建筑物、构筑物及其他辅助设施、机器设备等的资产成新率及其理由。

（3）如何对海域使用权的价值进行评估，评估参数如何确定。

（4）在对海域资源资产进行评估时，具体的评估对象是指什么？评估对象需要在业务委托书中明确列示吗？为什么？

（5）采用成本法评估有限年期海域价格时，如何计算海域使用年期修正系数。

（6）评估人员在对案例资产的类型、数量和分布进行现场实地勘查时，可选择的勘查方法有哪些，如何进行选择。

（三）案例涉及的主要知识点

1. 成本法评估原理

成本法也称重置成本法，它是指按被评估资产的现时全新状态完全重置成本扣减被评估资产已经发生的实体性贬值、功能性贬值和经济性贬值后，得到的差额作为被评估资产的评估值的一种资产评估方法。根据这一原理，采用成本法对资产进行评估，必须首先确定资产的重置成本。

采用成本法的前提条件有：

（1）被评估资产处于持续使用状态或设定处于持续使用状态；

（2）可以调查取得购建被评估资产的现行途径及相应的社会平均成本资料。

重置成本法评估资产价格的基本公式为：

被评估资产的评估价值 = 重置成本 − 实体性贬值 − 功能性贬值 − 经济性贬值

或：

$$被评估资产的评估价值 = 重置成本 \times 成新率$$

成本法的资产评估方法具有以下优点：

（1）从资产成本的构成项目上研究资产的重置成本比较客观和科学，其评价结果比较容易得到认可；

（2）比较充分地考虑了资产的有形损耗和无形损耗，其评估结果较为公平合理；

（3）有利于单项资产和专用资产的评估；

（4）在不易计算资产未来收益或难以取得现行市价的条件下，重置成本法能够得到广泛应用。

成本法的不足在于被评估资产的经济性损耗有时很难计算，考虑因素不全面。

2. 案例涉及核心概念

（1）重置成本。

重置成本是指用现时条件下重新购置或建造一个全新状态的被评估资产所需的全部成本。一般包括房屋建筑物的重置成本和机器设备的重置成本。在房屋建筑物的评估中，重置成本需要考虑土地取得费用、前期勘探设计费用、报建费用、安装费用、管理费用、利息和利润，并能够列示出每项费用的依据。机器设备评估中需要累加的项数较多，需要明确每一项的含义，如在车辆评估中，该型号车辆的价格要加上应交不含税价的车辆购置附加税等费用。本案例中的库区外浮顶储罐的重置成本需考虑建安造价、贷款利息、建设单位管理费等。

（2）资产成新率。

资产成新率是指资产的现行价值与其全新状态重置价值的比率，反映资产的新旧程度。资产成新率一般采用综合因素加权的方法确定，分别按照年限法和观察法确定各自的成新率，再加权确定资产的综合成新率。其计算公式如下：

综合成新率 = 年限法成新率 × 权重值 + 观察法成新率 × 权重值

年限法成新率 = 尚可使用年限/（实际已使用年限 + 尚可使用年限）× 100%

观察法成新率主要通过对资产的外观、使用状况等相关因素综合确定。

（3）海域取得成本。

海域取得成本，又称海域取得费，是指用海者为取得海域（含海域使用权、附属用海设施和海上构筑物）而支付的各项客观费用，包括海域使用金、专业费和各种补偿费。其中，海域使用金是指一次性缴纳或逐年已缴纳的海域使用金；专业费包括海域使用论证费、海洋环境影响评价费、工程可行性研究费和建筑设计费等；各种补偿费根据国家和当地政府规定的标准或应当支付的客观费用来确定。

（四）课堂教学安排

课时安排：4课时。其中，案例介绍讲解1课时，案例小组分析讨论2课时，案例总结1课时。

教学形式：课堂讲授和案例分组讨论，可采取线上线下混合教学模式。其中，案例分组建议每组4~5人。

辅助材料：提前发放案例背景资料和引导性问题等资料，以增进学习者对案例的熟悉和理解。案例讨论室拥有电脑设备，可以连通互联网，具备查阅Wind数据库等专业数据库的条件。

前置课程或知识储备：本案例学习的前置课程有会计学、财务报表分析、资产评估概论、资产评估准则等，学习者应熟悉成本法等各种常用的评估方法。

二、案例内容

(一) 评估基本事项

1. 委托人、资产占有方及其他资产评估报告使用人

(1) 委托人。

ZX 银行股份有限公司,成立于 1987 年 4 月 20 日,注册资本 500 亿元。经营范围:保险兼业代理业务;吸收公众存款;发放短期、中期和长期贷款;办理国内外结算;办理票据承兑与贴现;发行金融债券;代理发行、代理兑付、承销政府债券;买卖政府债券、金融债券;从事同业拆借;买卖、代理买卖外汇;从事银行卡业务;提供信用证服务及担保;代理收付款项;提供保管箱服务;结汇、售汇业务;代理开放式基金业务;办理黄金业务;黄金进出口;开展证券投资基金、企业年金基金、保险资金、合格境外机构投资者托管业务;经国务院银行业监督管理机构批准的其他业务。

(2) 资产占有方。

HYSH 公司,成立于 2005 年 9 月 28 日,注册资本 70 亿元。经营范围:调和、仓储(普通仓储和保税仓储);进出口及销售:原油及其制品(不含危险化学品)、燃料油、重油、其他石油化工产品(涉及配额许可证管理、专项规定管理的商品按国家有关规定办理);建筑材料销售;石油产品研发;煤炭进出口、仓储及销售;能源信息及技术咨询服务;码头开发经营、管理;港口货物的装卸、灌装、储运;国际国内货运代理、国内船舶代理;投资房地产开发(凭资质证书经营);物业服务;酒店管理;项目投资。

(3) 委托人及资产占有方以外的其他评估报告使用人。

本项目评估委托人及资产占有方以外的其他评估报告使用人包括登记机构及国家法律、法规规定的其他评估报告使用者。

2. 评估对象和范围

评估对象:HYSH 公司名下 HZ 港燃料油调和配送中心及配套码头工程项目涉

及的房屋建筑物、构筑物及其他辅助设施、机器设备及海域（含海域使用权、附属用海设施和海上构筑物）资产。

评估范围：HYSH 公司名下 HZ 港燃料油调和配送中心及配套码头工程项目涉及的房屋建筑物、构筑物及其他辅助设施、机器设备及海域（含海域使用权、附属用海设施和海上构筑物）资产。详见《房屋建筑物申报明细表》《构筑物及其他辅助设施申报明细表》《机器设备申报明细表》《海域使用权申报明细表》（此处略）。

3. 评估目的

HYSH 公司拟申请抵押贷款，本次资产评估的目的是为 HYSH 公司实施该经济行为提供 HYSH 公司名下 HZ 港燃料油调和配送中心及配套码头工程项目涉及的房屋建筑物、构筑物，以及其他辅助设施、机器设备及海域（含海域使用权、附属用海设施和海上构筑物）资产在评估基准日的市场价值参考依据。

4. 评估基准日

本项目的评估基准日为 2019 年 9 月 30 日。

本评估基准日为委托人指定日期，与实际评估日期接近，同时与评估目的计划实现日期也较为接近，评估人员能更好地把握评估对象的基准日状况，有利于保证评估结果有效地服务于评估目的。

本评估一切取价标准均为评估基准日有效的价值标准。若评估基准日变动，将会对评估结果产生影响。

5. 评估依据

（1）法律法规依据。

略。

（2）准则依据。

国家海洋局 2013 年颁布的《海域评估技术指引》及《资产评估基本准则》（2017）。具体略。

（3）行为依据。

ZX 银行股份有限公司出具的《资产评估委托书》。

（4）权属依据。

包括 HYSH 有限公司盖章确认的《房屋建筑物申报明细表》《构筑物及其他

辅助设施申报明细表》《机器设备申报明细表》《海域使用权申报明细表》《海域使用权证书》。

（5）取价依据。

包括《HZ市工程造价信息》《GD省建设工程计价依据（2018）》《资产评估常用数据与参数手册》，以及评估人员现场勘查、核查、验证、市场调查收集到的有关资料、信息和评估人员的专业知识、经验。

6. 评估假设和价值类型

（1）评估假设。

本案例的评估结果系在以下评估假设条件下得出。

第一，交易假设。假定所有待评估资产已经处在交易过程中，评估师根据待评估资产的交易条件等模拟市场进行估价。

第二，公开市场假设。公开市场假设是对资产拟进入市场的条件以及资产在这样的市场条件下接受何种影响的一种假定。公开市场是指充分发达与完善的市场条件，是指一个有自愿的买方和卖方的竞争性市场，在这个市场上，买方和卖方的地位平等，都有获取足够市场信息的机会和时间，买卖双方的交易都是在自愿的、理智的、非强制性或不受限制的条件下进行。

第三，持续使用假设。持续使用假设是对资产拟进入市场的条件以及资产在这样的市场条件下的资产状态的一种假定。首先，被评估资产正处于使用状态；其次，假定处于使用状态的资产还将继续使用下去。在持续使用假设条件下，没有考虑资产用途转换或者最佳利用条件，其评估结果的使用范围受到限制。

在以上假设条件发生变化时，本评估结果一般会失效，提请本评估报告使用人注意。

（2）价值类型。

根据本案例特定评估目的，评估所选用的价值类型为市场价值，是指自愿买方和自愿卖方在各自理性行事且未受任何强迫的情况下，评估对象在评估基准日进行正常公平交易的价值估计数额。

7. 评估方法

（1）资产评估方法使用的前提。

资产评估的基本方法有市场法、收益法和资产基础法（成本法）。它们使用的基本前提包括以下几方面。

第一，市场法是以现实市场上的参照物来评价评估对象的现实公允价值。其使用的基本前提是，存在一个活跃的公开市场，公开市场上存在可比的资产及其交易活动。

第二，收益法是从资产的预期获利能力的角度来评估资产。其应用必须具备的基本前提包括：被评估资产的未来预期收益可以预测并可以用货币衡量；资产拥有者获得预期收益所承担的风险可以预测并可用货币衡量；被评估资产预期获利年限可以预测。

第三，资产基础法（成本法）是从资产重建的角度间接地评价资产的公允价值。使用的前提条件包括：被评估资产处于持续使用状态或设定处于持续使用状态；可以调查取得购建被评估资产的现行途径及相应的社会平均成本资料。

（2）评估方法的选择。

评估方法的选择，要根据评估对象、价值类型、资料收集情况等相关条件，分析三种基本方法的适用性，恰当选择一种或多种资产评估基本方法。

本案例根据评估目的、价值类型和评估对象的具体情况，对房屋建筑物、构筑物及其他辅助设施、机器设备、海域（含海域使用权、附属用海设施和海上构筑物）资产采用成本法进行评估。

8. 评估程序

依据前述资产评估准则和评估方法的相关规定，评估人员履行了适当的评估程序，评估操作时间从 2019 年 11 月 1 日至 2019 年 11 月 13 日，具体实施过程如下：

（1）接受委托人委托，现场确定评估对象和评估范围、明确评估目的、评估基准日等基本事项，签订资产评估委托评估书；

（2）编制评估计划书，设计评估技术路径，确定评估技术方案；

（3）开展市场调查和询价工作；

（4）进行评定估算工作；

（5）编制资产评估报告，经三级审核确定，与委托人交换评估意见后，向委托人提交正式资产评估报告。

（二）评估思路

1. 房屋建筑物、构筑物及其他辅助设施、机器设备的评估

由于根据同类资产通过技术参数直接比较或类比分析计算存在较高技术难度，而且评估对象获利难以量化，因此难以应用市场法和收益法，根据本次评估目的和掌握的资料，以资产持续经营为假设条件，本次资产评估采用的方法是成本法，即在现时条件下，以被评估资产全新状态的重置成分减去该项资产的实体性贬值、功能性贬值和经济性贬值估算资产价值。采用重置成本法确定评估值也可首先估算被评估资产成新率，然后用重置成本与成新率相乘，得到的乘积作为评估值，评估计算方式为：

$$评估价值 = 重置成本 \times 综合成新率$$

（1）重置成本的确定。

重置成本是指用现时条件下重新购置或建造一个全新状态的被评估资产所需的全部成本。

（2）成新率的确定。

$$综合成新率 = 年限法成新率 \times 权重值 + 观察法成新率 \times 权重值$$

年限法成新率 = 尚可使用年限/（实际已使用年限 + 尚可使用年限）×100%

观察法成新率主要通过对资产的外观、使用状况等相关因素综合确定。

2. 海域（含海域使用权、附属用海设施和海上构筑物）的评估

根据调查了解，待估海域的取得成本和各项费用可以通过调查取得，故适宜采用成本法进行评估。HZ 市经营性用海交易市场不成熟，近期同一供需圈内缺少类似评估对象所属用海类型的宗海交易案例，故不适宜采用市场比较法进行评估。HZ 市未建立海域基准价格体系，故不适宜采用基准价格系数修正法进行评估。待估海域开发建设尚未完成，收益难以预测，故不适宜采用收益法、假设开发法进行评估。因此，本次评估采用成本法对评估对象的市场价值进行评估。

成本法基本计算公式：

$$P = (Q + D + I + B + T) \times K_2$$

其中：P 为海域价格；Q 为海域取得费；D 为海域开发费；I 为海域开发利润；

B 为海域开发利息；T 为税费；K_2 为海域使用年期修正系数。

（三）资产核查情况说明

评估人员于 2019 年 11 月 5~6 日对评估范围内的资产进行了现场勘查。

首先，评估人员通过查阅有关资料，了解纳入评估范围的具体资产的详细状况，仔细审查各类资产评估申报明细表，检查有无填项不全、错填、资产项目不明确等情况，并根据经验及掌握的有关资料，检查资产评估申报明细表有无漏项等，同时反馈给被评估单位对资产评估申报明细表进行完善。其次，评估人员根据纳入评估范围的资产类型、数量和分布状况，采取不同的勘查方法进行了实地勘查，并对纳入评估范围的资产的产权证明文件资料进行查验，对权属资料不完善、权属不清晰的情况提请核实或出具相关产权说明文件。

1. 评估对象状况

纳入本项目的评估范围为 HYSH 公司名下 HZ 港燃料油调和配送中心及配套码头工程项目涉及的房屋建筑物、构筑物及其他辅助设施、机器设备及海域（含海域使用权、附属用海设施和海上构筑物）资产。

2. 评估对象基本情况

（1）法律权属状况。

HYSH 公司名下海域（含海域使用权、附属用海设施和海上构筑物）共 5 项，均已办理《海域使用权证书》，证书明细如表 7-1 所示。

表 7-1　　　　　　　　　　海域使用权证书

权证编号	宗地/宗海名称	位置	取得日期	用海性质	准用年限	开发程度/用海等级	面积（平方米）
《海域使用权证书》国海证 2016C44130000×××号	海域使用权（35 千伏工程）	35 千伏输变电项目海底光电复合缆工程用海	2016/9/19	经营性海底电缆管道	2041/9/18	三等	181 876
《海域使用权证书》国海证 2015A44130300×××号	海域使用权（30 万吨码头）	HZ 港燃料油调和配送中心码头工程	2015/10/8	经营性港口用海	2062/9/26	三等	515 675

续表

权证编号	宗地/宗海名称	位置	取得日期	用海性质	准用年限	开发程度/用海等级	面积（平方米）
《海域使用权证书》国海证2015A44130300×××号	海域使用权（2万吨码头）	HZ港燃料油调和配送中心码头工程	2015/10/8	经营性港口用海	2062/9/26	三等	210 652
《海域使用权证书》国海证2015A44130300×××号	海域使用权（配送中心码头）	HZ港燃料油调和配送中心码头工程	2015/10/8	经营性港口用海	2062/9/26	三等	361 122
《海域使用权证书》国海证074413×××号	海域使用权（燃料油库）	HZ大亚湾HYSH公司燃料油库	2007/5/18	工业用海	2057/5/17	—	103 000

本次评估范围内，委估资产除海域（含海域使用权、附属用海设施和海上构筑物）外，其他资产没有产权证书，本次评估依据HYSH公司盖章确认的《房屋建筑物申报明细表》《构筑物及其他辅助设施申报明细表》《机器设备申报明细表》《海域使用权申报明细表》，资产占有方对评估对象的权属承担完全法律责任，资产评估师和评估机构对其不承担法律责任。

（2）经济状况。

委估房屋建筑物资产共四项，包括办公楼、综合楼、通信部分综合办公楼及主控通信楼，详见《房屋建筑物申报明细表》。

委估构筑物及其他辅助设施资产共117项，主要包括道路、排水沟、棚房、配电用房、门卫用房、水池、储罐基础、水电工程、电信工程、管网工程、污水处理系统、消防工程、环保工程等，详见《构筑物及其他辅助设施申报明细表》。

委估机器设备资产共64项，主要包括储罐、锅炉、装卸机械设备、35千伏输变电工程设备、消防设备、通信设备、监控设备等，详见《机器设备申报明细表》。

委估海域（含海域使用权、附属用海设施和海上构筑物）共五项，详见《海域使用权申报明细表》。

上述资产由资产占有方申报，经委托人同意并经评估人员现场确认，于评估基准日时，资产均处于正常状态。

（3）物理状况。

委估房屋建筑物、构筑物及其他辅助设施、机器设备及海域（含海域使用权、附属用海设施和海上构筑物）资产均处于正常状态，其中房屋建筑物、构筑物处于完好状态，其他辅助设施、设备资产处于正常运行状态，资产维护保养情况良好。

（四）评估测算过程及结论

HYSH公司燃料油调和配送中心及配套码头工程项目从2011年开工，经过近七年的项目建设，于2018年12月完成全部工程建设并进行消防、环保、安全、海事、海关等各部门评定与验收，至2019年10月14日，项目取得相关批复，正式进入（燃料油）生产试运行阶段。截至评估基准日2019年9月30日，该项目尚未正式投产运营。

本项目根据评估目的、价值类型和评估对象的具体情况，对房屋建筑物、构筑物及其他辅助设施、机器设备及海域（含海域使用权、附属用海设施和海上构筑物）资产采用成本法进行评估。

各类资产评估过程举例说明如下。

1. 房屋建筑物的评估

以库区部分——办公楼为例进行说明。

（1）项目名称：库区部分——办公楼。

（2）概况：框架结构，建筑面积2 135平方米，建筑工程承包合同签订时间为2015年9月，建成时间为2018年12月。

（3）计算过程。

① 确定重置成本。该办公楼尚未办理竣工验收，评估人员查阅相关合同、凭证、发票等资料，确认投资成本（2018年项目初步结算价，含建安造价、贷款利息、建设单位管理费）为6 399 955.82元。经查询固定资产投资价格指数累计值

（上年同期＝100），得到2019年第三季度的价格指数为103，则价格计算调整系数为1.03。根据企业经营情况及参考《2018年企业绩效评价》，确定该办公楼合理利润率为5%，不动产销售税金（增值税及附加）为5.33%。则：

办公楼合理利润＝6 399 955.82×1.03×5%＝329 598（元）

办公楼销售税金＝6 399 955.82×1.03×5.33%＝351 351（元）

重置成本＝6 399 955.82×1.03＋329 598＋351 351＝7 272 903（元）

② 计算综合成新率。

第一，年限成新率。根据委托方提供的资料，该房屋建成日期为2018年12月，至评估基准日止，已使用0.83年，该房屋为钢混结构非生产用房，耐用年限为60年，剩余使用年限为59.17年。土地使用权取得方式为出让，土地终止日期为2057年5月17日，使用年限50年，土地剩余使用年限为37.62年。根据房地产估价规范要求，非住宅建筑物经济寿命晚于土地使用期结束，且出让合同等约定土地使用权期届满后无偿收回土地使用权及地上建筑物的，测算建筑折旧时，应将建筑物经济寿命替换为自建筑物竣工时起至土地使用权期间届满之日止的时间，即建筑物剩余使用年限为38.48年。则：

年限成新率＝39.08÷(0.83＋38.48)×100%＝98%

第二，勘查成新率。评估人员对该房屋进行现场勘查，比照《房屋完损等级评定标准》，评定勘查成新率为93%。

第三，综合成新率。通过比较两种成新率对评估对象的反映情况，结合评估对象的实际情况，确定采取加权平均法确定综合成新率。通过合理分析，确定年限成新率的权重取0.4，勘查成新率的权重取0.6。则：

综合成新率＝98%×0.4＋93%×0.6＝95%

③ 评估价值计算。

评估价值＝重置成本×综合成新率＝7 272 903×95%＝6 909 258（元）

综上所述，采用相同的评估方法可测算得出纳入本次评估范围的房屋建筑物评估总价值为14 199 530元。

2. 构筑物及其他辅助设施的评估

以库区部分——$10×10^4$立方米外浮顶储罐基础、库区部分——$5×10^4$立方米外浮顶储罐基础、库区部分——3×10^4立方米内浮顶储罐基础为例进行说明。

（1）项目名称：库区部分——10×10^4立方米外浮顶储罐基础、库区部分——5×10^4立方米外浮顶储罐基础、库区部分——3×10^4立方米内浮顶储罐基础。

（2）概况：钢混结构，数量分别为6座、8座、5座，建筑工程承包合同签订时间均为2015年9月，建成时间均为2018年12月。

（3）计算过程。

① 确定重置成本。上述工程尚未办理竣工验收，评估人员查阅相关合同、凭证、发票等资料，确认上述三项基础工程投资成本（2018年项目初步结算价，含建安造价、贷款利息、建设单位管理费）合计为100 802 500元。经查询固定资产投资价格指数累计值（上年同期=100），得到2019年第三季度的价格指数为103，则价格计算调整系数为1.03。根据企业经营情况及参考《2018年企业绩效评价》，确定该基础工程合理利润率为5%，不动产销售税金（增值税及附加）为5.33%。则：

基础工程合理利润 = 100 802 500 × 1.03 × 5% = 5 191 329（元）

基础工程销售税金 = 100 802 500 × 1.03 × 5.33% = 5 533 956（元）

重置成本 = 100 802 500 × 1.03 + 5 191 329 + 5 533 956 = 114 551 860（元）

② 计算综合成新率。

第一，年限成新率。该类工程经济耐用年限为30年。根据委托方提供的资料，上述工程建成日期为2018年12月，至评估基准日止，已使用0.83年，剩余使用年限为29.17年。则：

年限成新率 = 29.17 ÷ （0.83 + 29.17） × 100% = 97%

第二，勘查成新率。评估人员对上述基础工程进行现场勘查，比照《房屋、构筑物完损等级和成新率参考表》，评定勘查成新率为93%。

第三，综合成新率。通过比较两种成新率对评估对象的反映情况，结合评估对象的实际情况，采取加权平均法确定综合成新率。通过合理分析，确定年限成新率的权重取0.4，勘查成新率的权重取0.6。则：

综合成新率 = 97% × 0.4 + 93% × 0.6 = 95%

③ 评估价值计算。

评估价值 = 重置成本 × 综合成新率 = 114 551 860 × 95% = 108 824 267（元）

综上所述，采用相同的评估方法可测算得出纳入本次评估范围的构筑物及其他辅助设施评估总价值为 1 315 222 517 元。

3. 机器设备评估

以库区部分——10×10^4 立方米外浮顶储罐为例进行说明。

（1）设备名称：库区部分——10×10^4 立方米外浮顶储罐。

（2）概况：规格型号为 10×10^4 立方米，数量为 6 座，工程承包合同签订时间为 2015 年 9 月，启用日期为 2018 年 12 月。

（3）计算过程。

① 确定重置单价。评估人员查阅相关合同、凭证、发票等资料，确认投资成本（2018 年项目初步结算价，含建安造价、贷款利息、建设单位管理费）为 139 201 672.50 元。经查询固定资产投资价格指数累计值（上年同期 = 100），得到 2019 年第三季度的价格指数为 103，则价格计算调整系数为 1.03。则：

重置成本 = 139 201 672.50 × 1.03 = 143 377 723（元）

② 计算综合成新率。

第一，年限成新率。储油罐（室外）设备经济耐用年限为 18~26 年，考虑该储油罐为燃料油调和配送中心及配套码头工程项目——库区工程项目的一部分，本次评估取 20 年。根据委托方提供的资料，该储罐启用日期为 2018 年 12 月，至评估基准日止，已使用 0.83 年，剩余使用年限为 19.17 年。则：

年限成新率 = 19.17 ÷ (0.83 + 19.17) × 100% = 96%

第二，勘查成新率。评估人员在现场向操作人员、被评估单位设备技术管理人员详细了解了油罐的运行、维护、保养和检修情况，并对该设备外观、运转状态进行实际勘察，确定现场勘察成新率为 95%。

第三，综合成新率。通过比较两种成新率对评估对象的反映情况，结合评估对象的实际情况，采取加权平均法确定综合成新率。通过合理分析，确定年限成新率的权重取 0.4，勘查成新率的权重取 0.6。则：

综合成新率 = 96% × 0.4 + 95% × 0.6 = 95%

③ 评估价值计算。

评估价值 = 重置成本 × 综合成新率 = 143 377 723 × 95% = 136 208 837（元）

综上所述，采用相同的评估方法可测算得出纳入本次评估范围的机器设备评估总价值为 640 649 258 元。

4. 海域（含海域使用权、附属用海设施和海上构筑物）评估

以海域使用权（2 万吨码头）为例进行说明。

（1）海域使用权情况。

证号：《海域使用权证》国海证 2015A44130300×××号。

权利人：HYSH 公司。

共有情况：单独所有。

坐落：HZ 港燃料油调和配送中心码头工程。

权利类型：海域使用权。

项目性质：经营性。

使用年限：至 2062 年 9 月 26 日。

用海类型：交通运输用海（一级类）；港口用海（二级类）。

海域等级：三级。

宗海面积：21.0652 公顷。

用海方式：非透水构筑物 0.1756 公顷；透水构筑物 0.1708 公顷；港池 20.7188 公顷。

用海设施及构筑物：码头。

（2）评估方法。

本次评估根据海域利用状况和市场条件采用成本法进行测算。成本法是以开发和利用海域所耗费的各项费用之和为基础，加上正常的利润、利息和税费等来确定海域价格。

计算公式为：

海域(含海域使用权、附属用海设施和海上构筑物)评估 =（海域取得费 + 海域开发费 + 税费 + 海域开发利润 + 海域开发利息）× 海域使用年期修正系数

(3) 计算过程。

① 海域取得费。指用海者为取得海域（含海域使用权、附属用海设施和海上构筑物）而支付的各项客观费用，包括海域使用金、专业费和各种补偿费。海域使用金是指一次性缴纳或逐年已缴纳的海域使用金。专业费包括海域使用论证费、海洋环境影响评价费、工程可行性研究费和建筑设计费等。各种补偿费根据国家和当地政府规定的标准或应当支付的客观费用来确定。

第一，海域使用金。根据被评估单位提供的支付凭证，被评估单位已缴纳的海域（含海域使用权、附属用海设施和海上构筑物）出让金共计 83.58 万元。

第二，专业费。项目已完工，目前处于试运行状态，根据被评估单位提供的相关合同以及支付转账凭证确定，该海域（含海域使用权、附属用海设施和海上构筑物）已投入分摊的勘察设计费为 433.99 万元、监理费为 187.625 万元、第三方检测费用为 24.70 万元、扫海费为 9.40 万元、前期工作费及论证评价费（含各项验收费用）为 368.04 万元、竣工决算审计及造价咨询费为 76 万元，以及维修保运服务费、溢油防污服务费、助航设施维护服务等 41.90 万元，专业费合计为 1 141.66 万元。

第三，各种补偿费。待估海域以原始海域条件出让，根据委估海域的区域利用状况和自身特点，确定补偿费用为 0。

根据以上信息，海域取得费合计为 1 225.24 万元。

② 海域开发费。被评估海域开发项目已完工，目前处于试运行状态，根据被评估单位提供的相关合同以及支付转账凭证确定，该海域（含海域使用权、附属用海设施和海上构筑物）已投入分摊的炸礁及清渣成本为 410.11 万元、泊位建设费用为 25 541.03 万元、建设单位管理费费用为 804.82 万元，海域开发费合计为 26 755.96 万元。

③ 税费。指海域开发过程中必须支付的有关税收和费用。经向管理部门咨询，委估海域不需缴纳相关税费，确定税费为 0。

④ 海域开发利润。以海域取得费、开发费和税费为基数，根据海域使用类型、开发周期和所处地区社会经济条件综合确定的海域投资回报率来计算海域开发利润。

该项目已完工，目前处于试运行状态。评估人员根据国务院国有资产监督管理委员会考核分配局编写的《企业绩效评价标准值2019》中港口行业的多年平均总资产报酬率确定海域开发利润，本次评估海域开发利润率取5%。

海域开发利润 =（海域取得费 + 开发费 + 税费）× 开发利润率

$$= (1\,225.24 + 26\,755.96 + 0.00) \times 5\%$$

$$= 1\,399.06（万元）$$

⑤ 海域开发利息。按照界定的海域开发程度的正常开发周期、各项费用投入期限和年利息率，分别计算各期投入应支付的利息。海域开发周期超过一年时，利息按复利计算。由于项目刚完工，本次评估按照项目实际发生的分摊利息确定海域开发利息。

根据被评估单位提供的相关合同以及支付转账凭证，确定海域开发利息为10 012.34 万元。

⑥ 海域使用年期修正系数。采用成本法评估有限年期海域价格时，应根据具体情况计算海域使用年期修正系数。

公式为：

$$K_2 = 1 - 1/(1 + r)^n$$

其中：K_2 为海域使用年期修正系数；r 为海域还原利率；n 为海域使用年期。

第一，海域还原利率。海域还原利率的确定如表7-2所示。

表7-2　　　　　　　　海域还原利率的确定

项目	说明	取值（%）
无风险报酬率	取一年期银行定期存款利率	1.5
投资风险补偿率	对所承担额外风险的补偿	2.0
管理负担补偿率	对所承担的额外管理的补偿	1.5
缺乏流动性补偿率	所投入的资金缺乏流动性的补偿	1.5
投资带来的优惠率	易于获得融资、所得税抵扣，投资者会降低所要求的报酬率	0.0
海域还原利率	对以上各项进行汇总	6.5

第二，海域使用年期。根据《海域使用权证》（国海证2015A44130300×××号），该海域（含海域使用权、附属用海设施和海上构筑物）使用期限至2062年

9月26日,批准使用年限为50年,至评估基准日时剩余使用年限为42.99年,可确定海域使用年期为42.99年。

根据以上可得:

$$K_2 = 1 - 1/(1+r)^n = 1 - 1/(1+6.5\%)^{42.99} = 0.9333$$

⑦ 海域价格评估值。

海域价格评估值 =（海域取得费 + 海域开发费 + 税费 + 海域开发利润
+ 海域开发利息）× 海域使用年期修正系数
= (1 225.24 + 26 755.96 + 0.00 + 1 399.06 + 10 012.34) × 0.9333
= 36 765（万元）

（4）评估结果。

通过运用以上计算方法,同理可测算出其他海域价格的市场价值,如表7-3所示。

表7-3　　　　　　　海域使用权价的成本法评估

项目内容	单位	海域使用权 (35千伏工程)	海域使用权 (30万吨码头)	海域使用权 (2万吨码头)	海域使用权 (配送中心码头)	海域使用权 (燃料油库)
海域使用权面积	公顷	18.1876	51.5675	21.0652	36.1122	10.3
海域取得费	万元	24.55	3 164.83	1 225.24	5 774.66	2 407.81
海域使用金	万元	24.55	280.64	83.58	3 791.78	1 009.40
专业费	万元	—	2 884.19	1 141.66	1 982.88	—
补偿费	万元	—	—	—	—	1 398.41
税费	万元					
海域开发费	万元	—	31 256.51	26 755.96	2 103.88	
海域开发利息	万元	—	13 186.98	10 012.34	1 221.02	
海域开发利润	万元	1.23	1 721.07	1 399.06	393.93	120.39
海域使用年期修正系数		0.7493	0.9333	0.9333	0.9333	0.9065
估价时点		2019/9/30	2019/9/30	2019/9/30	2019/9/30	2019/9/30
土地终止日期		2041/9/18	2062/9/26	2062/9/26	2062/9/26	2057/5/17
剩余使用年限（n）	年	21.97	42.99	42.99	42.99	37.63
还原利率（r）	%	6.50	6.50	6.50	6.50	6.50
海域价格总价	万元	19.00	46 039.00	36 765.00	8 860.00	2 292.00

综上可得，列入本次评估范围的海域（含海域使用权、附属用海设施和海上构筑物）价格评估值为 93 975 万元。

5. 评估结果确定

经过实施必要的评估程序，在本报告所述之评估目的、评估假设与限制条件下，ZX 银行股份有限公司委托评估的资产在评估基准日的抵押价值为：人民币贰拾玖亿零玖佰捌拾贰万壹仟叁佰零伍元整（￥2 909 821 305 元）。

资产评估结果如表 7-4 所示。

表 7-4　　　　　　　　　资产评估结果　　　　　　　　　单位：元

科目名称	投资金额	评估价值
房屋建筑物类合计	1 231 444 308.49	1 329 422 047.00
固定资产——房屋建筑物	13 170 845.35	14 199 530.00
固定资产——构筑物及其他辅助设施	1 218 273 463.14	1 315 222 517.00
固定资产——管道及沟槽	—	—
设备类合计	654 725 863.37	640 649 258.00
固定资产——机器设备	654 725 863.37	640 649 258.00
固定资产——车辆	—	—
固定资产——电子设备	—	—
无形资产——海域使用权	971 337 821.26	939 750 000.00
资产合计	2 857 507 993.12	2 909 821 305.00
减：资产减值准备	—	—
资产合计	2 857 507 993.12	2 909 821 305.00

三、案例分析

（一）案例思路分析

本案例评估的是 HYSH 公司名下 HZ 港燃料油调和配送中心及配套码头工程项目涉及的房屋建筑物、构筑物及其他辅助设施、机器设备、海域（含海域使用权、附属用海设施和海上构筑物）资产。

首先，需要确定恰当的评估方法。针对被评估资产的类型、评估目的、评估环境、评估方法适用条件和特点，本案例整体选择了成本法。其中，委估房屋建筑物资产、构筑物及其他辅助设施资产共计 121 项，包括办公楼、通信部分综合办公楼及主控通信楼、配电用房、门卫用房、水池、储罐基础、水电工程、电信工程、管网工程、污水处理系统、消防工程、环保工程等，这些资产由于用途特殊性不存在活跃的交易市场，从现实市场难以找到参照物，并且，它们不具有独立创造价值的条件，难以准确预测未来收益，故不能采用市场法和收益法进行评估，而适用于成本法对其进行间接评估；委估机器设备资产共 64 项，主要包括储罐、锅炉、装卸机械设备、35 千伏输变电工程设备、消防设备、通信设备、监控设备等，由于设备的专用性，不适合采用市场法和收益法，常用成本法进行专用资产评估；委估海域共 5 项，包括海域使用权、附属用海设施和海上构筑物，HZ 市经营性用海交易市场不成熟，近期同一供需圈内缺少类似评估对象所属用海类型的宗海交易案例，故不适宜采用市场比较法进行评估，且待估海域开发建设尚未完成，收益难以预测，也不适宜采用收益法，适宜采用成本法。综上所述，加上上述各类资产均处于正常状态，其中房屋建筑物、构筑物处于完好状态，其他辅助设施、设备资产处于正常运行状态，资产维护保养情况良好，整体符合成本法使用条件，宜采用成本法进行评估。

其次，关于成本法下评估值的计算。本案例选择先估算被评估资产成新率，然后用重置成本与成新率相乘，得到的乘积作为评估值，即被评估资产的评估价值 = 重置成本 × 综合成新率，综合成新率 = 年限法成新率 × 权重值 + 观察法成新率 × 权重值。

最后，本案例将上述各类资产成本法下的评估值相加，得到被评估资产在评估基准日的抵押价值。

（二）案例的要点、难点及启发

1. 本案例的要点

（1）评估范围和对象的认识。

首先，要清晰认识到本案例的评估对象不是 HYSH 公司的整体价值，而是拟抵押的各个单项资产的评估，这是决定采用成本法而不是收益法进行评估的主要原因。其次，被评估资产具体为 HYSH 公司名下 HZ 港燃料油调和配送中心及配套码头工程项目涉及的房屋建筑物、构筑物及其他辅助设施、机器设备及海域（含海域使用权、附属用海设施和海上构筑物）资产，这些资产主要用于燃料油调和配送活动，具有较强的专属性，限制了市场法评估的采用。因此，通过评估范围和对象的清晰认识，有助于选择恰当的评估方法。

（2）成本法在不同类型资产评估中的应用特点。

从评估对象来看，本案例考察了成本法如何适用于建筑物、机器设备和自然资源的使用权等各具特点的资产评估。

第一，建筑物和构筑物资产。针对该类资产运用成本法评估时，不能采用其原来的建造成本，而应以评估时点的重新建造成本为基础，考虑评估对象的使用和磨损，扣除资产的贬值额。如本案例中的库区办公楼和储罐构筑物，均始建于 2015 年 9 月，至 2018 年 12 月建成，距离评估基准日 2019 年 9 月 30 日近一年时间，在估算重置成本时评估人员需查阅相关合同、凭证、发票等资料以确认投资成本，还需要根据物价水平变动对资产重置价格的影响估计资产价格调整系数。在估算贬值额时，需要根据建成时间、新旧程度、功能损耗等来确定资产成新率。一方面，根据建筑物和构筑物的耐用年限、土地使用权年限计算年限成新率；另一方面需要评估人员进行现场勘查，比照《房屋、构筑物完损等级和成新率参考表》，以评定勘查成新率。

第二，机器设备。运用成本法对机器设备进行评估时，设备重置成本的估算方法包括重置核算法、物价指数法、功能价值法和综合估价法等多种方法，本案例采用的是物价指数法，是以设备的原始购置成本为基础，根据同类设备的价格上涨指数来确定设备重置成本。如本案例中的储油罐重置成本估算，是原购置结算价（含建安造价、贷款利息、建设单位管理费）乘以价格调整系数获得。关于贬值额的估算，根据产生贬值的原因不同，包括因磨损或闲置引致的实体性贬值、因技术进步引致的功能性贬值和因外部经济因素引致的经济性贬值。作为企业的资本性资产，机器设备具有使用时间长、现金流回收期较长的特点，本案例考虑储油罐启用日期距离评估日不足一年,受技术创新影响较小并继续正常使用,因此,评估时采用了年限成新率和勘查成新率加权计算的综合成新率来估算贬值额。

第三,海域资源资产评估。本案例海域资产包括海域使用权、附属用海设施和海上构筑物,其中海域使用权是一种无形资产。在运用成本法进行评估时,因 HZ 市未建立海域基准价格体系,故不适宜采用价格指数调整法进行评估,本案例将海域使用权、附属用海设施和海上构筑物等资产作为一个整体,根据海域利用状况和市场条件,以开发和利用海域所耗费的各项费用之和为基础,加上正常的利润、利息和税费等来确定海域资产价格,即:

$$P = (Q + D + I + B + T) \times K_2$$

其中:P 为海域价格;Q 为海域取得费;D 为海域开发费;I 为海域开发利润;B 为海域开发利息;T 为税费;K_2 为海域使用年期修正系数。

2. 本案例的难点

本案例在运用成本法进行资产评估时面临的难点主要集中在以下几个方面。

(1) 估算资产重置成本时的价格调整系数。

重置成本估算常采用直接计算法和价格指数调整法。两种方法的主要区别在于:直接计算法既考虑了价格变动因素,也考虑了生产技术进步和劳动生产率的变化因素;而价格指数调整法仅考虑了价格变动因素,是在不同时期资产的物价变动水平的基础上进行估算。本案例是采用的价格指数调整法,该方法简便易行,其关键在于价格指数是否正确。本案例中被评估资产是 HZ 港燃料油调和配送中心及配套码头工程项目涉及的房屋建筑物、构筑物及其他辅助设施、机器设备及海域(含海域使用权、附属用海设施和海上构筑物)资产,其用途和功能都具有较强的专属性和特殊性,为准确确定其价格指数带来较大难度,因此,它们的价格指数的确定具有较强的主观性。

(2) 资产成新率中的勘查成新率。

实地勘察法估算资产成新率需要具有专业知识和丰富经验的工程技术人员对资产实体的各主要部位进行技术鉴定,综合分析资产的设计、制造、使用、磨损、维护、修理、改造情况和物理寿命等众多因素,因此,该方法对评估人员要求较高,且主观性较强,为准确估算资产成新率带来较大难度。

(3) 海域使用年期修正系数。

本案例采用成本法评估有限年期海域价格时,需根据具体情况计算海域使用年期修正系数,其计算公式为:

$$K_2 = 1 - 1/(1+r)^n$$

其中:K_2 为海域使用年期修正系数;r 为海域还原利率;n 为海域使用年期。海域还原利率受无风险报酬率、投资风险补偿率、管理负担补偿率、缺乏流动性补偿率、投资带来的优惠率等众多因素影响,为准确确定海域还原率带来了相应难度。

3. 本案例的启发

(1) 通过本案例的学习,可以帮助学习者全面认识资产评估的目的、价值类型、评估对象和范围、评估基准日、评估方法、评估假设等评估基本事项,学会撰写评估报告。

(2) 通过本案例学习,通过比较市场法、收益法和成本法的适用条件和特点,根据评估目的、资产类型、资料收集情况等相关条件,使学习者学会选择恰当的资产评估方法。

(3) 本案例应用成本法对 HZ 港燃料油调和配送中心及配套码头工程项目涉及的房屋建筑物、构筑物及其他辅助设施、机器设备、海域(含海域使用权、附属用海设施和海上构筑物)资产等各类资产进行评估,帮助学习者全面熟悉和掌握了成本法对房屋建筑物、机器设备、自然资源资产等多种资产的评估测算过程,以及不同类型资产运用成本法评估时的特点。

(4) 本案例应用成本法评估有限年期海域价格的方法和过程,考虑了海域使用权与相关海域资源资产之间的关系,将海域使用权、附属用海设施和海上构筑物等资产作为一个整体进行评估,为评估海域等类似自然资源资产提供了较好的参考。

四、延伸思考

案例在课堂讨论结束后,针对房屋建筑物、构筑物、机器设备和海域资产等各类资产，各小组可以选择单独完成某类资产的评估报告。

本案例虽然是真实的评估案例，但也有不足之处，如观察法（勘查）成新率的确定依据不够充分、海域还原率各参数的取值没有给出完备依据等，在后面的教学过程中应不断进行完善。

案例八

A省专项基金贴息资金绩效评价

案例摘要： 项目支出绩效评价是指财政部门、预算部门和单位，依据设定的绩效目标，对项目支出的经济性、效率性、效益性和公平性进行客观、公正的测量、分析和评判。本案例以A省专项建设基金项目贴息资金绩效评价为例，说明财政支出项目评价的一般方法、程序、要点以及延伸的思考。A省财政部门委托B资产评估公司对A省专项建设基金项目贴息资金项目开展绩效评价。B资产评估公司根据委托方提出的项目技术需求、组织需求、服务质量要求、成果提交要求等，经过前期准备、材料审核分析、现场核查评价、综合分析评价、评价报告征求意见、出具评价报告等阶段，按要求完成了评价工作。评价结果表明，该项目的绩效等级为中。项目存在的问题有基金组建方案不够完善，项目论证、审批环节耗时较长，资本金融资结构不合规，个别项目资本金投放进度超前或者滞后及项目不可持续等，并分析了原因，提出了改进建议。

一、教学准备

（一）案例教学目的与用途

项目支出绩效评价（以下简称"绩效评价"）是财政绩效评价的一种。资产评估机构参与财政绩效评价由来已久。早在2014年4月30日，中国资产评估协会就发布了《财政支出（项目支出）绩效评价操作指引（试行）》，为资产评估机构规范实施绩效评价工作指明了方向。近年来，我国财政管理改革不断推进。2018年9月，中共中央、国务院印发《关于全面实施预算绩效管理的意见》，提出力争用3~5年时间基本建成全方位、全过程、全覆盖的预算绩效管理体系。2020年2月，财政部出台了《项目支出绩效评价管理办法》。在上述政策的推动下，政府越来越多地向社会力量购买绩效评价服务，也对资产评估机构以及相关中介咨询机构从业人员提出了更高的要求。

本案例适用于经济管理类专业本科生、研究生，帮助其掌握财政绩效评价方法以及应用。

（二）案例教学拟解决的问题

（1）熟悉绩效评价业务流程。

（2）熟悉绩效评价从业人员需掌握的核心技能，包括能熟练运用软件和数据库等资料，完成工作方案编制、资料整理与现场核查任务。

（3）根据案例资料熟悉评价指标表的结构和指标编制方法与要点。

（4）通过研习绩效评价报告，学习报告编制的方法和经验，能够独立完成绩效评价报告的撰写。

（三）案例涉及的主要知识点

1. 概念

项目支出绩效评价是指财政部门、预算部门和单位，依据设定的绩效目标，对项目支出的经济性、效率性、效益性和公平性进行客观、公正的测量、分析和评判。项目支出绩效评价是财政绩效评价的一种，其他财政绩效评价类型还包括事前预算评审、重点项目评价和部门整体支出评价等。

2. 绩效评价目标

运用科学、规范、合理的评价方法、评价指标和评分标准，对财政资金的分配、管理、使用、产出及效果等进行客观、公正的测量、分析与评判，评价绩效水平、发现存在问题并分析问题成因，提出进一步加强资金管理的意见建议。

3. 评价内容

评价内容有：投入，包括项目立项和资金分配；过程，包括业务管理和财务管理；产出，主要是产出数量、产出质量、产出时效、产出成本等；效果，包括经济效益、社会效益、环境效益、可持续性和满意度进行评价。具体包括以下四个层面。

（1）决策层面：审核绩效目标与战略规划、事业发展计划的适应性。

（2）投入层面：审核投入资源的数量、质量与预期提供的公共产品与服务的适应性，判断公共资源是否达到最佳利用效率。

（3）管理层面：项目可行性、实施计划、成本控制、财务管理、政府采购、合同管理、质量控制、验收考核等情况，相关制度、保障措施及其执行情况，总结项目管理经验，发现项目管理存在的问题，进一步加强和规范项目管理，完善资金管理办法。

（4）目标层面：产品和服务的数量、质量、时效成本；经济效益、社会效益、环境效益和可持续影响等目标的实现程度。

4. 评价程序

（1）前期准备：制订评价工作方案，对各资金使用单位收集、整理、填报评价基础数据资料，以及对做好绩效评价工作等提出具体的要求，并研究设置项目评价指标。

（2）材料审核分析：对所收集的基础信息表和佐证材料进行了书面评价或者材料审核分析。

（3）现场核查评价：制订现场评价方案，按照重要性和典型性相结合原则，选取部分子项目进行现场评价。现场评价工作一般遵循单位陈述、材料核实与实地勘察、专家评议、现场问答等评价流程。

（4）综合分析评价：对相关基础数据资料进行整理汇总，结合现场勘验核实情况，对项目的资金使用、项目的组织实施以及实施效果等情况进行多维度的全面分析，并采用项目预定目标与实施效果比较分析等方法进行综合评价，形成初步评价意见。

（5）评价报告征求意见：委托方将项目绩效初步评价结论反馈给项目实施单位征求意见，并根据意见对评价报告进行完善。

（6）出具评价报告：对评价报告进行修改完善，形成正式评价报告。

5. 评价方法

绩效评价的方法主要包括成本效益分析法、比较法、因素分析法、最低成本法、公众评判法、标杆管理法等。根据评价对象的具体情况，可采用一种或多种方法。

（1）成本效益分析法，是指将投入与产出、效益进行关联性分析的方法。

（2）比较法，是指将实施情况与绩效目标、历史情况、不同部门和地区同类支出情况进行比较的方法。

（3）因素分析法，是指综合分析影响绩效目标实现、实施效果的内外部因素的方法。

（4）最低成本法，是指在绩效目标确定的前提下，成本最小者为优的方法。

（5）公众评判法，是指通过专家评估、公众问卷及抽样调查等方式进行评判的方法。

（6）标杆管理法，是指以国内外同行业中较高的绩效水平为标杆进行评判的方法。

（7）其他评价方法。

（四）课堂教学安排

课时安排：8课时。

教学形式：课堂讲授，即运用多媒体技术进行案例讲授，阐明绩效评价的基本理论和基本方法；案例阅读，布置案例阅读任务、提出思考问题，由学习者自主完成；自助学习：提供有关参考书籍、文章、评价指引等名单，由学习者自助阅读；讨论法，针对重要知识点组织学习者展开成对讨论或者小组讨论。

辅助材料：《财政支出（项目支出）绩效评价操作指引（试行）》《项目支出绩效评价管理办法》《GD 省财政支出绩效评价报告质量控制和考核指标体系框架（试行）》《GD 省 2019 年重点项目预算绩效目标表》《GD 省省级财政预算绩效目标管理办法（试行）》。

前置知识：财政学、资产评估、项目评估等。

二、案例内容

（一）评估基本事项

1. 委托方情况

A 省财政部门通过公开招标的形式确定并委托 B 资产评估公司，对 A 省专项建设基金项目贴息资金开展绩效评价。B 资产评估公司根据委托方提出的项目技术需求、项目组织需求、服务质量要求、成果提交要求和绩效管理工作的有关规定，独立、客观、公正地开展重点评价工作。

2. 评估对象和范围

评价对象是 2016~2018 年 A 省专项建设基金项目贴息资金 1.427 亿元。评价范围是 2016~2018 年 A 省专项建设基金项目贴息资金 1.427 亿元以及涉及的 49 个专项基金投资项目。

3. 评估目的

2016~2018 年 A 省专项建设基金项目贴息资金绩效评价旨在独立、客观、公正地核查 2016~2018 年 A 省专项建设基金项目贴息资金支出是否规范和高效，分析存在问题及原因，提出改进和加强资金管理的意见和建议，从而加强和规范资金使用管理，提高资金使用效益，同时为今后该资金及同类资金预算安排提供参考依据。

4. 评估基准日

评估基准日是 2018 年 3 月 31 日。

5. 评估依据

（1）国家政策与文件。

《财政支出绩效评价管理暂行办法》，以及国家制定的相关法律、法规和规章制度及相关的预算管理制度、资金及财务管理办法等。

（2）A 省政策与文件。《A 省省级财政专项资金管理办法》等。

（3）与本项目相关的文件。《A 省发展改革委关于印发 GD 省专项建设基金组建方案的通知》《A 省财政厅关于省级专项建设基金首批项目贴息资金安排的意见》，以及合作金融机构关于所投资项目的资金监管报告、被评价单位提供的其他相关佐证资料。

6. 评估方法

根据本项目的情况，评价方法主要采用目标预定与实施效果比较法，评价指标分析主要采用定量指标分析，并辅以部分定性分析。

7. 评估程序

评估程序以及具体时间安排如表 8-1 所示。

表 8-1　　　　　　　　评估程序与执行时间安排

工作阶段	工作内容	时间（工作日）
前期准备	（1）项目承接。承接时间以签订服务合同后接到委托方通知日期为准。 （2）成立评价项目组。组织成立绩效评价工作小组，成员包括公共政策、财政、审计、财务、管理、会计以及有关领域的专家。 （3）人员培训。对工作组成员进行绩效评价相关工作要求和知识的培训，初步确定职责分工	3
	（4）制订评价工作方案。与预算单位进行初步沟通，根据项目特点编写工作方案、基础信息表和佐证材料清单、指标体系，报省财政厅审定。 （5）资料准备。收集本项目相关文件与资料	5

续表

工作阶段	工作内容	时间（工作日）
实施阶段	（1）预算单位自评。指导预算单位、资金管理和使用单位开展绩效自评，收集评价基础资料并整理分析，作为现场核查参考	10
	（2）资料核查。根据预算单位、资金管理和使用单位报送的自评资料，核查资料的完整性、规范性和内容的真实性，初步判断资金使用绩效情况	3
	（3）现场复核。根据项目属性、区域分布、资金额大小等，科学确定现场核查抽样方案，按照项目资金不低于10%的比例随机选取现场核查单位，报省财政厅审定后组织专家组赴项目现场核查，通过现场答辩、实地勘验与访谈调研等方式，核实项目实施基本情况与材料的真实性，深入了解项目绩效的亮点、问题与原因。对勘察情况进行视图和文字记录	5
报告撰写阶段	（1）综合评价。依据现场评价结论，并参考自评材料的审核结果，对财政资金绩效情况进行全面分析与综合评价。 （2）撰写报告初稿。根据综合评价结果撰写报告初稿，经专家讨论修改后书面提交给预算单位并征求其书面反馈意见，并予以回应、完善报告内容。 （3）提交报告。根据委托方组织终审专家组对报告初稿的审核意见修订报告并提交正式报告	15
协助审议及归档阶段	（1）协助审议。协助委托方做好监管部门（包括省人大、纪检部门等）的审议工作 （2）底稿归档。做好项目档案管理，规范存放和整理工作底稿，建立项目工作台账，做好工作记录	4
合计		45

（二）项目投资领域与绩效目标

2016～2018年建设基金项目贴息资金投资主要分布在全省基础设施、公用事业和社会事业建设领域。具体来讲，铁路建设基金项目投入额度最大，已达到了5 992.25万元，占总比达到41.99%；公路建设基金项目投入次之，达到3 722.68万元，占总比为26.09%。环保类基础设施、社会事业类建设基金项目投入相对偏少，占比分别为7.89%和6.00%。

据《A省专项建设基金组建方案》（以下简称《基金组建方案》），贴息资金的目标主要是对纳入基金组建方案支持的项目资本金融资部分给予补贴，切实缓解重大项目融资难、融资贵的问题。《基金组建方案》中与项目实施的绩效目标关联度较高的有以下几方面。

1. 专项建设基金规模

专项建设基金根据项目成熟程度分批安排，首期规模约500亿元，力争带动A省重点领域项目投资2 500亿元左右。

2. 项目类型

重点支持有合理回报、对重点领域建设具有明显推动作用的省级重大项目以及国家和省确定的试点项目。主要包括：省重点项目；省补齐软硬基础设施短板行动计划的重大项目；符合省委省政府战略部署的其他项目。

3. 贴息资金安排

对纳入专项建设基金支持的项目，给予2个点的利息补贴。原则上每年利息补贴控制在10亿元以内，补贴期限暂定3年，3年后根据绩效评价和审计情况再研究下一步补贴方案。

（三）评价结论与指标分析

基于书面评价、现场评价和综合评价结果，得到2016～2018年省专项建设基金项目贴息资金绩效评价项目的综合得分为76分，绩效等级为中。

绩效评价指标体系得分情况以及指标分析如表8-2所示。

表 8-2　绩效评价指标体系

一级指标	二级指标	三级指标	四级指标	评分标准	指标分析与扣分理由	得分
投入（20分）	前期准备（20分）	论证决策（7分）	政策可行性（2分）	基金组建方案明确、合理、可行，得1分；项目申报内容符合基金组建方案要求，得1分；否则酌情扣分，直至0分	《基金组建方案》不够完善，例如，第三条（二）与（十一）关于资本金利息计算方面的核心条款不够全面	1.5
			资金分配合理性（2分）	资金分配的行业和地区结构合理，符合相关管理办法，部分项目有收益性，符合省专项建设基金投资方向，得2分；否则酌情扣分，直至0分	C市的轨道交通项目资金量占比比较大，D市项目过于集中于部分环保类项目、公路建设项目是没有收益的纯公益性项目，扣0.5分	1.5
			决策科学规范性（3分）	项目审批按规定经过科学决策程序、方式的，得3分；否则酌情扣分，直至0分。采用因素法分配的，主要依据对相关因素及计算公式设定的合理性、科学性的判断核定得分	个别项目的资本金投资存在滞后或者超前的情况，扣1分	2
		目标设置（7分）	目标设置完整性（3分）	依据相关基础信息和证据判断目标设置的完整性，即是否包含总目标、阶段性目标，是否包括预期提供的公共产品或服务数量、质量、成本指标，预期达到的效果性指标，据此核定得分		
			目标设置科学性（4分）	依据相关基础信息和证据判断目标设置的科学性，即绩效目标设置是否明确、合理、细化、量化，体现决策目的属性特点，支出内容相关，同时合乎客观实际，据此核定分数	资金申请和下发文件中未提出预计达到的绩效指标，扣1分	6

续表

一级指标	二级指标	三级指标	四级指标	评分标准	指标分析与扣分理由	得分
投入（20分）	前期准备（20分）	保障措施（6分）	制度保障（2分）	管理制度或实施方案内容具体明确，可操作性强，得2分；否则酌情扣分	《基金组建方案》内容存在不够完善之处，扣0.5分	5.5
			机构人员保障（2分）	组织机构完备，职责分工明确，人员配备合理，规模适度，得2分；否则酌情扣分		
			运行机制保障（2分）	工作流程完善，政策宣传渠道完备畅通，应急措施可行，得2分；否则酌情扣分		
过程（30分）	资金管理（17分）	资金到位（4分）	资金到位率（2分）	贴息资金到位率100%，得4分；满分乘以到位率计算得分的基础上，综合考虑未全额到位的原因等因素核定得分	ABC银行、XYZ银行未提交相关资料，扣0.5分	3.5
			资金到位时效（2分）	在收到财政资金预算下达文件1个月内到位的，得2分；超过规定时间15天（含）以内的，得1分；超过规定时间15天以上的，不得分		
		资金支付（5分）	资金支付率（5分）	依据"支付额÷预算额度×100%×指标权重"计算核定得分，同时综合考虑工作进度，以及是否垫资或履行支付手续而影响支出等因素适当调整最后得分	2016～2018年省专项建设基金项目贴息资金预算安排金额1.4270亿元。截至评价基准日2018年3月31日，贴息资金已支付1.4270亿元，占预算安排资金的100%	5

续表

一级指标	二级指标	三级指标	四级指标	评分标准	指标分析与扣分理由	得分
过程（30分）	资金管理（17分）	支出规范性（8分）	支出规范性（8分）	（1）预算执行规范性，计2分。按规定履行调整报批手续或未发生调整的，且按事项完成进度支付资金的得满分；否则酌情扣分。 （2）事项报批，支付符合制度规定的，计3分。资金管理、费用标准、支付符合有关制度规定的得满分；超范围、超标准，虚列支出，截留、挤占、挪用资金管理，以及其他不符合制度规定支出的，视情节严重情况扣分，直至扣到0分。 （3）会计核算规范性，计3分。规范执行会计核算制度得满分；未按规定设专账核算，或支出凭证不符合规定，或其他核算不规范的，视具体情况扣分	TT银行、NN银行未提交资料，扣1分	7
	事项管理（13分）	实施程序（7分）	实施程序（7分）	（1）严格履行了政府采购、招投标、评价验收等规定程序的，得2分； （2）项目重大调整、资金预算调整等按规定履行了调整报批手续的，得2分； （3）项目、工作或资金等资料能按有关业务管理档案要求归集管理的，得2分； （4）按照省政府信息公开要求，将有关内容（如工作进展、工作结果、资金分配等）进行公开的，得1分。 上述情形要综合实际情形和佐证材料判断履行情况，酌情扣分	JT银行M分行所投资的7个项目均在建设中，基金投资提前终止，由M市政府回购，但是未提供相应的佐证材料，扣1分	6

续表

一级指标	二级指标	三级指标	四级指标	评分标准	指标分析与扣分理由	得分
过程(30分)	事项管理(13分)	管理情况(6分)	管理情况(6分)	(1) 发改委、银行等部门按照相关要求，定期对主办分行和基金承接单位进行监督检查的，得2分； (2) 接受上级部门监督部门检查、审计，巡查并落实整改的，得2分； (3) 外聘第三方机构进行检查、审计的，得2分。否则酌情扣分	省审计局针对省发改委投资项目专项评审时间较长的问题提出了意见和建议，无落实整改的相关资料，扣0.5分	5.5
产出(15分)	经济性(5分)	预算(成本)控制(5分)	预算(成本)控制(5分)	(1) 合作金融机构通过合理计算贴息资金额达到项目融资成本降低的目的，得3分；否则，视情况扣分。 (2) 基金承接单位制定成本控制制度，在项目建设中采取成本控制措施，得2分；否则，视情况扣分	多数项目的资本金投放时间集中于项目前期或者开工建设初期。其中，GZ银行的资本金投放进度较原投放计划提前，扣1分	4
	效率性(10分)	完成进度及质量(10分)	完成进度及质量(10分)	(1) 按目标设置或计划完成相应实施进度、质量和产出数量的，得满分； (2) 未按目标设置或计划完成的，酌情扣分，具体可根据完成程度核定分数	F市城市轨道交通二号线一期工程、ZY科技创新合作区市政道路及配套工程等基础设施建设PPP项目2个项目建设进度滞后，主要原因是征地拆迁进展缓慢，扣2分	8

续表

一级指标	二级指标	三级指标	四级指标	评分标准	指标分析与扣分理由	得分
效果性(35分)	效益性(35分)	社会经济效益(30分)	利息补贴金额完成率(5分)	实际利息补贴金额÷计划补贴金额	实际利息补贴金额1.4270亿元，计划补贴金额10亿元，占比14.27%，扣4分	1
			基金投资规模完成率(5分)	实际基金投资规模÷计划完成投资规模	基金总额136.22亿元，占预期设立规模500亿元的比例为27.24%，扣3.5分	1.5
			基金拉动效应(5分)	项目总投资额÷基金投资总额	项目总投资额5 295.25亿元，是基金总额的38.87倍，超额完成预期目标5倍(2 500÷500)	5
			社会风险与投诉(5分)	项目实施期间采取风险防范措施，无社会风险投诉，得满分；未采取风险防范措施，酌情扣分；有投诉，1个投诉项目扣1分，直至0分	多数项目能按照可行性研究报告的要求采取社会风险防范措施，未发现社会风险投诉	5
			安全生产(5分)	项目实施期间采取安全生产防范措施，得满分；未采取安全生产防范措施，酌情扣分，1个事故项目扣1分，直至0分	1个项目有安全生产事故，扣1分	4
			环境影响(5分)	项目实施期间采取环境污染防范措施，无环境污染投诉，得满分；有投诉，1个投诉项目扣1分，直至0分	4个项目有环境污染投诉，扣4分	1
		可持续发展(5分)	可持续发展(5分)	人员机构安排可持续得1分，政策、制度可持续得1分；管理机制（如管护机构和资金投入等）可持续得2分；环境可持续得1分。否则扣分	社会经济效益指标表明，基金投资规模完成率、利息补贴金额完成率均未达预期；同时，在去杠杆、压缩政府债务和基建规模的宏观经济形势下，后续的补贴政策继续完成率是否符合相关政策规定具有较大不确定性，扣2分	3
总分						76

(四) 主要绩效

1. 推动了建设项目落实

根据省发展和改革委员会（以下简称"省发展改革委"）公布的数据，2015～2017 年全省重点项目完成投资额逐年增长，2017 年新开工项目 134 个，比 2016 年有显著增加。专项建设基金项目共 49 项，总投资额 5 295.25 亿元，均在省重点项目与省补齐软硬基础设施短板行动计划的重大项目范围内。由于专项建设基金项目的实施，合作金融机构与相关社会资本参与省重大项目投资建设的积极性提高。

2. 基金拉动效应明显

《基金组建方案》提出专项建设基金首期规模大约 500 亿元，力争带动投资 2 500 亿元左右。贴息资金项目总投资额 5 295.25 亿元，是基金总额的 38.87 倍，超额完成预期的 5 倍（2 500÷500）的目标，拉动投资效应明显。

项目总投资额中，2 014.10 亿元资本金主要来源于中央、省市各级财政专项基金以及央企、金融机构融资、信托私募等其他社会资本；其余 3 281.15 亿元通过银行信贷融资。通过专项建设基金项目的实施，金融机构的信托资金、信贷资金和私募股权投资等广泛参与了公益性项目和准公共产品类项目建设，提高了社会资金利用率。

3. 有效降低了项目的融资成本

本贴息资金对纳入专项建设基金支持的项目总投资额中合作金融机构投入的资本金给予 2 个点的利息补贴。合作金融机构投入的资本金总额为 136.22 亿元，根据每笔项目资本金的贴息天数分两批共计贴息 1.4270 亿元，平均每个项目贴息金额 317.11 万元。贴息资金项目有效地降低了项目单位的资本成本，增强了银行贷款的信心，从而保障了项目总投资资金及时到位，受到合作金融机构与基金承接单位的好评。

4. 所支持项目潜在的社会经济效益明显

专项建设基金支持的项目均具有潜在的经济效益与较为显著的社会环境效益。

（五）存在问题

1. 《基金组建方案》不够完善

《基金组建方案》中关于资本金利息计算方面的核心条款第三条（二）与第三条（十一）规定存在以下三个方面问题：一是资本金利息支付存在合规性问题；二是融资利率上限和贴息后资金利率下限的规定不合理；三是利息补贴起算点问题。

2. 项目论证、审批环节耗时较长

据《关于申报完善 A 省专项建设基金第一批项目清单的通知》，要求首批项目清单于 2016 年 9 月 15 日报送省发改委投资处，而《关于省专项建设基金首批项目贴息安排的函》表明，首批贴息资金的申请时间是 2017 年 10 月 9 日，中间历时 1 年零 15 天。

3. 资本金融资结构的合规性问题

本项目资本金的融资模式主要是：金融机构（或其委托的信托、基金等机构）与其他社会资本就单个项目成立基金，与政府财政资金共同出资入股项目公司，以项目运营期现金流作为还款来源，政府指定主体进行回购和差额补足。

本贴息资金所分配的行业表面看基本符合《基金组建方案》第三条第四款关于基金支持范围的要求。但是深入分析部分有收益项目的收益来源，发现这些项目由于自身使用者付费收入不足以弥补项目总投资，都不同程度存在政府指定主体进行回购或差额补足的情况。合作金融机构也承认，在前期投资决策时主要考虑到政府会作为第三方回购主体承担项目投资的回购义务，可以规避项目收益风险。该做法虽然未直接违反相关政策中政府不得提供"保底承诺""回购"的规定，但在本质上仍然属于政府隐性保底，在目前政府压缩债务的宏观经济环境中存在一定的合规性问题。

4. 个别项目资本金投放进度超前或者滞后

由于专项建设基金项目一般投资额较大、建设期较长，资本金金额由投资双方根据项目实际需求确定，因此在资本金一定的情况下，贴息天数是影响贴息金额准确性的主要因素。

按照《基金组建方案》要求，合作金融机构的资本金在建设期满后即逐年退出。所以基金原则上支持的是在建项目，贴息资金下发是在项目建设过程中的主体工程施工环节。在本项目实施过程中，个别项目的资本金投资存在超前或者滞后的情况。特别是在项目建成后进行投资不符合《基金组建方案》要求，存在以享受贴息资金为目的投入资本金的可能，无法达到设立专项建设基金的目的。

5. 项目可持续性问题

在资管新规下，由于资本金融资利息补贴的合规性问题影响了项目的可持续性。除此之外，资管新规按照"穿透原则"加强资本金审查，不允许资金供求出现期限错配，也将导致未来短期的银行理财资金难以继续支持收益期较长的大规模基建项目。

《基金组建方案》显示，基金的利息补贴期限暂定3年（2016～2018年）。虽然2018年是项目的截止期限，但是首批补贴资金的实际下发时间是2017年5月23日，下一步补贴方案需要结合本资金绩效评价的整体情况酌情考虑。

（六）相关建议

（1）完善《基金组建方案》。

（2）优化项目审批与资金申报。

（3）合理确定资本金投放进度。

（4）合理确定项目融资结构。

（5）合理确定资本金退出方式。

三、案例分析

（一）案例思路分析

该绩效评价项目的思路是以评价报告为核心和目的，以指标体系设计、指标打分与分析作为写好报告的前提和工作重点，各评价阶段环环相扣、层层递进。

1. 阅读与准备

在了解评价对象和评价范围的基础上,阅读与了解关于专项建设基金、基础设施建设等方面最新的国家政策,对该项目是否符合最新国家政策的大方向有所把握。

2. 制定产出和效果指标

按照委托方的绩效评价指标体系模板要求,根据项目性质和特点制定产出指标和效果指标。一般指标体系中的投入和过程指标是固定的,而产出和效果指标需根据每个项目的情况专门制定。

3. 资料核查

以对各项指标打分为导向,要求预算单位以及相关项目实施单位提供佐证材料,然后进行资料分析与初步汇总,并列出需进一步明确的问题。因为指标打分应建立在对资料分析的基础上,因此应要求佐证材料完整、客观、数据准确。

4. 现场核查

以进一步明确细节和问题为导向,与预算单位以及相关项目实施单位进行广泛而深度的交流,挖掘项目所产生的绩效,发现项目存在的问题及原因。

5. 报告撰写

汇总前述多维度分析与综合评价结论,将评价结论、主要绩效、存在问题和相关建议全面、完整、客观地体现在报告中。

(二)案例的要点及启发

1. 绩效目标的确定

绩效目标的确定是贯穿绩效评价工作的主线,也是设计产出和效果指标、归纳项目绩效的依据。通常绩效目标需要按照绩效目标申报表中预算单位设定的指标确定。但是由于很多预算单位在资金申报时对于如何设定绩效指标缺乏相关的知识和经验,因此需第三方机构根据资金下发文件、资金使用方案或者项目管理方案等文件中描述的目标重新设定。该绩效评价项目则主要依据《基金组建方案》设定了专项建设基金规模、项目类型和贴息资金安排三个方面的绩效目标。

在进行指标体系设计时,需将上述绩效目标体现在产出和效果指标中。本案例以上述绩效目标为依据，设定了利息补贴金额完成率、基金投资规模完成率、基金拉动效应、社会风险与投诉、安全生产和环境影响等主要的几个效果指标。

在归纳项目所产生的主要绩效时，上述绩效目标也是主要的依据。主要绩效不是归纳所有完成情况较好的指标，而是紧紧围绕绩效目标而归纳"主要"绩效。

2. 需要有相关知识储备

每个绩效评价项目均涉及相关的专业知识，通常有财政学、财务会计学、项目管理、工程造价等，还需要具备针对特定项目的专业领域的知识。本案例主要涉及政府投资基金的相关知识。专项建设基金是政府投资基金的一种，是政府相关部门集中安排用于固定资产投资项目的专项建设基金，目的是创新投融资模式，由合作金融机构通过市场化的手段，为全省重点领域项目提供资本金，加快推进全省重点领域项目建设。专项建设基金项目的贴息资金的目标主要是对纳入基金组建方案支持的项目资本金融资部分给予补贴。

了解本案例财政资金的性质以后，还需要明确相关主体的职责和功能。相关主体包括某政府部门、7家合作金融机构和49个专项基金投资项目涉及的基金承接单位。某政府部门负责公开择优选择合作金融机构，会同各地、各部门以及合作金融机构提出将要支持的项目清单，进行项目审核；合作金融机构根据政府部门的项目清单，负责投资项目调研、决策、贴息资金的申报等工作，基金承接单位是所投资项目的具体实施单位和贴息资金使用单位。

只有全面了解了资金性质和相关主体的职责和功能，才能从整体上把握绩效评价工作的方向，并且准确、客观分析项目存在的问题。

3. 需了解项目相关的最新政策与背景

绩效评价项目对于项目负责人或者报告撰写人的知识的广度、综合分析能力、问题分析的深度和写作能力等都有较高的要求。在具备基本知识的前提下，及时了解相关领域的前沿动态也是做好绩效评价工作的重要前提。

对2016~2018年省专项建设基金项目贴息资金进行绩效评价正值财政部规范金融企业对地方政府和国有企业投融资行为，以及中国银行保险监督管理委员会、中国证券监督管理委员会等部门规范金融机构资产管理业务等系列政策出台之际，《基金组建方案》中关于资本金融资利息补贴的条款与上述相关监管要求存在矛盾。因此，需认真阅读相关文件和《基金组建方案》条款，对于该项目过去的实施甚至未来存续性是否存在合规性问题做出明确和客观的判断。

同时，需对项目涉及的所有文件和实施办法保持合理的质疑。需逐条分析《基金组建方案》以及相关合同条款，发现其中存在的与国家文件、会计制度、合同法等可能冲突的条款，这些条款可能是导致项目实施和存续性出现重要问题的关键条款，而不能把所有文件或者项目实施办法均看作既定无误。

4. 问题分析要深入

绩效评价项目的委托方多为财政部门，目的在于及时发现和纠正实施到期、绩效低下的项目，为资金管理和使用单位提出进一步改进和加强财政资金管理的措施，不断提高财政资金管理水平和使用效益。因此，对于报告中的问题分析和建议部分，均要求重点突出并进行原因分析，而非仅仅停留在描述情况的层面。好的绩效评价报告需要结合项目论证、规划、目标设定、实施管理、访谈调研等情况发现政策、机制、管理层面的问题。

5. 其他需注意问题

其他需注意问题包括：绩效评价报告中，相关建议需要与问题一一对应；主要绩效、存在问题与相关建议下面的二级标题要高度概括，直接说明效果，突出重点；细项内容要有数据支撑，适当归类，而非罗列一堆情况；存在问题与建议均需有适当的指向性，即针对项目实施相关方，如资金主管部门以及具体的项目实施单位等。

四、延伸思考

1. 该案例中项目的绩效目标是什么？在绩效评价项目程序中哪些环节涉及绩效目标？每个程序中与绩效目标相关的工作内容是什么？

2. 绩效评价项目对于项目负责人或者报告撰写人有哪些知识要求，有哪些能力要求？与资产评估项目负责人的差异分别是什么？

3. 试查阅相关资料，展开分析案例中"相关建议"的第四点"合理确定项目融资结构"，提出较为合理可行的具体措施。

图书在版编目（CIP）数据

资产评估典型案例分析. 第一辑 / 姚维保等著. —北京：
经济科学出版社，2021.4（2022.8 重印）
ISBN 978 – 7 – 5218 – 2439 – 1

Ⅰ.①资⋯　Ⅱ.①姚⋯　Ⅲ.①资产评估 – 案例　Ⅳ.①F20

中国版本图书馆 CIP 数据核字（2021）第 045019 号

责任编辑：齐伟娜　赵　蕾
责任校对：李　建
责任印制：范　艳　张佳裕

资产评估典型案例分析
（第一辑）

姚维保　金　焱 / 等著
经济科学出版社出版、发行　新华书店经销
社址：北京市海淀区阜成路甲 28 号　邮编：100142
总编部电话：010 – 88191217　发行部电话：010 – 88191540
网址：www.esp.com.cn
电子邮箱：esp@esp.com.cn
天猫网店：经济科学出版社旗舰店
网址：http://jjkxcbs.tmall.com
北京季蜂印刷有限公司印装
710×1000　16 开　15.25 印张　240000 字
2021 年 5 月第 1 版　2022 年 8 月第 2 次印刷
ISBN 978 – 7 – 5218 – 2439 – 1　定价：52.00 元
(图书出现印装问题，本社负责调换。电话：010 – 88191510)
（版权所有　翻印必究　举报电话：010 – 88191586
电子邮箱：dbts@esp.com.cn）